Siegfried Weger
Reinhard Hölzl

Geheimnisvolles Tirol

lœwenzahn

© 2007 by loewenzahn in der Studienverlag Ges.m.b.H., Erlerstraße 10, A-6020 Innsbruck // e-mail: loewenzahn@studienverlag.at, homepage: www.loewenzahn.at // Bibliografische Information der Deutschen Bibliothek: Die Deutsche Bibliothek verzeichnet diese Publikation in der Deutschen Nationalbibliografie; detaillierte bibliografische Daten sind im Internet über <http://dnb.ddb.de> abrufbar: // ISBN 978-3-7066-2401-5 // Grafische Konzeption: Kurt Höretzeder, Büro für grafische Gestaltung, Scheffau/Tirol // Satz: loewenzahn/Thomas Auer // Umschlag: loewenzahn/Stefan Rasberger // Fotos: Reinhard Hölzl, Siegfried Weger// Redaktion und Lektorat: Heike Ortner // Gedruckt auf umweltfreundlichem, chlor- und säurefrei gebleichtem Papier.

Siegfried Weger & Reinhard Hölzl

Geheimnisvolles Tirol

Mystisches, Magisches und Mysteriöses

lœwenzahn
innsbruck–bozen

Danksagung

Dieses Buch konnte nur entstehen, weil uns viele Menschen vertrauensvoll ihre Türen geöffnet haben. Wir bedanken uns bei allen Institutionen, Gemeinschaften, Orden und Einzelpersonen für ihre Offenheit.

Für beratende Gespräche bedanken wir uns bei Mag. Karl Christoph Berger vom Institut für Europäische Ethnologie/ Volkskunde der Universität Innsbruck, bei Univ. Prof. Dr. Gerhard Tomedi vom Institut für Archäologien der Universität Innsbruck, bei Univ. Prof. DDr. P. Andreas Resch vom Institut für Grenzgebiete der Wissenschaften, bei Pfarrer Paul Haider von Thaur (Spezialist für das Absamer Gnadenbild), bei Pfarrer Augustinus von Rinn, bei Pfarrer Jakob Patsch, bei Dr. Eduard Geissler (Mitglied des Arbeitskreises„Hutterer-Versöhnungszeichen"), bei Univ. Prof. Dr. Helmut Reinalter (Freimaurerforscher), bei OSR Mag. Günther Kopp (langjähriger Freimaurer), bei Mag. Max Schneider (Volkskundler aus dem Zillertal), bei Kassian Erhart (Bildhauer) und Franz Neururer (Schatzfinder), bei Robert Klien (Heimatforscher), bei DI Johann Jenewein von der Tiroler Almwirtschaft und bei DI Gerhard Müller von der Landesforstdirektion. Besonderer Dank gilt Dr. Henriette Klier für das Erstellen der Tiroler Schalensteinkarte.

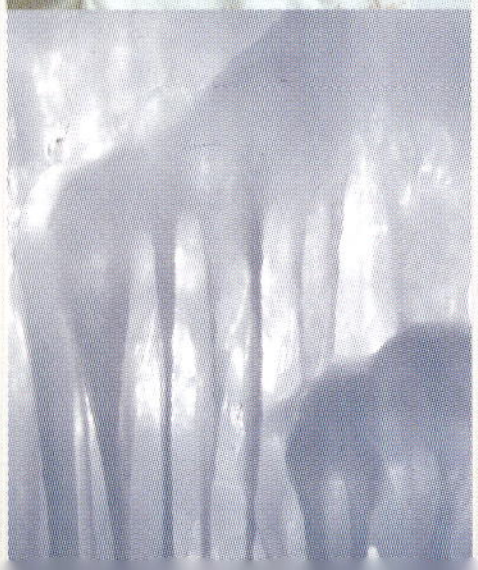

Inhaltsverzeichnis

Teil 1: Mystische Natur

Teil 2: Heiliges und Unheiliges

Teil 3: Antrische Menschen

Die Stunde vor dem Sonnenaufgang …

Die Stunde vor dem Sonnenaufgang ist die dunkelste, die kälteste. Noch liegen die Kare im Schatten der Nacht und auch im Hochtal hat sich die Finsternis festgesetzt, liegt regungslos über den Almen wie ein schwarzer See. Doch über den gegenüberliegenden Gipfeln beschlägt sich der Himmel hell. Langsam zeichnen sich dunkle Grate, Zacken und Türme ab. Die Sterne verblassen, erlöschen und rötlicher Hauch überzieht das Firmament.

Es gibt sie also noch in unseren Bergen – die Stunden der Stille, die Gipfel der Einsamkeit, die Momente, in denen man spürt, warum den Bewohnern dieses Landes diese Höhen heilig waren. Der Himmel ist zum Greifen nahe. Du musst dich nur ein wenig strecken, auf die Zehenspitzen stellen und du kannst ihn berühren. Wo, wenn nicht hier, kannst du das Göttliche mit deinen Sorgen, deinen Nöten und deinen Freuden erreichen?

Hier kommen die Rauchwolken der Brandopferplätze und die Gesänge der Gipfelmessen an ihr Ziel. Hier ist heiliger Boden. Du solltest deine Bergschuhe ausziehen, um die Botschaft würdig empfangen zu können, anstatt dein Wurstbrot zu essen und die Orange zu schälen. Du solltest still werden, statt dein verschwitztes Bergheil herumzuschreien.

Grelle Strahlenbündel schießen zwischen den Felseinschnitten heraus. Lichtsalven überfluten die Höhen und auch mein Gipfel ist in rötliches Morgenlicht getaucht.

Behutsam öffne ich meine Hände, fülle sie mit diesem Augenblick wie mit frischem Quellwasser, um ihn mitnehmen zu können, wenigstens ein Stück weit hinunter ins Tal.

Vorwort

Die Felsgrate, die Schrofen und Zinnen, die engen Täler und weiten Becken sind in hartes Licht getaucht. Es ist das gleißende Licht, das die Schatten in die schmalsten Risse und hintersten Winkel treibt – die Halogenscheinwerfer der Vernunft, der Aufklärung und die Neonstrahler der Wissenschaft und des Machbarkeitswahns leuchten in die engsten Ritzen. Die Berge – unsere Berge – die Throne der Götter, die Altäre unseres Landes, die Felspyramiden der Erleuchtung – reduziert auf erstarrte Magmamassen und gefaltete Sedimente! Berge, Gletscher, Bäche und Seen – erforscht, erschlossen, vermessen und kartografiert und vor allem – genutzt. Für die Landwirtschaft, die Energiegewinnung und für den Fremdenverkehr, für das eigene Wohlbefinden, als Fitnessparcours und Abenteuerspielplatz.

Und doch gibt es da noch dieses andere Tirol. Kurz vor Sonnenaufgang, in der Abenddämmerung, wenn das Licht weich wird und sich warm über die Konturen legt, dann regen sich die Schatten wieder, kriechen aus den Klüften und Abgründen empor und erwachen zu neuem Leben. Und in den stillen Nächten löst sich ein sanfter Hauch von den Felsen und dunklen Baumwipfeln und wispert und säuselt ein uraltes Lied. Wie der süße Duft von Steinröschen und Braunellen steigt es empor und verwirrt die Sinne und den Verstand, und dann kann man es manchmal ahnen, spüren, fühlen – das uralte Geheimnis der Berge.

Denn so wie alle Berge ihre eigene Flora und ihre eigene Tierwelt haben, so haben sie auch ihre eigenen Kräfte und Mächte, ihr eigenes Wesen und ihre eigenen Wesenheiten, die nur jemand mit einem weit offenen Herzen wahrnehmen kann. Die Sagen erzählen von solchen Begegnungen zwischen den Dimensionen. Es sind viele Sagen und keine gleicht der anderen, denn auch kein Berg gleicht dem anderen. Und es gibt sie noch, diese Wesenheiten der Berge und wir würden gut daran tun, sie ehrfürchtig ernst zu nehmen.

Wer in den Bergen und Wäldern, Gletschern und rauschenden Bächen etwas Lebendiges sieht, wird ihnen respektvoll, vorsichtig, vielleicht sogar mit Liebe begegnen. Ein Leben in unserer Heimat ist nur im respektvollen Umgang mit der Natur möglich. Bei einem Kampf gegen die Natur steht der Verlierer schon fest. Denn wenn sich der Mensch gegen die Natur stellt, stellt er sich gegen sich selbst, denn wir sind Teil der Natur, nicht ihre Besitzer.

Im schamanischen Weltbild ist die Natur eine Ausstülpung der menschlichen Seele und wir können die Natur nur heilen, indem wir uns selbst heilen.

Dazu eine wahre Begebenheit: Das Hochplateau von Burgstein ist in warme Nachmittagssonne getaucht. An den Hängen des gegenüberliegenden Luibiskogel gleiten die Abendschatten talwärts. Breit liegt der flache Schalenstein inmitten der Juniwiese. Neben den kreisrunden Vertiefungen kleben Kerzen in den Maya-Farben der Himmelsrichtungen – rot, gelb, weiß und schwarz.

Vor dem Kultstein kniet Gloria in der Tracht der Pocomam Maya mit bunt besticktem Huipil und Kopftuch. Dahinter steht Don Julián. Auch er trägt die zeremonielle Kopfbedeckung des Mayapriesters. Gloria ist in Trance versunken. Sie atmet schwer. Sie ist die jüngste Mayapriesterin Guatemalas. Don Julián, ihr Großvater und Lehrmeister, ist Schamane und Wettermacher. Er kennt den Umgang mit den

Elementen. Er beherrscht den Blitz und treibt Hurrikans zurück ins Meer.

Die Stimmung wirkt friedlich. Don Julián schließt die Augen und murmelt seine Gebete zu den erstaunten Wesenheiten. Plötzlich kippt seine Stimme ins Weinerliche, er beginnt zu schluchzen, sinkt auf seine Knie. Er öffnet die Augen, schaut sich um, schaut auf die Berge und beginnt dankbar zu lächeln wie ein kleines Kind. Die Seele Tirols habe ihn berührt und er sei überwältigt worden von ihrer Schönheit und Klarheit, erklärt er uns mit Freudentränen in den Augen.

Die Seele Tirols also.

In unserem Land existiert eine Parallelwelt zu dem geschäftigen, grellen Alltagstreiben, eine Parallelwelt, die manchmal nur mehr in Resten erahnbar ist, manchmal aber auch kräftige neue Lebenszeichen von sich gibt.

Dieses Buch versucht diese rätselhafte, oft vergessene Dimension Tirols bewusst zu machen und sich dem Wesen des Landes, das oft im Geheimen und Verborgenen liegt, über verschiedene Brechungsebenen, aus verschiedenen Richtungen, immer aber respekt- und liebevoll zu nähern.

Die Seele Tirols

Nur ein Märchen?

Das Geheimnis der Göttin Rätia:
„Die Räter waren kein Volksstamm, sondern die Anhänger eines Kultes, die Diener und Verehrer einer weiblichen Gottheit.“
Hans Haid

Das Land ist die Ausstülpung der Seele seiner Bewohner
Schamanische Weltsicht,
Carlo Zumstein

Der Mineraliensammler stand am Einstieg zur Felswand und ordnete Bandschlaufen, Karabiner und Seile, als er das Tier sah. Der Atem stockte ihm. Ungläubig starrte er auf die Gämse, die ihn von einem schmalen Felsband im unteren Wandbereich aus beobachtete – das seidige Fell war weiß, nicht hellgrau oder schmutzig weiß, sondern von einem leuchtenden Weiß, das bläulich schimmerte.

Hastig stieg er in die Wand ein, und erst als er sich auf wenige Meter herangearbeitet hatte, kletterte sie weiter die steile Felsflanke hinan. Dieses Spiel wiederholte sich immer wieder, als würde die Gämse darauf warten, dass er ihr folgte. Plötzlich verschwand sie in einem Felsspalt. Der Mann kramte seine Stirnlampe aus dem Rucksack und folgte ihr in das dunkle Innere des Berges. Der Tunnel führte steil nach oben. Plötzlich erweiterte sich der Gang und der Mann betrat eine gewaltige Höhle, die in Dämmerlicht getaucht war. Diffuses Sonnenlicht drang durch eine Felsöffnung. Er schaltete die Lampe aus und schaute sich staunend um. Von der Decke hingen Tropfsteine, dazwischen funkelten Bergkristalle. Die weiße Gämse war nirgends zu sehen, aber in der Mitte der Berghalle saß eine Frau auf einem Felsthron und schien zu schlafen. Sie war wunderschön. Der Mann war verwirrt. Wo um Himmels willen war er hingeraten?

Die Sagen seiner Kindheit, die ihm seine Mutter oft erzählt hatte, fielen ihm wieder ein. Geschichten von Feen, Saligen, von schlafenden Riesen und Zwergenreichen im Inneren der Berge. Aber er war inzwischen erwachsen und glaubte nicht mehr an Märchen. Immerhin lebte er im 21. Jahrhundert, man dachte vernünftig und wusste, dass es solche Dinge höchstens in den Träumen gab. Das schien ihm eine Lösung. Er träumte und aus irgendeinem Grund gelang es ihm nicht, zu erwachen. Er beschloss, das Spiel mitzumachen. Beim Frühstück würde er darüber lachen.

Der Mann näherte sich der Berggöttin. Sie hatte langes, schwarzes Haar und trug ein grau schimmerndes Kleid, darüber floss ein dunkelgrüner Samtmantel in weichen Falten von ihren Schultern. Auf ihrem Kopf saß eine Krone aus blauem Gletschereis und auf jeder Zacke funkelte ein bunter Edelstein und warf Lichtmuster an die Höhlenwände. Die Gestalt strahlte Würde, Stolz und majestätische Erhabenheit aus. Doch als er sie genauer betrachtete, bemerkte er, dass der erste flüchtige Eindruck trügerisch gewesen war. Von der Eiskrone floss in dünnen Rinnsalen Schmelzwasser und perlte über das Gesicht. Der grüne Mantel war zerschlissen und hatte Risse. In seinem Kopf tauchten plötzlich Bilder von kranken Wäldern auf, durch die Schipisten und Forststraßen geschlagen worden waren, von dröhnenden Autobahnen, auf denen sich endlos qualmende Kolonnen wälzten. Er taumelte zurück und griff sich an die Schläfen. Träumte er im Traum? Nun sah er auch, dass die Frau gefesselt war. Feine Stahldrähte waren um ihre Gliedmaßen geschlungen und am Felsthron verankert. Jedes Mal, wenn sich die Gestalt im Schlaf bewegte, zogen sich die Fesseln enger. Wieder tauchten Bilder in seinem Kopf auf – von Lawinenverbauungen aus Stahlgerüsten, eingeengten Gebirgsbächen und begradigten Flüssen, von Dämmen und Schutzgalerien, Auffangbecken und Staumauern.

Die Frau schlief unruhig und am Mienenspiel des schönen Gesichts erkannte der Mineraliensammler, dass sie Furchtbares träumen musste. Da sah er, dass sie um den Hals eine goldene Kette trug, an der ein glasklarer Bergkristall hing. Er nahm ihn vorsichtig in seine Hand und starrte in die Tiefen des Kristalls. Er blickte tief in die Seele der Königin – starrte erschrocken in sein Spiegelbild.

Erschrocken ließ der Mann den Bergkristall sinken. Er rückte vorsichtig die Gletscherkrone gerade. Er tupfte das Gesicht der Königin trocken, lockerte ihre Fesseln, rückte den Mantel zurecht und strich ihr zärtlich über das Haar. Als er geblendet aus dem Schlund hinaus und in das Licht des Tages trat, hatte er noch immer das letzte Bild vor Augen. Die einsame Königin der Berge auf ihrem Thron – sie hatte gelächelt.

Mystische Natur

Schatzfinder: Der Hobbyarchäologe
Franz Neururer am Moosbruckschrofen

◆ Mystisches Bergland

Das Tor zur Anderswelt

Ist der „stairway to heaven" in Tirol zu finden? Eines ist sicher – in Bergländern ist der Vorhang zwischen den Dimensionen besonders dünn. Während andere Völker aufwändige Pyramiden bauen mussten, um der Anderswelt näher zu kommen, steigt man in Tirol auf einen Berg. Noch heute zeigen die Gipfelkreuze, dass die Berge heilige Orte sind. Jeder kann das spüren, wenn er sein Gefühl nicht schnell mit einem Berg-Heil-Schnapsl abdämpft. Unsere Heimat ist reich an geheimnisvollen Plätzen in Bergschluchten, dunklen Wäldern, auf Bergkuppen, an Bachquellen und Seen. Die Menschen spürten die Besonderheit dieser Orte und bauten Altäre, schufen Brandopferplätze und Schalensteine, bauten Kapellen und Kirchen, stellten Wegkreuze und Marterln auf – unser Land ist voll von Kraftorten, Kultplätzen, Wallfahrtskirchen und Heilquellen.

Der Brandopferplatz am Gachen Blick

„Plötzlich wusste ich, das ist ein heiliger Platz", erzählt der Bildhauer Kassian

Erhart von seiner sensationellen Entdeckung des größten Brandopferplatzes Tirols. „Es war der Todestag meiner Mutter. Ich war es gewohnt, mit meinen Sorgen durch die stillen Wälder des Piller bis zur Hangkante des Gachen Blicks vorzuwandern, um dort meine Lasten in die gähnende Tiefe zu werfen. Als ich so dasaß und auf den Hügel starrte, da wusste ich, dass dies ein besonderer Ort ist."

Noch in derselben Nacht verständigte er seinen Freund und Hobbyarchäologen aus Leidenschaft, Franz Neururer. Wie zwei Buben begaben sich die beiden auf Schatzsuche. Sie fanden römische Münzen und Knochen – unzählige verkohlte Knochensplitter. „Der ganze Hügel war voll davon", schildert Kassian. Das Institut für Klassische Archäologie wurde verständigt. Die wissenschaftliche Kleinarbeit unter Dr. Michael Tschurtschenthaler und Mag. Ulrike Janovsky-Wein brachte hunderte Münzen, Fibeln, Schwerter und andere Opfergaben zu Tage. Der Kultplatz wurde vom 14. Jahrhundert v.Chr. bis zum 5. Jahrhundert n.Chr. besucht. Vor allem wurden Tiere auf Steinaltären geopfert. Durch die Entmaterialisierung im Feuer wurden die Opfergaben einer jenseitigen Welt zugänglich. Eine Analogie dazu findet man im Bestattungsmodus der Leichenverbrennung, die damals üblich war: „Das Feuer des Scheiterhaufens trennt die Seele des Toten vom Körper und lässt sie zum Himmel aufsteigen", formuliert es der Urgeschichtler Georg Kossack. In diese Richtung könnte man auch die Darstellung einer Himmelsbarke interpretieren, die in ein Gürtelblech, das aus einem hallstattzeitlichen Depotfund bei Fließ stammt, eingestanzt wurde: Vögel als Götterboten ziehen einen Sonnenwagen – eine Reise in eine andere Dimension.

Der Jäger des verlorenen Schatzes

Es ist schon dämmrig, als Franz Neururer, der Freund von Kassian Erhart, am Abend des 5. Mai 2001 durch den

Himmelsbarke (Ausschnitt): Gürtelblech aus Bronze aus dem 7. Jahrhundert vor Christus, ausgestellt im Archäologischen Museum in Fließ

Wald rund um den Brandopferplatz streift. Der Wald ist dicht und wild. Moosbewachsene Felstrümmer zeugen von einem Felssturz. Am Moosbruckschrofen hat sich eine Felsplatte verkeilt und bildet ein vorspringendes Dach. Ein markanter Platz, geschützt vom Regen oder Schnee. Hier könnte es sich lohnen genauer hinzusehen, denkt sich Neururer. Er kennt diesen Platz, hat ihn auch vor einigen Jahren schon einmal untersucht. Trotzdem schaut er unter die Felsbrocken und in Bodenspalten. Da sieht er ein Stück Metall aus dem Moos ragen. Er hebt einen Stein auf und dann verschlägt ihm der Anblick den Atem: Dutzende Teile zerbrochener Sicheln, Beile, Schwerter liegen auf einem Haufen übereinander. „Man stellt sich viele Jahre hindurch einen Fund vor. Die Vorstellung verdichtet sich immer weiter und schließlich stehst du dann wirklich davor. Zuerst konnte ich einige Augenblicke nicht fassen, was ich sah, aber dann rasten meine Gedanken durcheinander. Ich wusste sofort, dass es sich um einen mittelbronzezeitlichen Fund handeln musste. Und plötzlich hatte ich dieses Gefühl, für das ich immer wieder diese vielen Mühen und Strapazen auf mich nehme – die Zeit löste sich auf und Jahrtausende spielten keine Rolle mehr. Ich nahm ein Bronzeschwert in die Hand, das jemand vor 3.500 Jahren dort hingelegt und seitdem niemand mehr berührt hatte“, erzählt Franz.

Das Ergebnis übertrifft alle Hoffnungen: Der Depotfund umfasst 360 Teile: Bronzebeile, Schwerter, Sicheln, Schmuck und einen Helm. Alle Teile in bestem Zustand, manche glänzen fast wie neu, andere sind von türkisgrüner Patina überzogen. Menschen, die sich mit ihren Nöten, Ängsten und Hoffnungen vertrauensvoll an Gottheiten gewandt hatten, hatten Opfergaben deponiert. Die Dinge des täglichen Gebrauchs, Schmuck und Waffen waren rituell zerstört worden – zerbrochen, verbogen –, um sie für Menschen unbrauchbar zu machen und sie dem Jenseitigen aufzuschließen. Opfer gegen Gebetserhörung – dieser Tausch gilt für viele Menschen noch heute.

Knochen, Asche, Knochen: Schichtprofil des Aschenhügels am Brandopferplatz Piller Sattel

Gab es in unserer Heimat Menschenopfer?

Dass Kelten und Germanen Menschenopferkulte praktizierten, gilt als sicher, meint Univ. Prof. Gerhard Tomedi vom Institut für Ur- und Frühgeschichte sowie Mittelalter- und Neuzeitarchäologie der Universität Innsbruck. Tatsächlich entdeckte man in der Durezza-Höhle bei Villach Relikte von Menschenopfern aus dem 5. Jahrhundert v.Chr.

46 Schachthöhlen mit Funden von Menschenopfern gibt es in Mitteleuropa. Von einer besonders grausamen Opferungspraktik der Kelten berichtet Julius Caesar in seinem berühmten „De Bello Gallico“:

„Man macht riesige Götterfiguren aus Stroh und Reisig, die mit lebenden Menschen gefüllt werden. Dann wird das Ganze angezündet, so dass die Menschen in den Flammen umkommen." Die Durchführung der Opferung oblag den Druiden. Tiberius und Claudius nahmen solche Praktiken zum Anlass, den Druidenkult zu verbieten.

In den letzten Jahren wurde in Tirol eine Reihe von Brandopferplätzen entdeckt: am schon erwähnten Gachen Blick am Piller Sattel, am Bergisel oberhalb von Innsbruck, ein eisenzeitliches Heiligtum am Demlfeld bei Ampass, am Pigloner Kopf, ein Felsvorsprung auf dem Mitterberg im Südtiroler Unterland ober Pfatten, eine bronzezeitliche Stätte am Hahnehütter Bödele bei Schluderns im Vinschgau, das eisenzeitliche Heiligtum von St. Walburg im Ultental und eine späteisenzeitliche Brandopferstelle am Spielleitenköpfl ober Farchant bei Garmisch. Besondere Bedeutung hat der bronze- und eisenzeitliche Brandopferplatz am Goldbichl bei Igls im Mittelgebirge oberhalb von Innsbruck – ein monumentales und komplexes Heiligtum mit mehreren Brandaltären. Man fand zwar jede Menge Tierknochen, aber nur in Südtirol stieß man auf Menschenknochen: am Rungger Egg und am Noafer Bichl bei Bozen. Menschenopfer? Es habe sich dabei eher um nachträgliche Leichenverbrennungen gehandelt, meint Prof. Gerhard Tomedi.

Welchen Gottheiten wurde geopfert? Hallen ihre Namen aus der Stille der Geschichte in Orts- und Bergbezeichnungen wider? Gab es die weiblichen Berggottheiten Veldidena, Silvretta, Madrisa, Matreia oder eine alpine Urmutter Rätia? „Wir kennen ihre Namen nicht. Wahrscheinlich wurden sie nicht einmal direkt angesprochen, sondern nur in Umschreibungen, wie ‚Die Erhabene' oder ‚Die Heilende'", vermutet Prof. Tomedi und steht damit

Die Entdecker des Brandopferplatzes am Piller Sattel: Kassian Erhart und Franz Neururer

im Widerspruch zur Meinung etlicher Volkskundler.

Wer immer die Gottheiten waren, sie verlangten in unserer Heimat offenbar keine grausamen Menschenopfer. Und wenn sich in der Muttergottes, der Schutzmantelmadonna, tatsächlich Charakterzüge der alten Göttinnen widerspiegeln, dann waren es sanfte Gottheiten. Seltsamer Widerspruch – unbarmherzige Natur, die milde lächelt.

Opfer- und Ritualfest im Ötzidorf

„Ötzi", der Mann aus dem Eis, lebte vor etwa 5.300 Jahren in der ausgehenden Phase der Jungsteinzeit. Wer in seine Welt eintauchen will, kann dies auf vergnügliche Weise im Ötzidorf in Umhausen im Ötztal tun. Hier wurde ein archäologischer Freilichtpark errichtet, der dem Besucher Leben, Wohnen und Wirtschaften in der Jungsteinzeit veranschaulichen soll. Ein besonderes Erlebnis ist das jährlich stattfindende steinzeitliche Opferfest „Opfer und Ritual", bei dem ein Brandopferritual nachvollzogen wird, so wie es sich in der Vorzeit abgespielt haben könnte.

Das Ritual, bei dem Feldfrüchte, Tiere, Waffen und Geräte des täglichen Gebrauchs dargebracht werden, wird von einer kleinen Dorfgemeinschaft inszeniert. Hauptpersonen sind ein Schamane und natürlich Ötzi. Der Ablauf des Festes basiert auf den Grundlagen von aktuellen Forschungsergebnissen, die am Beginn der Feierlichkeiten von Univ. Prof. Dr. Walter Leitner, Leiter des Institutes für Archäologien der Universität Innsbruck, erklärt werden. Er betreut das Ötzidorf und auch das Brandopferritual von wissenschaftlicher Seite.

Das Opferfest wird jeweils am 2. Sonntag im Oktober vollzogen.

Schamane im Ötzidorf bei Umhausen (Foto: Ötzidorf Umhausen/Ötztal, Archäologischer Freilichtpark)

◆ Das Geheimnis der Schalensteine

Was sind Schalensteine? Theorien und Vermutungen

Auf Bergkuppen, hochgelegenen Almen und in düsteren Schluchten Tirols stößt der aufmerksame Wanderer immer wieder auf Felsen mit eigenartigen, kreisrunden Vertiefungen – Schalensteine.

Das Geheimnis der Schalensteine ist so wenig greifbar, dass sich fast ausschließlich Hobbyarchäologen auf diesen glatten Felsboden wagen.

Im profanen Bereich deutet man die Schalen als Geheimschrift, als Dengelsteinlöcher, als Architekturbestandteile, oder man glaubt, dass die Vertiefungen bei der Gewinnung von Gesteinsmehl hinterlassen wurden. Es könnten auch Orientierungspunkte gewesen sein, da die Steine oft auf exponierten Hügeln zu finden sind, meist mit Sichtkontakt zu einem anderen Schalenstein.

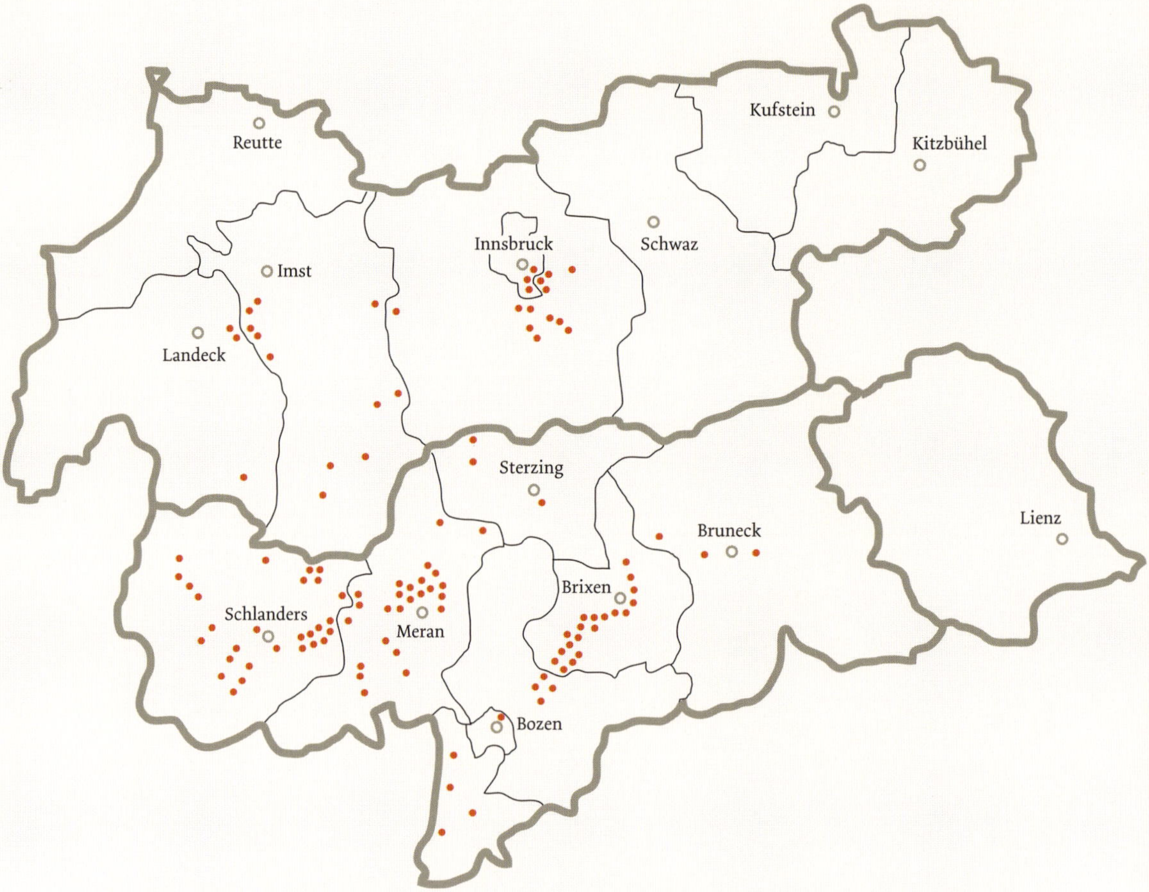

Schalensteinkarte Tirols erstellt von Dr. Henriette Klier (die Karte erhebt keinen Anspruch auf Vollständigkeit)

Falls sie zur Himmelsbeobachtung gedient haben, könnten es Abbilder von Sternformationen sein oder Punkte, mit deren Hilfe man die Sonnenwenden fixieren konnte. Wenn man bedenkt, dass zu diesem Zwecke andere Völker, wie die Maya und Azteken, mit viel Mühe künstliche Berge, sprich Pyramiden, errichteten, scheint es logisch, dass bei uns die natürlichen Gegebenheiten dafür genutzt wurden. So wurden im Kühtai Steine in Höhen bis zu 2.800 m entdeckt.

Der Privatgelehrte Edwin Pölt sah in den Anordnungen der Vertiefungen Sternformationen. So könnte man, glaubte er, zum Beispiel am Schalenstein von Tantegert bei Innsbruck die Sternbilder des Orions, der Lyra, des Skorpions und des Stiers erkennen.

Bei kultischen Zwecken denkt man an Behälter für Totenlichter oder an Opfersteine. Dafür spräche die Nähe zu heiligen Plätzen, zu Quellen oder zu Hügelgräbern und Brandopferplätzen. Fundplätze von Schalensteinen befinden sich fast immer in der Nähe menschlichen Lebensraumes, an alten Wegtrassen, an Wasserläufen.

Wurden auf den Steinen den alten Göttern Opfergaben dargebracht oder gar Tiere geopfert? Hatten die Steine die Funktion von Altären? Dagegen spricht die Schräglage vieler Schälchen, die eine Deponierung von Flüssigkeiten oder Opfergaben unmöglich gemacht hätte.

Eine gewagte Theorie stammt von Edwin Pölt. Er sieht in den Steinen Schnittpunkte eines Netzes von Kraftlinien, welche die Alpen überziehen. Unsere Vorfahren hätten von diesen Kraftorten gewusst und sie markiert. Bei der Christianisierung unseres Landes hätten oft Kirchen, Klöster und Kapellen die alten Steinmarkierungen abgelöst. In manchen Kirchenportalen sind tatsächlich Schalensteine eingelassen.

Aus welcher Zeit stammen die Schalensteine?

Die ersten Schalensteine dürften schon im Neolithikum (Jungsteinzeit) entstanden sein. Es wurden keine Schalensteine aus der Römerzeit entdeckt, wohl aber eigenartige, in Stein geritzte, verschachtelte Vierecke, so genannte Mühlen, wie etwa auf der Tschötscher Heide oberhalb von Brixen. Später jedoch flammte der Schalensteinkult wieder auf. Nach der Christianisierung bezeichnete man die Schalensteine als Teufelsplatten, Schlangensteine oder Hexensteine. Wie ernst die Kirche die alten Praktiken nahm, schreibt der Südtiroler Schalensteinforscher Dr. Franz Haller: „Das Konzil von Arles 353 nimmt den Kampf auf gegen die Steinanbeter, ebenso das Konzil von Toledo 681." In der Predigt VI des Boni-

Schalenstein „Jagerstoan" im Windachtal

facius können wir lesen: „Welche auf Steinen opfern, oder an Quellen und Bäumen sind zu bestrafen." Auch Karl der Große befahl die Zerstörung der Opfersteine.

So scheinen die Schalensteine geheimnisvolle Zeugen einer Steinkultur zu sein, einer Kultur, die sich auf ungeklärte Weise dem Kosmos und seinen Göttern nähern wollte. Man wird das Rätsel um die Schalensteine nie ganz lösen können. Vielleicht ist es gut so, dass man nicht alles erklären kann. Wo bliebe der Raum für Phantasie, für Sagen und Märchen?

Der Mayapriester und der Schalenstein

Zurück zu Don Julián und dem Schalenstein aus dem Vorwort: Der Tiroler Norbert Muigg ist nicht nur Mayapriester, sondern wird von den Maya Guatemalas als Brückenbauer zwischen den Kulturen eingesetzt. In diesem Sinne lud er seinen Lehrmeister und Freund, den Wettermacher Don Julián und seine Enkelin Gloria, die jüngste Mayapriesterin, ein, Tirol zu besuchen.

Ein Programmpunkt war der Besuch des Schalensteines von Burgstein oberhalb von Längenfeld – ein Versuch „spirituelle Archäologie" zu betreiben. Wie gewohnt, in Guatemala gibt es noch heute hinter fast jedem Dorf einen steinernen Opferaltar, klebte der alte Priester schmale Opferkerzen auf den Stein und schüttete Zucker und mitgebrachtes Wasser des Atitlansees darüber. Dann versetzte er seine Enkelin in Trance. Sie schloss die Augen und atmete schwer. Der Mayapriester wollte den Namen des Platzes erfahren. Gloria versuchte Verbindung mit den Kräften des Steins aufzunehmen. „No son Maya", keuchte Gloria erschrocken, denn es waren seltsam fremde Wesen, die über dem Stein wachten und die schon sehr lange nicht mehr gerufen worden waren. Doch dann entspannte sich ihr Gesicht. Sie hatte die Botschaft verstanden. Keine Kerzen, sondern Blumen will der Stein, der durch und durch weiblich und für Fruchtbarkeit zuständig sei. Bald lagen in den Schälchen farbsprenkelig die Blütenköpfe der Sommerblumen – lila Glockenblumen, Braunellen und Salbei, gelbe Arnika und Bocksbart, dumpfroter Wiesenklee, grellrote Lichtnelken.

Ein friedliches Bild, das sich den Anwesenden bot. Schalensteine waren Fruchtbarkeitssteine, waren Kultsteine einer sanften Muttergöttin. Die Bestätigung einer Vermutung quer über den Ozean.

Kultplätze werden zu Wallfahrtsorten

Als sich das Christentum auszubreiten begann, gerieten die alten Plätze oft in Vergessenheit und wurden erst viel später neu entdeckt, wie die erwähnten Brandopferplätze, die Quellheiligtümer vom Schneidjoch oder von Telfes oder der heilige Hain vom Goldbichl. Manche Stätten wurden heimlich weitergenutzt und von der Bevölkerung als Hexen- und Teufelsplätze gemieden. Eine dritte Möglichkeit war, die heidnischen Heiligtümer in christliche zu verwandeln. Diese Methode wurde und wird weltweit von den gerade dominanten Religionen praktiziert. Man denke an Kirchen, die auf den Fundamenten von Azteken- oder Mayapyramiden errichtet wurden, an Kirchen, die zu Moscheen umgewandelt wurden, und so weiter.

Oft sind die Grenzen zwischen heidnischem und christlichem Background für das Wunderbare verschwommen. Im Kapitel „Wallfahrten in Tirol“ kann man mehr darüber erfahren.

Die Schalenstein-forscherin

Henriette Klier, die Mutter des bekannten Schriftstellers Walter Klier, ist vor allem durch ihre Wanderführer bekannt. Auf der Suche nach interessanten Wegen stieß sie immer wieder auf Steinplatten und Felsen mit eigenartigen Vertiefungen. Der aufmerksame Benutzer der Wanderführer wird dementsprechende Hinweise entdecken. Diese rätselhaften Kultsteine ließen ihr keine Ruhe und sie entdeckte bald mit geschultem Blick immer mehr oft völlig unbekannte Schalensteine. Schon bald erfuhr sie, dass diese Steine auch in Nordtirol, wenn auch nicht so viele, aber doch in manchen Gegenden gehäuft, zu finden sind. Ja, selbst bei einer Reise nach Hawaii entdeckte sie hunderte seltsame Steinplatten mit kleinen Schälchen, die denen in den Alpen frappant ähnelten. Die Schalensteinforschung wurde zu ihrem Hobby. Immer wieder rückte sie mit Pickel, Schaufel, Drahtbesen und Wasserflasche, den Werkzeugen des Schalensteinforschers, aus, um Hinweisen aus der Bevölkerung nachzugehen. Henriette Klier erstellte eine Übersichtskarte über die Standorte der Schalensteine, verzichtete aber bewusst darauf, zu sehr ins Detail zu gehen oder gar einen Schalensteinführer zu schreiben. „Diese Stätten soll man sich erarbeiten. Es ist nicht gut, wenn alles in Führern steht“, meinte sie nachdenklich.

Schalensteinforscherin Dr. Henriette Klier beim Reinigen des Felsens

◆ Glitzernder Gletscherzauber

Eisblauer Gletscherblues

Ein großes Jammern geht durch die Medien, ein Weinen und Wehklagen durch die Bevölkerung. Unsere Gletscher schmelzen dahin. Einst mächtige Eispanzer zerfließen in Jahrhundertsommern wie Speiseeis in der Hand eines Kindes. Und wie ein Kind trübselig die klebrige Katastrophe der abgerutschten Vanille-Erdbeerkugeln am heißen Asphalt betrachtet, so schweift der Blick über die rückschreitenden Gletscher. Bis hierher hätte man noch vor 20 Jahren und vor 150 Jahren eben über blinkende Firnfelder auf die andere Talseite wandern können, erklären Markierungstafeln oder depressiv gestimmte Einheimische, die mit der Hand die Höhe des alten Eisstandes fuchteln. Der Wanderer blickt wehmütig in ausgeaperte Talmulden und seufzt.

Wie mittelalterliche Büßer haben sich die Eisgiganten Asche aufs Haupt gestreut, schämen sich ihrer Unfähigkeit, so vorstoßen zu können, wie man es von ihnen gewohnt ist und wie man es von ihnen erwartet. In parallelen Linien ziehen sich Schottermuster über die Gletscherzungen, die nicht blendendweiß in der Sonne funkeln, sondern schmutzig und stumpf wirken. Es tropft, gluckst und sickert aus den Eiswänden. Milchig grau schäumen Gletscherbäche aus einstürzenden Gletschertoren. Immer wieder apern Eisleichen aus, strecken ihre erstarrten Gliedmaßen in den hitzigen Himmel und gleiten lautlos aus den schimmernden Gräbern.

Gletscher – die Bildhauer der Alpen

Das Wort „Gletscher“ kommt aus dem Lateinischen „glacies“ – Eis. Die in den Ostalpen gebräuchlicheren Bezeichnungen „Kees“ und „Ferner“ stammen aus dem Althochdeutschen. „Firn“ bedeutet alt, vorjährig und tatsächlich baut sich ein Gletscher aus den Schneeschichten der Vorjahre auf. Im Nährgebiet, meist eine von Felskämmen umsäumte Firnmulde, wandelt sich durch Schmelzen, Wiedergefrieren und Druck Schnee zu Eis, das in langen Zungen talwärts fließt, Spalten und Eisbrüche bildet und schließlich im Zehrgebiet wieder abschmilzt.

Trogtäler, Pyramidenberge, markante Gipfelhörner – nichts prägte die Alpen so sehr wie das formende, schabende Eis der Gletscher. Immer wieder wechselten lange Eiszeiten und kurze Wärmephasen ab. Die letzte, die Würmeiszeit, begann im Quartär vor ca. 70.000 Jahren. Noch vor 20.000 Jahren waren unsere Alpen von einem 2.000 Meter mächtigen Eispanzer bedeckt. Nur die höchsten

Gipfel ragten als Nunatakker über die weiten Eisfelder empor, die entlang der Täler in das Alpenvorland flossen und sich dort zu einem breiten Eisgürtel vereinigten. Dabei bildeten sich an den Stirnseiten mächtige Endmoränenwälle, wie man sie am Irschenberg bei Rosenheim und im südlichen Gardaseegebiet sehen kann. In Südeuropa herrschte gemäßigtes Klima. Nördlich der Donau erstreckte sich eisfreie Tundra – Weidegründe zotteliger Mammuts und Jagdgebiet von Neandertalern.

Doch auch die gegenwärtige Zwischeneiszeit verläuft nicht kontinuierlich. Ähnlich unberechenbar wie Börsenschwankungen wechseln wärmere mit kälteren Perioden. Eine ganze Palette von Wissenschaftlern beschäftigt sich mit diesen Fieberkurven der Berge und deren Auswirkungen.

Biologen zählen in Schichten mooriger Bohrprofile die Pollen und schließen daraus auf die Vegetationsbeschaffenheit, auf Almnutzung und Brandrodung sowie auf die Höhe der Waldgrenze. Schon bei einer Erhöhung der Durchschnittstemperatur von 0,7 °C während der Vegetationsperioden (Frühling bis Herbst) von drei Jahren kann die Waldgrenze um 100 Meter nach oben wandern. Geografen untersuchen ausapernde Baumstämme und

Gletscherschliff Schlattenkees, dahinter Hoher Zaun und Schwarze Wand, Venedigergruppe, Hohe Tauern

schließen anhand der Jahresringe auf die Wetter- und Wachstumsbedingungen. Glaziologen und Geologen vermessen die Geschwindigkeit des Eisflusses, die Mächtigkeit des Eises und die Lage von Moränen. So entstand ein recht genaues Bild über das Werden und Vergehen unserer Gletscher während der letzten 10.000 Jahre.

Momentan haben die österreichischen Gletscher eine Ausdehnung von rund 500 Quadratkilometern – 70% davon sind in Tirol.

Die Fläche nimmt ab, die Anzahl der Gletscher zu. Die Ursache: Große Gletscher splittern sich oft in mehrere kleine auf. Der Schneeferner an der Zugspitze zerbrach zu drei kleinen Gletscherchen. Momentan gibt es mehr als 900 Gletscher in unserer Heimat.

Die Gletscher stoßen vor…

Verschwundene Städte, übergossene Almen

Menschen, die in gletschernahen Gebieten siedelten, hatten keine Freude mit vorrückenden Eismassen. Die Angst, kostbares Almgebiet machtlos unterm blauen Eis verschwinden zu sehen, taucht in den Totalpsagen auf. Ein Frevel, meist übermütiger Missbrauch von Lebensmitteln, wird von übernatürlichen Mächten mit einer Naturkatastrophe bestraft. Aus den Tiefen des Eises der Übergossenen Alm am Hochkönig, des Glacier de la Plaine Morte am Wildstrubel in den Berner Alpen und der Pasterze des Großglockners schimmern solche Geschichten herauf. Der Gurgler Ferner soll sogar eine ganze Stadt verschluckt haben – Tanneneh apert nimmermehr:

Wo jetzt der Große Gurgler Ferner liegt, war in alten, alten Zeiten eine fruchtbare, blühende Gegend mit einer schönen Stadt mit Namen Tanneneh. Die Leute dort waren sehr reich, aber auch sehr geizig. Sie aßen mit silbernen Löffeln, Gabeln und Messern aus goldenen Tellern ihre reichen Mahlzeiten.
Ja sogar die Knöpfe am Gewand, die Nägel an den Schuhen, die Spitzen und Griffe der Spazierstöcke waren aus Gold und Silber. Dabei waren sie sehr stolz und hartherzig gegen die Armen. Da kam einmal ein armer, alter Bettler nach Tanneneh. Von Haus zu Haus bat er um milde Gaben. Doch an jeder Türe wurde er mit höhnischen Worten abgewiesen. Der alte Mann konnte sich fast nicht weiterschleppen vor Hunger und Mattigkeit und bettelte immer noch weiter. Da wurden die Leute in Tanneneh zornig und trieben den Bettler mit ihren goldenen Stöcken aus der Stadt hinaus. Da hörte man eine Stimme: „Tanneneh, Tanneneh, 's macht an Schnee und apert nimmermeh!"
Da fing es an zu schneien und schneite fort soviel Tage und Nächte, bis die reiche schöne Stadt samt ihren hartherzigen, gottlosen Bewohnern tief unter einem Ferner begraben lag. Und es muss wahr sein, denn auf der anderen Seite sieht man heute noch goldene Kellen im Fernerbach hinunterrinnen.

Quelle: Christian Falkner, Sagen aus dem Ötztal, Innsbruck 1963

Ähnliche Geschichten gibt es um die Stadt Onanä, die an der Stelle stand, wo der Langtauferer Ferner ins Tal reicht. Dort wo der Vernagtferner seine Eisdecke vorschiebt, soll eine weitere Stadt namens Dananä gewesen sein.

Die Totalpsagen haben einen klimatischen Hintergrund. Tatsächlich stießen während der „Kleinen Eiszeit" (etwa von 1600 bis 1850) die Gletscher bedrohlich vor und zwangen zur Aufgabe kostbarer Hochweiden. Vergletscherung wurde als Strafe empfunden.

Immer wieder taucht die Sage von der Übergossenen Alm auf, so auch am Hochkönig.

Es wird von saftigen Wiesen erzählt, von kniehohem Gras und friedlichen Rinderherden. In behaglichen Almhütten arbeiteten gut gelaunt die Sennerinnen, um die großen Milchmengen, es gab noch keine EU-Kontingente, zu Butter und Käse zu verarbeiten. Idylle pur. Die Leute packte der Übermut: Kuhglocken aus Silber, statt Wasser trank man zerlassene Butter (wie die Sennerinnen wohl ausgesehen haben?) und Wein. Die Sennerinnen wollten eine feine Haut haben und badeten in Milch. Mit den Jägerburschen wurde nächtelang durchgefeiert und mit Käsekugeln wurde gekegelt. Kurz, es muss eine ausgelassene Stimmung geherrscht haben wie bei einem Ischgler Après-Ski-Event.

Als einmal ein müder Wanderer erschöpft auf der Alm rasten wollte, wurde er davongejagt. Das brachte das Fass zum Überlaufen. Die Geister der Berge konnten solche Zustände nicht tolerieren. War es Neid, der sie dazu veranlasste, von ihren kalten und einsamen Felsburgen aus einen gewaltigen Eis- und Schneesturm auf die lustigen Leute herabzusenden? Für Flucht war es zu spät und die Schneemassen begruben die grünen Almen samt Menschen, Tieren und Hütten. Noch heute liegt das einst fruchtbare Hochtal unter dem Eis begraben.

Bei unseren abschmelzenden Gletschern dürfte es also nur mehr eine Frage von Jahren sein, bis die Almhütten wieder ausapern – wenn die Geschichten wahr sind. Heutzutage würde man sich über neue Gletscher freuen. Man würde sie sofort erschließen und vernetzen. Dass dies die Berggötter wissen und deshalb, boshaft wie sie nun einmal sind, die Strafe für gottloses Handeln im jährlichen Abschmelzen der Gletscherzungen und ausbleibendem Neuschnee in den Tallagen besteht, kann man getrost zu den Sagen zählen.

Gletscherkatastrophen

1450, 1602, 1681, 1772, 1820 und 1850 drängten die Gletscher in die Alpentäler vor und lösten dabei oft Katastrophen aus. So versperrten immer wieder vordringende Eismassen den Abfluss des Schmelzwassers und stauten Seen auf. Wenn die Eisdämme brachen, schossen die Wasser sintflutartig talauswärts und zerstörten alles, was ihnen im Weg stand.

Solche Ereignisse haben die Bevölkerung der Täler um den Montblanc, des Wallis und der Ötztaler Alpen bis in die zweite Hälfte des 19. Jahrhunderts in Angst und Schrecken versetzt.

Eisseen bildeten sich am Fuße des Vernagtferners und des Gurgler Ferners. Der Gurgler Eissee schwoll im 18. Jahrhundert mehrmals bedrohlich an. Am Steinernen Tisch, am Rande des Sees, wurden immer wieder Messen gelesen, die eine Katastrophe verhindern sollten.

Der Vernagtferner staute durch vorstoßende Eismassen die Rofener Ache südlich von Vent immer wieder zu einem See auf, der sich mehrmals zwischen den Jahren 1599 und 1601, 1677 und 1682, 1771 und 1774, zuletzt 1845 bis 1848 entleerte.

Diese Überflutungen verursachten gewaltige Sachschäden, forderten aber selten Menschenleben.

Unglücklicher verliefen Gletscherkatastrophen in anderen Alpenteilen. 1595 und 1818 brachen die Eisseen des Giétrozgletschers im Kanton Wallis.

Die traurige Bilanz: 150 Tote und 44 Tote. 1965 stürzten über eine Million Kubikmeter Eis des Allalingletschers auf die Barackenlager einer Baustelle. 88 Arbeiter starben.

Die größte Gletscherkatastrophe der Geschichte ereignete sich im Mont Blanc-Gebiet in Frankreich. Im Juli 1892 brachen zwei Wasserstuben, also mit Wasser gefüllte Hohlräume, des Glacier de Tête Rousse. Der Weiler Bionnay und die Kur- und Badeanstalt von St. Gervay wurden völlig zerstört. Über 200 Menschen starben. Seither wird der Abfluss durch Stollen geregelt.

Die Auslöser solcher Blitzoffensiven des Eises lagen weit jenseits des Erfahrungsbereiches der Bergbewohner, 1820 zum Beispiel in Indonesien, wo fünf Jahre zuvor der gewaltigste Ausbruch der Geschichte am Vulkan Tambora stattgefunden hatte und seine Ascheneruption das Weltklima für einige Jahre abkühlte. Das Gleiche passierte 1883 nach dem Ausbruch des Krakataus. Kein Wunder, dass man solch unerklärliche Naturschwankungen mit Bergwesen und Gletschergöttern in Zusammenhang brachte.

Weiße Gletscherfrauen

Viele Namen tragen die seltsamen Geisterfrauen und Göttinnen der alpinen Gletscher: Vreneli, Alpmüterli, Tanna, Alpina, Silvretta, Salige, um nur einige zu nennen. In vielen Bergen tauchen ihre Namen auf, wie bei der „Wilden Frau", der „Weißen Frau", der „Hohen Wilde" oder dem Gebirgszug „Silvretta". Meist treten sie im Dreigespann auf. Entweder sind es eine alte Frau, eine Mutter und ein junges Mädchen, dann sind es wieder drei gleichaltrige Frauen, die eine Trinität bilden. Dazu der Volkskundler Hans Haid: „Ihre Dreiheit ist zugleich eine viel ältere Vorstellung als die der drei Bethen, Nornen, Parzen oder der drei heiligen ‚Madln' des Christentums, von Barbara, Katharina und Margeritha."

Die Gestalten, die in den blau schillernden Kristallpalästen der Gletscher wohnen, suchen aber auch immer wieder den Kontakt der Menschen. Deren Treiben ist ihnen nicht egal und so greifen sie immer wieder in das Geschehen ein – in das der Natur und in das der Menschen. Manchmal geben sie Rat – niemand weiß so genau Bescheid um die Künste der Almarbeit, um das Pflanzen und Ernten, wie diese Naturwesen. Manchmal strafen, rächen und verdammen sie als Eishexen. Hans Haid vermutet in seinem Standardwerk „Mythos Gletscher", dass diese Vorstellungen aus einer matriarchal geprägten Zeit stammen könnten. Das Ende dieses Zeitalters könnte um 2000 v.Chr. angesiedelt werden. Der letzte Rest sei aber erst durch das Christentum verschwunden und blitze in alten Sagen und Erzählungen und im weit verbreiteten Marienkult aus dem Dunkel der Geschichte hervor.

Eine eindrucksvolle Beschreibung der Gletscher-Saligen lieferte der Ötztaler Sagensammler Christian Falkner:

In den Bergen liegt aber nicht nur Härte, Stolz und Unnahbarkeit, es ist auch unsagbar Zartes und Schönes drin. Schönheit und Liebe verkörpern die Saligen Fräulein. Sie sind die Bergholden, die Schutzengel der Bergnatur. Zu ihnen flieht die gehetzte Gämse um Schutz vor der Büchse des Jägers, ihnen blühen die Blümlein an des Gletschers Rand entgegen. Tiefer Friede, hehre Hoheit und heilige Liebe leuchten aus dem engelsreinen Antlitz der Saligen, wie das Schneegefilde an den Lehnen der Bergkönige wallt ihr weißes Gewand umrahmt von blondem Lockenhaar an ihrem schönen Leib nieder. So tanzen sie über Gletschergründen ihren Reigen. So sitzen sie beim Spiel tief drinnen im Berg in gold- und diamantenen Hallen …

… und ziehen sich wieder zurück

Vielleicht war die Provinz Rätien gar kein Strafposten für die römischen Legionäre. Immerhin gab es um Christi Geburt ähnliche Sommer wie 2003 und immerhin konnte man Wein bis auf die Höhe der Höttinger Alm oberhalb von Innsbruck anbauen.

In der ersten Hälfte des 12. Jahrhunderts herrschte erneut eine Warmzeit und ermöglichte den Rittern ein angenehmes Leben auf ihren zugigen Burgen.

Warmperioden waren für die Bergbewohner Gunstzeiten. Man freute sich über die milden Winter und die neu gewonnenen Weideflächen.

Auch der jetzige Rückzug der Gletscher bedroht das Land nicht existentiell. Sicher wird der Bergwanderer das Fehlen dieser herrlichen Naturschönheiten bedauern. Auch werden langfristig Bergweiden in den Trockenzonen des Vinschgaus und des Ötztales Probleme mit der Bewässerung bekommen. Doch die Wasserversorgung durch die Gletscher bleibt von lokaler Bedeutung. Die Auswirkungen des Gletscherschwundes auf den Wasserhaushalt werden überschätzt, meinen die Glaziologen. Das Volumen aller Gletscher beträgt nur 50% des Jahresniederschlages in Österreich.

Eine Bedrohung für Bergsteiger könnte das Auftauen des Permafrostbodens rund um die Gletscher darstellen. Der Gesteinsverband lockert sich und der stützende Halt, den die Gletscher den Bergen gegeben haben, nimmt ab. Bergflanken werden labil, Gipfelaufbauten brüchig. Seit 1997 schoben sich an der Weißseespitze im Kaunertal fünf Millionen Kubikmeter Fels und Eis zu Tal. Zuerst lockerten sich die Verankerungen des Nörderjochliftes, schließlich verschwand sogar das Gipfelkreuz in einer Spalte. Es drohte die ganze Flanke auf das darunter liegende Schigebiet zu stürzen.

Die gesamte Bergwelt ist in Bewegung geraten. Im Jahrhundertsommer 2003 verloren die Gletscher durchschnittlich 2 Meter an Mächtigkeit. Univ. Prof. Dr. Michael Kuhn, Vorstand des Institutes für Meteorologie und Geophysik der Universität Innsbruck, beruhigt. „Es bräuchte 100 solche Sommer um unsere Gletscher auf kümmerliche Reste zurückzuschmelzen. Immerhin beträgt die Mächtigkeit der Pasterze 270 Meter, die des Gepatschferners 230 Meter."

Alles ganz normal?

Im jahrtausendelangen Auf und Ab der Klimasituation eine dramatische, vom Menschen herbeigeführte Erwärmung der Erde erkennen zu wollen, erscheint Prof. Kuhn gewagt.

Sicher ist, dass wir in einer Zwischeneiszeit sind und dass die jetzige Gletscherausdehnung das letzte Mal während der Römerzeit so gering war. Im großen Zeitraum der 10.000 Jahre Nacheiszeit stellt unsere Warmzeit eher den Normalfall dar.

Selbst die weltweite Zunahme von Wetterkapriolen scheint Prof. Kuhn nicht als gesichert. „Ich kann ohne Probleme zwanzig Ländern mit vermehrten Katastrophen zwanzig stabile Beispiele gegenüberstellen. Die von den großen Versicherungsgesellschaften beklagte Zunahme von Versicherungsschäden sei darauf zurückzuführen, dass viel mehr versichert wird und dass die Menschen der Natur immer näher auf den Leib rücken", erklärt er.

Die Frage, ob die jetzige Wärmephase durch den Menschen verursacht wurde, will Prof. Kuhn nicht so eindeutig beantworten.

Die Erwärmung der Atmosphäre ist ein vernetztes, kein lineares Phänomen. Der Treibhauseffekt, bedingt durch die Zunahme des CO_2, ist nur eine Komponente in diesem Wechselspiel von Energiezufuhr und -verlust. Eine gegenläufige Wirkung, ebenfalls durch den Menschen hervorgerufen, erzielt die SO_2-Emission durch Ver-

Wildspitze

kehr und Heizungen. Das Schwefeldioxid fängt sich in einer Dunstschicht in etwa 20 km Höhe und bewirkt, wie eine Wolke, eine Abkühlung der Durchschnittstemperatur – ein ähnlicher Effekt wie nach einem Vulkanausbruch tritt auf. Seit den 1970er Jahren konnte allerdings eine Reduktion dieser Schadstoffemissionen erreicht werden.

Aber auch jede großflächige Änderung auf der Erdoberfläche, wie die Rodung von Wäldern, Vulkanausbrüche oder verlagerte Meeresströmungen, beeinflussen das Klima.

Events und Technik statt Prozessionen

Die Bewohner der Bergtäler wussten schon immer, dass der Mensch das Seine dazu beitragen konnte, um die Harmonie der Natur in Einklang zu bringen, dass er Wesen besänftigen konnte, Opfergaben darbrachte, Prozessionen und Bittgänge abhielt. Auch die heutige Bevölkerung bringt ihre Gaben in die Gletscherwelt: Lärm, Schmutz, Gestank und brutale Erschließung. Einzelne Rufer in der Eiswüste, wie der Volkskundler Hans Haid oder der Extrembergsteiger Reinhold Messner, werden nicht gehört, belächelt oder gar beschimpft. Die Prozessionen der Gletscherschifahrer und Freizeitalpinisten, die über die Gletscherhänge pilgern, werden die leisen Rufe der Saligen nicht hören, werden das Glitzern und Funkeln der Kristallpaläste nicht sehen. Zu laut rattern Lifte und Pistenraupen und dröhnen die Lautsprecher der Megaevents. Am Rettenbachferner wurde ein Gletscherstadion errichtet für 1 500 Personen. Höhepunkt: Schiweltcupauftakt. Dort wurde auch mehrmals ein Spektakel aus Schnee und Licht aufgeführt: Statt Elefanten ziehen Pistenbullys über die Berge, afrikanische Wüstenstämme werden zu Nachtschiläufern, Götter verkommen zu Drachenfliegern. „Hannibal", ein schrilles Schauspiel inmitten majestätischer Natur, das in den Augen vieler Menschen respekt- und geschmacklos wirkt. Noch ist kein Ende der Gletschererschließungen und Vermarktungsideen abzusehen. Wenigstens können sich die armen Seelen, die alten Legenden nach auf den Gletschern die „kalte Pein" erleiden müssen, nicht mehr über Langeweile beklagen und können sich in frostigen Leidensnächten in die aus PVC-Schaum hergestellten Hightech-Folien hüllen, die das Abschmelzen der Gletscher verhindern sollen.

Rofenkar-Ferner

◆ Rauschende Bergwasser

Die Quelle vom Schneidjoch

Der Himmel ist milchig blau. Die Hitze lastet schwer auf dem Hochtal. Luftschleier flimmern über den Felsen. Seit Wochen hat es nicht mehr geregnet und die Quelle plätschert jeden Tag zaghafter aus dem Berg. Ritauie wischt sich den Schweiß von der Stirn. Sorgenvoll schaut er auf seine kleine Herde. Wie lange wird das Wasser für die Ziegen und Schafe reichen? Heute hat er eine Sichel mitgebracht, seine einzige – hergestellt aus gutem norischen Eisen. Er legt sein Werkzeug auf einen Stein, und mit einem kräftigen Ruck zerbricht er die geschwungene Klinge an einer scharfen Kante. Mit einem Seufzer wirft er die Stücke in das kleine Auffangbecken, aus dem er immer Wasser schöpft. Hier hatte schon früher sein Bruder Esimne dem Wassergott geopfert. Sein Vater Kastrie hatte seine Söhne schon als Kinder zu diesem Quellheiligtum mitgenommen, war mit ihnen hier herauf gestiegen, um zu opfern und zu beten. Wird die Gottheit auch diesmal ihr Opfer annehmen und Regen senden?

Eine Täuschung oder hört er in der Ferne leises Donnergrollen?

So ähnlich könnte es sich abgespielt haben am Schneidjochsattel im Rofangebirge. Dort wurde die älteste Inschrift Tirols in rätischer Sprache mit etruskischen Buchstaben in den Felsen geritzt. Die ca. 2.000 Jahre alte Inschrift handelt vom Wasser: Die Hirten Kastrie Etunnu (Kastrie, der Sohn des Etune), Ritauie Kastrinu (Ritauie, der Sohn des Kastrie) und Esimne Kastrinu (Esimne, der Sohn des Kastrie) haben an der Quelle geopfert und wollten dies der Nachwelt mitteilen.

Wasser war also schon immer ein Anliegen der Tiroler. Heute sind sie sich mehr denn je bewusst, welch ungeheurer Schatz zu Eis erstarrt in den Gletschern der Hochgebirge lagert oder in die steilen Flanken unserer Berge sickert, durch Risse und Klüfte rieselt, entlang von Gesteinsverwerfungen rinnt, von Höhlendecken tropft, sich in gigantische Wasserkammern ergießt, am Quellhorizont wieder zu Tage quillt, um dann als kleines Bächlein durch die Almwiesen zu plätschern, als rauschender Wildbach zu Tale zu donnern, gischtstiebend durch Schluchten zu toben und im Tal dann je nach Jahreszeit gemächlich oder schlammig aufbrausend die Engen Tirols zu verlassen.

Tiroler schätzen diesen Reichtum umso mehr, seit sie wissen, dass in kaum einem anderen Land eine so gute Wasserqualität so unbegrenzt und preiswert aus den Wasserhähnen rinnt. Egal, ob man aus dem Fernen Osten, dem Badeurlaub am Mittelmeer oder dem Abenteuerurlaub in Südamerika zurückkehrt, das dankbare Gefühl, wieder daheim zu sein, stellt sich erst richtig mit dem Hochgenuss des ersten Glases Leitungswasser ein.

Auch wenn der Vorrat an klarem Wasser unbegrenzt scheint, so erkennen weitblickende Menschen immer mehr, dass man mit unserem Schatz verantwortungsvoll umgehen muss. Es wurde zwar im Bereich der Abwasserreinigung Pionierarbeit geleistet, aber man würde heute viele Kraftwerke anders planen, Wildbäche sensibler verbauen und Flüsse nicht einfach kanalisieren und begradigen. „Begrabt mein Herz an der Biegung des Flusses" wäre im Inntal kein leicht zu erfüllender Auftrag.

Scheidsee, Galtür

Tiefenbachklamm, Kramsach

Spätestens beim großen Hochwasser 2005 wurde erkannt, dass man Flüssen ausreichend Raum geben sollte, wie beim Life-Projekt Lech – dem letzten naturnahen Fluss Österreichs.

Dass es in Zukunft Wasserkriege geben wird, ist für uns Tiroler schwer vorstellbar, doch angesichts der Tatsache, dass schon jetzt 1,2 Milliarden Menschen keinen Zugang zu sauberem Trinkwasser haben, sehr wahrscheinlich. Können jetzt die Weichen gestellt werden, dass Wasser ein Allgemeingut bleibt, dass es auch für unsere Kinder sprudeln wird und nicht nur für einige kapitalkräftige Firmen?

Noch scheint unsere Wasserwelt in Ordnung und kann es bleiben, wenn wir vernünftig mit diesem Geschenk der Natur umgehen, anstatt die Grenzen des Möglichen auszuloten. Statt noch mehr Gletschererschließungen, noch mehr Hotelbetten, noch mehr Kraftwerken – Selbstbeschränkung. Man muss ja nicht gleich seine letzte Sichel opfern, um den Wassergott gütlich zu stimmen.

Geheimnisvolles Wasser

Mehr als H2O: Wasser als Informationsträger, Wasser mit Bewusstsein, Wasser als Lebewesen. Immer seltsamere Eigenschaften werden dem Lebensmittel nachgesagt. Ein Pionier dieses neuen Wasserverständnisses ist der Tiroler Johann Grander. Der Jochberger hat es geschafft, vom Querdenker und Spinner zum Star der Wasserforschung aufzusteigen. Seine Technologie beruht auf dem Prinzip der Informationsübertragung, ähnlich dem homöopathischen Prinzip. Mehr darüber können Sie im Kapitel „Grenzgänger der Wissenschaft" lesen.

Inzwischen boomt die Forschung um das Mysterium Wasser. Der japanische Forscher Masaru Emoto weist nach, dass sich Schwingungsmuster auf Wasser übertragen lassen. Wasser aus Gebirgsquellen bildet gefroren fehlerfreie sechseckige Wasserkristalle, belastetes Wasser kann dies nicht mehr. Laut Emoto bekommt solches Wasser seine Kristallisationsfähigkeit zurück, wenn man es neben lebendiges Wasser stellt. Die Beobachtungen gingen sogar dahingehend, dass schöne Musik, positive Gedanken und Gebete das Wasser regenerieren. Die Wirksamkeit von Segnungen mit geweihtem Wasser erfährt eine unerwartete Bestätigung aus Japan. Wir Tiroler haben schon immer gewusst, dass der Teufel das Weihwasser zu Recht fürchtet.

Heiliges Wasser

Was unterscheidet eine normale Berg- oder Wiesenquelle von einer „Heiligen Quelle"? In der Heilquelle befinden sich therapeutisch wirksame Stoffe. Was aber, wenn diese fehlen und das Wasser doch als heilig gilt? Handelt es sich um eine „kosmische" Energie, die in den Clustern des Wassers gespeichert ist? Jedes Wasser hat laut neuesten Forschungen seinen eigenen Charakter und sein eigenes Muster. Die heiligen Quellen an so genannten Kraftorten, wie bei Kapellen, Kirchen oder alten Kultplätzen, haben „reifes" Wasser. Das heißt, es tritt durch den eigenen Druck zu Tage. Je höher der Reifegrad, desto höher ist die Fähigkeit, kristalline Strukturen zu bilden, wie zum Beispiel bei den Quellen von Maria Waldrast oberhalb von Matrei am Brenner und jener zur Kalten Herberge in Schmirn.

Heiligwasser ist ein Quellheiligtum oberhalb von Igls in der Nähe von Innsbruck. Seine Geschichte könnte laut neuesten Vermutungen bis zur Bronzezeit zurückgehen, hat man doch unweit der heutigen Quelle eine uralte Quellfassung entdeckt. Stand diese etwa gar in Zusammenhang mit dem Kultplatz am Goldbichl?

So richtig konkret wird die Geschichte aber erst 1606, als zwei Hirtenknaben verzweifelt nach sechs verschwundenen Kühen suchten. Die Heilige Maria erschien den beiden in „überirdischem Lichterglanze" und zeigte ihnen die Stelle im Bergwald, an der die Kühe im letzten Licht der Abendsonne weideten und an der eine frische Quelle aus dem Boden sprudelte. Beide hörten sie die Worte: „Sagt den weißen Priestern im Tal, dass man hier mir zu Ehren eine Kapelle errichten soll!" Tatsächlich trafen die Hirtenkinder zwei Wiltener Chorherren. Aber was bedeutete schon das Wort zweier Kinder? Doch bald häuften sich Wunderheilungen, und schließlich wurde 1652 die Kapelle gebaut. Noch heute wird sie gerne von den Innsbruckern besucht.

Wasserheiligtümer sind meist idyllische Orte: romantische Kapellen, schattige Brunnen oder kristallklare Becken. 37 heilige Quellen listet das Autorenpaar Siegrid Hirsch und Wolf Ruzick in ihrem Büchlein „Heilige Quellen" in Nord- und Südtirol auf. Die Liste reicht vom Mehrner Heilwasser bei Brixlegg über das Fieberbründl bei Fieberbrunn bis zum Magdalenabrunnen bei Trins oder den Heiligen Drei Brunnen bei Stilfs. Unzählige Geschichten und Sagen ranken sich um die uralten Quellen. Die meisten werden gerne und häufig von den Menschen besucht. Manche erleben einen richtiggehenden Boom, wie die Quelle von Maria Waldrast, der noch vor wenigen Jahrzehnten kein Mensch Beachtung schenkte.

Meerweiber und Seefräulein

Geschichten von Meeresnixen gibt es in Tirol kaum. Wen wundert's? Aber am Zusammenfluss der Melach und des Senderbaches soll man doch „wunderschöne Meerweiber" gesehen haben. Ihr Leib schien wie aus Lilien und Rosen, endete aber in einem schuppigen Schwanz mit einer Fischflosse. Diese Frauen, die oft fremdartige Lieder sangen, stammten aus dem Meer und gelangten durch unterirdische Zugänge zu den heimischen Seen und Bächen.

Etwas häufiger findet man Sagen über Süßwassergeister. Meist sind es Wesen, die in den Tiefen der Gebirgsseen wohnen. Auf den Höhen des Sonnwendjochs liegt der sagenumwobene Ziereinersee. Über ihn erzählt man sich, er sei mit einem unterirdischen See verbunden, der bis unter das Inntalniveau reichen würde. Dieses unauslotbare Wasserlabyrinth sei nicht nur die Heimat büßender Seelen, sondern auch eines schönen Seefräuleins. Einst konnte ein Gämsjäger dieses scheue Wesen am Ufer des Sees erblicken. Er kam gerade zurecht, als ein Drache aus einem Felsloch kroch, seine Flügel entfaltete und sich auf das Fräulein stürzen wollte. Mit einer geweihten Kugel schoss der Jäger dem Untier in den Kopf, das tödlich getroffen vor die Seejungfrau stürzte. Zur Belohnung durfte sie der Retter in ihr Unterwasserreich begleiten, von wo er mit großem Reichtum beladen zurückkehrte.

Von Tränen und Tau

Zu bestimmten Tagen, den so genannten Lostagen, versuchte man mehr über die eigene Zukunft zu erfahren. Mädchen wandten die verschiedensten Praktiken an, um den Namen ihres Zukünftigen zu erfahren. Orakel galten aber auch vielfach dem zukünftigen Wetter. Einer der wichtigsten Lostage war Weihnachten. In vielen Orten Tirols stellte man vor dem Gang zur Christmette eine Schüssel randvoll mit Wasser auf den Tisch. War das Wasser

Am Fuße der Serles entspringt das „heilige Wasser" der Maria Waldrast

Seekarsee, Windachtal

während des Kirchgangs übergelaufen, sah man ein nasses und regenreiches Jahr voraus. Blieb das Wasser aber in der Schüssel, folgte ein trockenes Jahr. Konkreter war dieses Orakel in Zirl: Bevor man zur Christmette ging, stellte man ein Glas oder eine Schüssel voll Wasser auf den Tisch. Ging das Wasser während der Mette über, so trat im folgenden Jahre der Inn über die Ufer. Auch durch die Deutung von Träumen glaubte man, mehr über die Zukunft zu erfahren. Im Inntal galt das Träumen von Wasser als schlechtes Zeichen oder es bedeutete den baldigen Todesfall eines Familienangehörigen. Wasser wurde gleichgesetzt mit Tränen.

Am Morgen nach der Walpurgisnacht, also am 1. Mai, ging man durch die feuchten Wiesen, um den Morgentau in kleine Fläschchen zu füllen. Das Walpurgisöl sollte gegen allerlei Krankheiten helfen und die Geburtswehen erleichtern, erklärt der Volkskundler Karl C. Berger.

Wasser zur Abwehr von Dämonen

Mag. Karl C. Berger vom Institut für Volkskunde an der Universität Innsbruck meint zur magischen Kraft des Wassers: Die reinigende Eigenschaft des Wassers führte sehr früh zu der Assoziation, dass durch Wasser auch Krankheiten abgewaschen werden konnten. Da das Ungewaschene und schlecht Riechende als Überträger von Krankheiten galt, war das Waschen gleichbedeutend mit dem Verlust oder der Vorbeugung verschiedenster Beschwerden – eine Vorwegnahme des Hygienegedankens. Letztlich spielt hier aber auch die Glaubensvorstellung mit hinein, dass das Ungewaschene den Anfechtungen der verschiedensten Dämonen offener ausgesetzt sei. Somit wurde das Wasser auch zum Abwehrmittel gegen sie. In diesem Sinne ist auch die Bedeutung des Weihwassers zu verstehen. Auch beim Bau eines Hauses schüttete man an den Hausecken Wasser aus, damit das Gebäude frei von Dämonen bliebe.

Obwohl nun das Wasser Schutz gegen furchterregende Gestalten versprach, wurde gerade fließendes Wasser seit der frühen Neuzeit auch als Bedrohung verstanden. Je weiter die Menschen von den trockenen Hanglagen in die Talniederungen und somit näher bei den Flüssen und Bächen siedelten, desto mehr waren sie Überschwemmungen und Hochwassern ausgesetzt.

Dementsprechend glaubte man gerade Fließgewässer bevölkert von Unheil bringenden Dämonen und Ungeheuern. Die Tiroler Sage kennt etwa den „Bluatschink", der im Lech wohnt und dorthin auch Kinder verschleppt. Hinweise auf Wasser als Wohnstätte von Dämonen sind auch an zahlreichen Kirchen Tirols zu finden. Vor allem im 15. und 16. Jahrhundert malte man in das Wasser, durch das der hl. Christophorus watete, Dämonen. Diese versuchten, den Heiligen vom rechten Weg abzubringen. In den überdimensionalen Christophorusfresken der Kirchen in Fließ, Imst, St. Leonhard bei Kundl, um nur einige wenige Beispiele zu nennen, finden sich etwa Sirenen, weibliche Wesen mit Menschenkörper und Fischschwanz, die Christophorus durch ihre erotische Ausstrahlung zu verführen versuchten. Der hl. Christophorus, der Patron der Reisenden, sollte den Wanderer vor allen Gefahren schützen. So, wie er den Gefahren des Wassers und den Verlockungen der Dämonen widerstand, sollten auch die Menschen den Versuchungen entgegentreten. Dämonen und unerlöste Seelen gab es auch im Hauptfluss Tirols, dem Inn.

Die Wilde Innschifffahrt

Wie man weiß, war der Inn in früheren Jahrhunderten eine Hauptverkehrsader und wurde von Schiffen in verschie-

denen Größen und Bauarten befahren. Schon die Römer transportierten Waren auf dem Inn. Der Höhepunkt der Innschifffahrt war in der Zeit zwischen dem 14. und dem 16. Jahrhundert. Das westliche Ende der Schiffbarkeit war bei Hall, wo ein großer Rechen Treibholz aus dem Wasser fing. Die Stämme dienten zum Beheizen der großen Sudpfanne der Saline. Flöße konnten den Inn noch bis Telfs, höchstens aber bis Mötz befahren. Sie transportierten Haller Salz. Die Schiffsleute galten als eigenwilliges Volk – hart und unfreundlich und oft in den Wirtshäusern zu finden. Noch im 19. Jahrhundert galt der Spruch: Mütter, sperrt die Töchter weg, die Schiffsleute kommen. Schwimmen sollten sie nicht können, damit sie bei Gefahr beim Schiff blieben. Sie halfen angeblich auch keinem Ertrinkenden, denn was in den Fluss gefallen war, das gehörte dem Flussgott.

Einen Ableger zur Wilden Jagd bildet die „Wilde Innschifffahrt". Viele Unterinntaler Sagen handeln von den „Wilden Schiffsleuten". Insbesondere auf dem Flussabschnitt zwischen Rattenberg und Rosenheim sollen sie ihr Unwesen getrieben haben. Diese Wilden Schiffsleute segelten mit ihren Gespensterschiffen durch die Luft oder in anderen Sagen auf dem Inn stromabwärts, aber auch gegen den Strom. Ihre Schiffe waren teils schwarz und unbeleuchtet, manchmal hell beleuchtet oder gar lichterloh brennend. Ludwig Steub erzählt in seinem Buch „Drei Sommer in Tirol" von einem Burschen, der in einem Boot über den Inn setzte, um einem der verrufenen Nachttänze beizuwohnen. Plötzlich tauchten aus dem Dunkel gespenstische Galeeren auf. Bald stiegen auch riesenhafte dunkle Pferdekörper aus den Fluten auf, auf denen totenbleiche Reiter saßen. Die Wogen rauschten, die Schiffe knarrten, die Rosse wieherten, die Schiffsleute schrien. Die Strömung erfasste den Burschen und riss ihn fort bis hinunter nach Angath. Der Geschockte gelobte daraufhin, einen besseren Lebenswandel zu führen.

Eine Sage aus Rattenberg aus dem „Gespensterbuch" von Hermann J. Spiehs handelt von bestrafter Neugier:

Eine Bäuerin wollte gern die wilde Innschifffahrt sehen. Sie begab sich in einer der Raunächte zum Inn. Es dauerte lange Zeit, denn die Sterne standen schon längst am Himmel, als sie das Wasser peitschen hörte. Voller Neugier trat sie ganz nahe ans Wasser heran. Die wilden Schiffsleute kamen. Wie sie die grausigen Mannsbilder mit den verwegenen Gesichtern sah, wollte sie davonlaufen. Aber schon hatte sie einer in seinen unförmigen Tatzen und zerrte sie mit.

Zur Wilden Innschifffahrt gehört der Inngeist. Sein Treiben erinnert an Episoden aus dem „Herrn der Ringe": In den Raunächten sucht sich dieser Ungeist sein Opfer. Mit einem goldenen Ring lockt er die Menschen an. Wer den Ring annimmt, versinkt sogleich im Wasser. Sieben Jahre muss er dann dem Inngeist dienen. Zur Weihnachtszeit darf er auf drei Tage den Inn verlassen, muss aber geloben, ja kein Wort mit den Menschen zu reden.

Im „Gespensterbuch" von Hermann J. Spiehs heißt es:

Ein Bauer wurde vom Inngeist entführt. In der Weihnachtszeit durfte er heim. Da dachte er sich: „Zurück gehe ich nimmer!" Die drei Tage waren bald um. Der Bauer saß gerade in der Stube und spielte mit den Nachbarn Karten. Auf einmal tat es einen Krach und der Wortbrüchige lag tot auf dem Boden.

Wasserorakel – und so könnte es gewesen sein

Tirol, zu einer Zeit, als der Inn noch ungestüm durch das Tal floss und das Wild noch nicht im großen Stil durch den Winter gefüttert wurde:
Endlich hatte es aufgeklart und funkelnde Kälte senkte sich auf das Tal. Seit Tagen hatte es unaufhörlich geschneit. Der Hochwald war bis zum Hals im flauschigen Schnee versunken. Der Sturm hatte den Bäumen schwere Lasten aufgeladen und die kantigen Konturen der Felsen weich und rund geweht. Engelbert stapfte durch den grundlosen Pulver dem Futterplatz zu. In seiner Buckelkraxe hoch aufgeladen das Heu. Heute, am Christtag, sollten die Tiere des Waldes auch ihren Teil bekommen. Doch der Bauer hatte keinen Blick für die Schönheit des Winters. Die Ereignisse der letzten Nacht machten ihm Sorgen. Zuerst hatte er gelacht, als der Knecht vor dem Gang zur Christmette die Teigschüssel mit Wasser anfüllte und auf den Stubentisch stellte. Glaubte er doch nicht an die Überlieferung, nach der ein Überschwemmungsjahr bevorstünde, wenn nach der Heimkehr das Wasser übergegangen und auf die Tischplatte geflossen sei. Tatsächlich war das Holz nach der Heimkehr nass. „Tut's lieber mehr beten!", hatte er ermahnt und leise hinzugefügt: „Wo der Glaube bei der Tür hinausgeht, steigt der Aberglaube beim Fenster herein."

Aber als seine Frau heute Morgen ganz verstört erwacht war und erzählte, sie hätte geträumt, dass die beste Kuh ertrunken sei, da wurde er doch etwas unruhig. Wasserträume bedeuten Tränen, hatte schon seine Mutter gesagt. Engelbert war inzwischen an der Futterkrippe angelangt. Von hier aus sah er weit ins verschneite Tal. – Er konnte sich nicht erinnern, um diese Zeit so viel Schnee erlebt zu haben. Irgendwann würde die Pracht ja schmelzen, und man konnte nur hoffen, dass es langsam gehen würde.

Damals ahnte er noch nicht, dass der Frühling mit heißen Tagen und tosendem Föhn ins Land stürmen würde und dass die Schmelzwässer die Gebirgsbäche zum Toben und Schäumen bringen würden, ahnte nicht, dass der Inn über die Ufer treten und seinen Stall wegreißen würde. Auch dass er bei dem Versuch, sein Vieh zu retten, in den braunen Fluten ertrinken würde, ahnte Engelbert nicht, als er an dem kalten Christtag die Futterkrippe mit Heu füllte.

◆ Von Wind und Wetter

Die Jahreszeiten

Tirols Wetter hat etwas von der wuchtigen Dramatik einer Wagneroper. Im Walkürenritt galoppieren die Gewitterwolken aus den Tälern und treiben die wildschäumenden Gebirgsbäche vor sich her, wie aus gigantischen Orgeln brausen die Schneestürme und pfeifen die Gipfelwinde, mit Pauken und Trompeten donnern die Muren und Lawinen zu Tal und wie im Todeskampf brüllt der verwundete Föhndrache durch das Wipptal.

So abwechslungsreich und spannend das Wetter in seiner Abfolge ist, so unterschiedlich ist es in den verschiedenen Landesteilen. Nördlich der lang gezogenen Gebirgsketten der Kalkalpen kommt es zu Staulagen mit reichlichen Niederschlägen, während es in deren Schattseiten trocken und mild ist. In den inneralpinen Tälern gibt es wenig Niederschlag – im oberen Inntal weniger als 600 mm im Jahr. Die meisten Sonnenstunden, nämlich 1.940, genießen die Serfauser.

Auch wenn es nicht so scheint – es gibt sie noch, die schneereichen Winter, derenthalben die Gäste aus allen Teilen der Welt anreisen. Aber Dörfer mit Schneegarantie spielen ein riskantes Spiel, denn seit etwa 40 Jahren ist ein Vierjahresrhythmus von schneearmen und schneereichen Wintern zu beobachten. Schneekanonen, die eine unzuverlässige Natur ausgleichen müssen, gehören inzwischen so selbstverständlich zum Zubehör eines Schigebietes wie Lifte und Seilbahnen.

An vielen Wintertagen ragen die Alpen wie Inseln aus einem Nebelmeer, das ganz Mitteleuropa bedeckt, hervor. Es ist nicht nur der Schnee, der dieser Jahreszeit seinen Reiz verleiht, sondern das helle Licht, das von den schneebedeckten Bergflanken reflektiert wird. Der Winter hat seine Bedrohlichkeit verloren. In hellen, geheizten Häusern, alle Lebensmittel zu allen Jahreszeiten zur Verfügung, ist das Wintergefühl unserer Altvorderen verloren gegangen. Aber nur verbissene Nostalgiker trauern Kälte, Dunkelheit und eintöniger Kost nach. Doch nur indem wir uns in die wehrlose Abhängigkeit unserer Vorfahren versetzen, können wir die oft seltsamen Bräuche, Erklärungsmodelle und Abwehrversuche rund um das Wetter verstehen.

Von Wettermachern und Nebelhexen

Schon immer versuchte der Mensch die Tücken des Wetters durch Technik und Tricks auszugleichen – von künstlicher Bewässerung, Wildbach- und Lawinenverbauungen über die Treibhausplanen der Gemüsebauern bis zu den Schneekanonen in den Schigebieten.

Nicht nur seine Auswirkungen in den Griff zu bekommen, sondern das Wetter selbst zu beeinflussen, ist ein uralter Menschheitstraum. Dass dies in unseren Bergen versucht wurde, belegen zahlreiche Überlieferungen, Sagen und Prozessakten über Wetterzauberei.

Eine der berüchtigtsten Wetterhexen war die sagenumwobene Hexe Stase, die auf dem Zöbelehof zwischen Landeck und Prutz gehaust haben soll. In der Sage von der Sattelhexe aus der Sammlung von Johann Nepomuk Ritter von Alpenburg heißt es:

Sie lebte als Bäuerin auf dem Zöbelehof unweit der Straße, die von Landeck hinauf gen Prutz führt, und hieß Stase. Ihr Aussehen war echt hexenhaft, furchtbar und

Grasausläuter in Schwaz wecken die Natur aus ihrem Winterschlaf

schreckhaft, und ebenso waren auch ihre Hexentaten als da waren: Vieh sterben lassen und Wetter machen. Wenn letzteres geschah, ritt die Hexe Stase auf ihrem Sattel durch die Lüfte und kehrte die Wolken mit ihrem Besen zusammen. Da gab es Hagel und Muren und schreckliche Wassergüsse und allerlei Unheil und Unglück. … Dem Mann grauste. Er ging nach Landeck zum Gericht und zeigte sein Weib an; alsbald wurde dieselbe gefangen und in einen kupfernen Kessel gesetzt, denn sie durfte die Erde nicht mehr berühren. Man verurteilte sie zum Feuertode, und sie sprach noch, als sie den Scheiterhaufen bestieg: „Heute macht es warm." Lange Zeit wurde noch auf dem Schlosse zu Landeck der Sattel gezeigt.

Die Beeinflussung des Wetters war eine der Hauptanklagepunkte bei den Hexenprozessen. Anfänglich beschränkten sich die Vorwürfe auf Abwehrzauber – Hagel sei abgewendet oder längst fälliger Regen herbeigezaubert worden. Gegenüber diesen weißmagischen Praktiken hatte die Kirche eine ambivalente Haltung. Manche Geistliche tolerierten diese Praktiken, manche verboten sie. Ein schärferer Wind wehte ab dem 15. Jahrhundert den Wettermachern entgegen. Sie wurden verteufelt. Die Zeit der Hexenverfolgung begann. Ein Eskalieren dieser religiösen Verirrung bewirkte das Erscheinen des Handbuches „Der Hexenhammer", herausgegeben von den beiden Dominikanermönchen Jakob Sprenger und Heinrich Institoris: ein „Schlaues Büchlein" für Inquisitoren. Von nun an dominierten die Berichte über Schwarzmagie, über

Hagelschäden und Blitzeinschläge. Die Grundhaltung der Kirche verschob sich in Richtung: Gott macht das Wetter, der Teufel verändert es.

Wie man das Wetter braute

Wie wurde das Wetter gemacht? Am häufigsten fand Analogiezauber statt: Der Zauberer und die Hexe setzten Handlungen im Kleinen, die dem großen Geschehen entsprachen. Regen wurde herbeigezaubert, indem man das Wasser eines Baches oder Sees „strudelte", das heißt aufquirlte, Steine, Kohlen oder Erde ins Wasser warf, dass es wie von Regentropfen aufgewühlt wurde. Man schlug mit Ruten oder frischen Zweigen auf Seen oder Pfützen und peitschte die Wasseroberfläche auf. In manchen Berichten heißt es, der Wettermacher habe ganz einfach in einem See gebadet oder sich mit Wasser übergossen. Es gibt auch die Überlieferungen, dass das Wetter richtiggehend gebraut wurde, dass sich also die Dämpfe des Hexengebräus zu Gewitterwolken wandelten. Hans Matscher schreibt: „Man kann auch Schweinshaare in einem Hafen sieden; statt dieser lässt sich sogar der Teufel selber in den Topf tun, Deckel drauf, dann muss die Hexe unter das Gefäß blasen und mit dem Meister im Kessel reden, wie und wo Wetter gemacht werden soll."

Als Beweis, dass es sich um kein natürliches Gewitter gehandelt hat, fand man die so genannten Hexenhaare in den Hagelkörnern. Wichtig war es aber,

diese zu verbrennen, sonst würden sie die Hexen erneut zum Wettermachen benützen. Auch hieß es, dass ein Messer, das man in das Unwetter werfe, die Hexe verwunden kann – am Besten eignete sich dazu ein Drudenmesser.

Unter den Wettermachern konnte sich der Südtiroler Mathias Perger, genannt „Lauterfresser", einen Namen machen.

Nicht nur Sagen bestätigen Wetterzaubereien, sondern auch Gerichtsprotokolle, wie das vom 22. Juni 1658 gegen den Hexer Hansl. Es wird berichtet, dass die Bauern ihn zu vorgerückter Stunde in angeheiterter Stimmung gebeten hätten, Regen zu zaubern. Er habe daraufhin ein Schaff mit Wasser gefüllt, habe sechs Steine hineingegeben und den gesamten Inhalt unter freiem Himmel ausgeschüttet. Daraufhin habe es zu regnen begonnen. Es standen also nicht immer böse Absichten hinter dem Wetterzauber. Meist handelten die Zauberer im Auftrag der Menschen, ließen es bei Trockenheit regnen oder wehrten Unwetter und Hagel ab. So beteuert 1595 Christoph Gostner gegenüber dem Gericht, er habe nur Hagel abgewehrt und die Hagelkörner zu Wasser verwandelt.

Der Faust Tirols

Eine der schillerndsten Gestalten des mystischen Tirols ist der Zauberer und Wettermacher Pfeifer Huisile. Der Tiroler Heimatforscher Hermann Holzmann begab sich auf die Spurensuche des Tiroler Faust. Er nennt ihn einen „Wasserbeherrscher und Wetterbeschwörer" und betont, dass sein Till Eulenspiegel'scher Schalk (wenn er etwa als Floh in die Kammer der Mägde springt) und sein letztlich weiches Herz (wenn er Sterzing im letzten Augenblick vor einer Überschwemmung verschont, *„denn die Leut hatt'n mer sovl derbarmt"*) über seine dunkle Seite dominiert hätten. Das Kerngebiet der Sagen liegt im Sterzinger Gebiet. Holzmann siedelt die Herkunft des Zauberers im hintersten Ratschingser Tal an.

Pfeifer Huisile findet keinen Geschmack an der harten Feldarbeit. Er wird Zauberlehrling beim berühmtesten Hexenmeister der Gegend, dem Lauterfresser (siehe Kapitel „Hexen und Zauberer").

Das Huisile verschreibt sich mit seinem Blute dem Schwarzen Schutzengel. Mit einem Esel reitet er nun durch die Lande, um seine Künste auszuüben. Seine Spezialgebiete: die Verblendung und das Wettermachen. Unter Verblendung versteht man die Gabe, sich in alles Mögliche verwandeln zu können oder wenigstens dem Betrachter die Illusion einer Verwandlung vorzugaukeln. So verblendet sich Huisile in einen Bären, in eine Maus oder in einen Floh.

Am liebsten aber *tut das Huisile Wötter machen*. Er gilt *als Wasserkünstler, dem alle Wasser gehorchen müssen.*

Den Pfitscher Bauern droht er, den Pfitscher Wildbach talaufwärts fließen zu lassen. Sie haben ihn erzürnt. Und so straft er Verspottung und Hartherzigkeit mit Unwettern und Katastrophen, Freundlichkeit belohnt er mit gutem Wetter. Einmal gibt er ein eindrucksvolles Beispiel seiner Wetterkunst. Fuhrleuten, die an seiner Gabe zweifeln, beweist er seine Fähigkeit, indem er in der Stube ein *vierfaches Wetter* zaubert. In einem Winkel scheint die Sonne, im anderen regnet es, im dritten Winkel blitzt es und im vierten Eck schneit es sogar auf den trockenen Holzboden.

Zum Wettermachen stehen ihm dämonische Tiergeister zur Seite.

Manchmal sind es Katzen, manchmal Geißböcke. So heißt es: Wenn er mit einem schwarzen Bock das Tal hinunter reitet, wird hinter ihm alles schwarz. Da sich Huisile mit dem Bauern von Telfes zerstritten hat, will er mit einem gewaltigen Winterunwetter die Ochsenalpe vernichten. Mit seinem schwarzen Bock führt er wochenlang Schnee auf das Winkeljoch im hinteren Ridnauntal, um die Bauernhöfe zu zerstören. Auch den Bauern im Gschnitztal droht er an, ihr Tal mit Hochwasser *auszuschwänzen.* Einzig die Kraft der geweihten Kirchenglocken vereiteln viele seiner Pläne. Diesen Zweikampf Glocke gegen Unwetter wollen wir uns noch genauer ansehen. Wie aber endet die Geschichte vom Huisile? Er bekommt, ganz wie der Faust von Goethe, eine letzte Chance. Als der Teufel merkt, dass Huisile nach einer Bußpredigt in Sterzing von der *Gnade Gottes erfasst* wird, trägt er ihn durch die Lüfte davon. Im Abgrund sieht der Zaubermeister die *Muttergottes mit dem Schutzmantel.* Aber auf die Frage des Teufels, ob er jetzt schwach werde und seinen Schwur brechen würde, antwortet Huisile stolz: „*Na, umweibern tue i nit!*“

Am 14. November 1680 schreibt Pater P. Baumgartner in sein Tagebuch, dass ein Zauberer namens Mathaeus Haensele, vulgo Pfeiffer Hänsele, im Beisein von zwei Kapuzinern enthauptet und sein Leichnam anschließend verbrannt worden wäre. Den Pfeifer Huisile hat es also wirklich gegeben und er lebt noch heute in der Erinnerung mancher Talschaften fort.

Ein Blick über die Grenze

Bleibt noch zu klären, ob Wetterzauber funktioniert hat. Um die Frage zu beantworten, müsste man in diese vergangenen Epochen eintreten, wie dies für uns Norbert Muigg, der Tiroler Mayapriester, in Guatemala tatsächlich gemacht hat. Für die Menschen früherer Zeiten waren Wettermacher Realitäten, wie sie dies noch heute bei vielen Naturvölkern sind. Bei den Maya ist die Tradition des Wettermachens noch lebendig. Als 1997 im Norden des Landes rund um Tikal der Urwald brannte, wurde Norbert Muigg von der Regierung beauftragt, mit einer Gruppe von Mayapriestern, darunter der Oberste des Weisenrates Don Cilo Oxlaj Perez und der Wettermacher von Palín, Don Julián, den wir schon im Vorwort kennengelernt haben, für rettenden Regen zu sorgen. Statt zu regnen begann der Vulkan Pacaya Asche zu spuken. Die Presse betitelte höhnisch: Asche statt Regen. Doch diese Zeitungen musste man sich schon im strömenden Regen besorgen, denn der Aschenausstoß hatte Regen erzeugt.

Don Julián, der Wettermacher von Palín, konnte nicht immer so frei das uralte Wissen pflegen. Während der Bürgerkriegsjahre war alles, was nach indianischer Identität aussah, verdächtig und wurde verboten – so auch die Mayareligion. Als die Lage unerträglich geworden war, beschloss er zusammen mit drei befreundeten Ancianos (Schamanen, eigentlich Älteste), den Nationalpalast mit Blitzen zu zerstören. „Wir hatten beschlossen, dem Massenmord an unseren Brüdern und Schwestern dadurch ein Ende zu setzen“, meinte er. Sie hatten für den Tag K'uk'ulkans vier Zeremonien geplant. Das Gewitter sollte in allen vier Himmelsrichtungen aufgebaut werden. Don Julián fuhr am Tag zuvor in die Hauptstadt, um die Punkte am Nationalpalast zu markieren, wo die Blitze einschlagen sollten.

Am Tag des K'uk'ulkan entzündete Don Julián auf einem Felsvorsprung ein Zeremonialfeuer. „Ich wollte die Kraft des Südens verbunden mit der Kraft des Pazifiks rufen, und ich war es auch, der die geballte Kraft der sich aufbauenden Gewitter über den Nationalpalast führen sollte." Tatsächlich bauten sich gewaltige Gewitterwolken im Norden, Osten und Süden auf. Aber es fehlte die Kraft im Westen. „Was war geschehen? Warum spürte ich den Westen als offenes Tor? Die Wolken wurden wie durch einen Sog in den Westen gezogen." Der zuständige Anciano hatte seine Arbeit nicht getan, hatte einfach dem Druck nicht standhalten können und hatte zu viel Alkohol getrunken, zeigte sich Don Julián enttäuscht.

Wetterläuten

Über die östlichen Religionen kehrt die Erkenntnis zurück, dass harmonische Klänge heilsam wirken – tibetische Klangschalen werden auch von westlichen Ärzten eingesetzt. Dass unsere Glocken mit ihren ungleich größeren Schall- und Druckwellen einen Einfluss auf Natur, Mensch und vor allem die Dämonenwelt haben sollen, ist fast in Vergessenheit geraten. Den geweihten Glocken wurde in früheren Zeiten eine gewaltige Kraft zugetraut im Kampf gegen Gewitter, gegen Seuchen und gegen das Nichtchristliche. Man glaubte, dass das Land so weit von Unheil verschont würde, wie der Glockenklang reichte. Gegen den geweihten Klang hätten die Hexen und alle Wesen der Anderswelt den größten Widerwillen. Der berühmte Prediger Gailer von Kaisersberg (gestorben 1510) nannte die Glocken „die Trummeten Gottes", bei deren Ertönen die Hexen fliehen. Manchmal bekamen die Glocken ein Eigenleben zugesprochen, wurden personifiziert und konnten sogar sprechen oder sich weigern, transportiert zu werden, um andernorts läuten zu müssen. So geschehen in Marling, einem Dorf bei Meran:

Wie von vielen anderen Glocken erzählt man auch von der Marlingerin, *dass man sie gegen schönes Geld verkaufen wollte. Doch auf der abschüssigen Straße in die Ebene herab blieb das Fuhrwerk stecken; die Marlinger spannten alle ihre Ochsen und sich selber an, aber die Glocke war nicht vom Fleck zu kriegen und summte:*
„Anna Maria heiß ich,
Alle Wetter weiß ich.
Alle Wetter vertreib ich,
Im Marlinger Turm bleib ich."
Nun wusste man allerdings Bescheid, kehrte den Wagen aufwärts und ein Paar Ochsen zog mit Leichtigkeit die Glocke ins Dorf zurück. Das Gleiche wird von der großen Lananerin erzählt.
Quelle: Hans Matscher, Der Burggräfler in Glaube und Sage, Bolzano 1933.

Die Marlingerin gehörte mit der berühmten Sankt Paulserin und der Lananer „Mooskuh" zu den großen, kraftvollen Glocken. Die Marlingerin nahm es sogar mit unserem Pfeifer Huisile auf. Der Zaubermeister war gerade dabei, mit seinen schwarzen Katzen und einigen Feuersalamandern Wasser zu einem unterirdischen See unterhalb der Rafeinwand zu führen, um diesen zum Ausbruch zu bringen. Als man die Marlingerin läutete, zog das Huisile ab.

Als ebenfalls mächtig galt die Wetterglocke von Oetz. Als sich ein Bauer bei einem herannahenden Unwetter auf der Acherberger Alm befand, hörte er deutlich, wie eine Hexe zur anderen sagte: „Schuib, schuib" (schieb), worauf die andere erwiderte: „I derschuib's numma (nimmer), der Ötzer Stier brüllt." Am meisten gefürchtet von den Hexen war die uralte Hexenglocke von Wald in Oberpinzgau mit der rätselhaften, noch unentzifferten Inschrift:

† Grion. Habrg. Kl. Acla Ihs
Sohs. Les. Aars.

Hörmann schreibt, dass diese altbewährte Wetterbannerin von den Hexen so verhasst war, dass diese vor Wut ganze Stücke vom unteren Rande mit ihren Zähnen abgebissen haben, wie noch zu sehen ist. Das Gleiche erzählte man von der schon erwähnten „Heidin" in Alpbach, die darum auch „Hexin" genannt wurde.

Die Glockenweihe

Damit so eine Glocke auch wirklich Kraft hat, musste sie geweiht und getauft werden. Schon der flüssigen Glockenspeise wurden oft geweihte Palmkätzchen und Reliquien zugefügt. Zusätzlich erhöhen Inschriften die Kraft.

Auf der Brixener Wetterglocke etwa steht:

Ich weck' den Geist zur Schuldigkeit,
Ich sing den Leib zur Ruh,
Ich tön' durch Licht und Wolkenstreit,
All' Übeln fernen thu.

Während Psalmen gebetet wurden, wusch der Geistliche zusammen mit dem Mesner die Glocke innen und außen mit Weihwasser ab. Dass man dabei nicht mit dem heiligen Nass sparen durfte, zeigt der Bericht eines Bischofs, der sich bei der Weihe dreimal das Hemd wechseln musste.

Dann machte der Bischof mit dem für die Letzte Ölung bestimmten Öl sieben Kreuze auf die Außenseite und vier auf die Innenseite der Glocke, während zwei Weihegebete gesprochen wurden. Im Anschluss stellte der Priester das Weihrauchgefäß so unter die Glocke, dass der Rauch in ihr emporstieg. Oft bekam die Glocke noch einen Namen und wurde so richtiggehend getauft.

Jetzt endlich war die Glocke einsatzbereit. Geläutet wurde von den Pfarrern, den Schulmeistern, meist aber von den Mesnern, die dafür eine jährliche Abgabe der Bauern, „das Wetterkorn" oder „die Läutgarbe", erhielten. Es war nicht ratsam, zu früh mit dem Läuten zu beginnen, da man sonst das Wetter nur zum nächsten Dorf trieb. Am besten war es, wenn die Glocken mehrerer Dörfer zugleich läuteten. Nur dann hatte man die Chance, das Wetter aufzulösen. Die Arbeit des Mesners war eine gefährliche. Immer wieder wurden Mesner beim Glockenläuten erschlagen. Ob dies dadurch geschah, dass der Blitz eben gerne in den höchsten Punkt der Gegend, also in den Kirchturm einschlägt, oder ob es der Wut der Wetterhexen zuzuschreiben ist, kann hier nicht geklärt werden.

Wetterschießen

Mit Lärm Dämonen und böse Geister zu vertreiben, hat eine lange Tradition. Quer durch unsere Brauchtumslandschaft wird geschnalzt, geklopft, geläutet, geböllert, geschrien und eben auch geschossen. Das Wetterschießen hat seine Ursachen in einer seltsamen Mischung aus Aberglauben und pseudowissenschaftlichen Erkenntnissen.

Man glaubte durch das Schießen geweihter Gegenstände in die Wolken, die Wetterhexen treffen zu können. So zu lesen in vielen Sagen:

Allgemein war in früherer Zeit überall das „Wetterschießen“ gebräuchlich; man wollte damit im Hochsommer die schweren Gewitter vertreiben, ehe sie Schaden anrichten konnten. Bei diesem Wetterschießen wurden manchmal auch goldene Haarnadeln heruntergeschossen, die von Hexen herrührten. Die Wetterhexen, die auf den Wolken ritten, trugen solche Nadeln im Haar. Auch wurden die Haare, die in den Schloßen (Hagelkörnern) enthalten waren, als von Hexen herrührend gedeutet. Bei diesem Wetterschießen wurden auch geweihte Dinge in die Böller geladen. Auch das Pulver, das man hierzu gebrauchte, war geweiht.
Quelle: Michael Dengg, Lungauer Volksleben. Schilderungen und Volksbräuche, Geschichten und Sagen aus dem Lungau, Tamsweg 1913.

Ab der Aufklärung wurde das „abergläubische“ Wetterschießen so wie das Wetterläuten verboten.
Immer wieder wurde versucht, das Wetterschießen wissenschaftlich zu untermauern. Die Schallwellen oder Druckwellen könnten die Wolken vertreiben oder gar auflösen, hieß es.
Die physikalische Wirksamkeit versuchte 1785 die Münchner Akademie zu belegen. Es war sogar eine Prämie von 50 Dukaten ausgesetzt, für den, der diese strittige Frage endlich beantworten konnte. Endgültiges Ergebnis gab es keines. Trotzdem wurde bis in das 19. Jahrhundert fleißig in den Himmel geschossen, auch in Tirol, wie etwa am Kitzbüheler Horn, in Scharnitz und in der Wildschönau. Dort wurde von einem hochgelegenen Bauernhof durch einen Böllerschuss das Zeichen zum Wetterläuten gegeben – eine kombinierte Variante also.

Wetterkanone (Bergbauernmuseum Wildschönau)

Wettersegen

Mit dem „Wetterläuten“ und „Wettersegen“ sind indes die bäuerlichen Vorkehrungen gegen drohendes Gewitter nicht abgeschlossen. Während der Klang der Glocken durch das Rollen des Donners tönt, ist die Bäuerin nicht müßig gewesen. Sie hat auf dem Herde Glut entfacht und wirft nun in dieselbe Palmkätzchen und andere gepflückte Weihekräuter. Auch von den am Karsamstag bei der Feuerweihe geraubten Kohlen werden einige hineingeworfen. Im Unterinntal (Brixental) entzündet man die „Wetterkerze“, ein schwarzes Wachskerzlein mit eingegossenem Muttergottesbild, kniet um sie herum und betet den so genannten „kurzen schmerzhaften Rosenkranz“, auch Holzknechtrosenkranz genannt. Im Pustertale machen die Kapuziner das so genannte Kapuzinerpulver.

Das wird, wenn ein Gewitter im Anzug ist, ebenfalls auf die Glut geschüttet. Der geweihte Rauch, der durch den Kamin steigt, beißt die Hexen in die Augen, so dass sie auf ihren Besen eiligst die Flucht ergreifen.
Quelle: Ludwig von Hörmann, Tiroler Volksleben, Stuttgart 1909.

Das Gebet und der Segen spielten also eine wichtige Rolle in der Abwehr drohender Unwetter. Dabei vermischte sich wie immer Volksfrömmigkeit mit magischen Abwehrhandlungen. Als besonders starker Segen galt der Benediktussegen, den man auf vielen Amuletten oder am Benediktuspfennig fand. Darauf die Abkürzung des Segensspruches: „Crux sacra sit mihi lux, non draco sit mihi dux“: CSSML NDSMD (Das hl. Kreuz sei mein Licht, der Drache sei nicht mein Führer). Den gesegneten Pfennig trug man als Amulett um den Hals, vergrub ihn unter der Türschwelle oder im Stall oder man stickte die Buchstaben in die Glockenriemen des Viehs. Auch die „Agnus Dei Amulette“ mit dem Lamm Gottes und einer Mariendarstellung galten als Abwehrmittel bei Unwettern. In der zweiten Hälfte des 17. Jahrhunderts entwickelte sich ein besonders beliebtes Schutzmittel: das „Breverl“ – eine Art Tiroler Medizinbeutel. Ein Schutzbrief wurde zusammengefaltet und in eine Stoff- oder Lederhülle eingenäht. Auf den Breverln befanden sich magische und religiöse Symbole. Um deren Kraft zu verstärken, wurden geweihte Reliquienteilchen, Samen, Kräuter, Kreuzchen oder Palmkätzchen hinzugefügt. Es konnte permanent am Körper getragen werden. In „Notfällen“ durfte das meist zugenähte Breverl geöffnet und der dementsprechende Inhalt entnommen werden.

Als besonders umstritten galt das Andachtsbild des Tricephalus, des Dreigesichts oder des Dreikopfs, das im 17. Jahrhundert noch weit verbreitet war. Es zeigt eine seltsame Auffassung der göttlichen Dreieinigkeit: das Gesicht Jesu wurde dreimal, ineinander verschmolzen, dargestellt. Papst Urban VIII. belegte 1628 die Darstellung sogar mit Kirchenbann. Trotzdem fand das Bild, welches Unwetter und Pest abwehren sollte, in Bayern und Tirol weite Verbreitung. In der Abwehr von Blitz und Hagel hatte man in Tirol besonders zu den Franziskanern und den Kapuzinern ein großes Vertrauen. Nach Letzteren war auch das „Kapuzinerpulver“ benannt, das die Bäuerin zusammen mit den „Dreißigkräutern“ und den Karsamstagkohlen in die Herdglut warf.

Bei Blitzschlag wird auch heute noch „Heilig's Benediktuskreuz, neunmal g'segnt, neunmal gweicht. Inri Jesus von Nazareth, König der Juden, bewahre uns vor jähem Tod“ ausgerufen. Manchmal genügt auch schon ein einfaches „Heiliges Kreuz“, um den Blitz zu bannen.

Brevel: Ein beliebtes Schutzmittel (Volkskunstmuseum Innsbruck)

Wetterkerzen

Bei Gewittern wurden und werden auch Wetterkerzen entzündet. Der Jahresbedarf an Kerzen wird zu Maria Lichtmess, am 2. Februar, geweiht. Diese gesegneten Kerzen sollten vor allem in der dunklen Jahreszeit das Gebetbuch beleuchten oder als schwarze Wetterkerzen Unwetter abwehren. Wieder einmal taucht auch hier der Glaube auf, den wir von Naturvölkern her kennen, die dunkle, bedrohliche Seite des Lebens nicht auszusperren, sondern als Teil eines großen Ganzen mit in das Ritual hereinzunehmen. Die im Christentum übliche Trennung von Hell und Dunkel, von Gut und Böse wurde in den alten Vorstellungen aufgebrochen. Das Finstere wurde nicht verdrängt, sondern als notwendige Rückseite des Hellen gesehen. Im Christentum geschieht dies oft versteckt und verschlüsselt. So gibt es auch Schwarze Kruzifixe oder Schwarze Madonnen. Noch heute werden schwarze Wetterkerzen in Wallfahrtsorten verkauft.

Wetterkreuze

Immer mehr stellt sich heraus, dass schon bei den Urchristen neben dem Fisch auch das Kreuzsymbol Verwendung fand. Im Volksalltag wird das Kreuz einerseits als Andachtsgegenstand verehrt, es werden ihm aber auch magische Abwehrkräfte zugeschrieben. Man denke nur an diverse Vampirfilme, in denen das Kreuz das Böse in die Knie zwingt und bannt. Auch in Tirol wird dem Kreuzzeichen Abwehrkraft zugeschrieben, gilt es als Phylakterion, also als Schutzmittel.

Das bekannteste Wetterkreuz hat drei Querbalken, welche die Trinität symbolisieren sollen. Allerdings bedeuten viele Querbalken in der Kirchengeschichte auch mehr Macht, wie das Pontifikalkreuz des Papstes zeigt. Auf vielen Berggipfeln, Kirchen und Kapellen findet man das dreibalkige Wetterkreuz, wie zum Beispiel auf dem Wetterkreuzkogel im Ötztal.

Auch die zweibalkige Variante ist weit verbreitet. Besonders bekannt bei uns: das Caravacakreuz. Das Wunder

Schwarze Wetterkerzen in Maria Waldrast

von Caravaca in Andalusien bestand darin, dass einem christlichen Priester, der vor einem Maurenkönig eine Messe zelebrierte, das Kreuz fehlte. Zwei Engel brachten dem vergesslichen Gottesdiener ein Altarkreuz, eben in der Caravacaform: die sechs Enden haben die Form von Distelblüten.

Wetterheilige

Ansprechpartner in Notsituationen waren die Wetterheiligen, praktisch die Gegenspieler der Wetterhexen.

Einige Beispiele:

Die hl. Agatha am 5. Februar bewahrte vor Blitzschlägen. Ein verbrannter Kranz zu Ehren der hl. Mechtildis am 30. Mai bewahrte vor Hagelschauern.

Der hl. Donatus von Münstereifel ist in der Pfarrkirche von Patsch mit einem Bündel Blitzen in seinen Armen dargestellt. Leider stammen aber die Reliquien in Patsch vom hl. Donatus von Arezzo. Eine folgenschwere Verwechslung! Vielleicht tobt deshalb der Föhn in Patsch so wild. Oder liegt es daran, dass jemand das „Windgatterle" (ein Holzgatter an der Waldgrenze) nach der Wallfahrt zum St. Magdalenakirchlein in Gschnitz nicht geschlossen hat?

Hl. Johannes und hl. Paul am 26. Juni gehören zu den bekanntesten Wetterheiligen im Alpenraum. Als „Wetterherren" wurden sie mit einer Garbe kenntlich gemacht. Manchmal halten sie auch eine Wolke oder eine Sonne in den Händen.

Der hl. Medardus wurde mit Argwohn beobachtet. Niederschlag am 8. Juni bedeutete 40 Tage Regenwetter.

Der Erzengel Michael, 29. September, mit seinem flammenden Schwert konnte bei Blitzschlag angerufen werden.

Bräuche rund ums Wetter

Sehr viele Bräuche haben mit dem Wetter, noch mehr mit der Fruchtbarkeit zu tun. Auch wenn sich Volkskundler nicht immer einig sind, die einfache Bevölkerung ist sich sicher: Die Fasnachtsbräuche sollen den Winter vertreiben, den Frühling herbeilocken. Immerhin hing ja der Wohlstand, ja das Überleben von einer guten Ernte ab. Das Blochziehen in Fiss, Fließ und St. Leonhard wird von den Ausübenden ja oft als Pflügen der Erde verstanden. Das Grasausläuten in Amras, Schwaz, Kramsach und in Reith im Alpbachtal und das weit verbreitete Aperschnalzen sollen die Natur aus ihrem Winterschlaf wecken. Und natürlich zählen auch die herbstlichen Leonhardiritte in Kundl und in Thiersee zu den Fruchtbarkeitsbräuchen. Hoch zu Ross findet der Antlassritt im Brixental statt. Am Fronleichnamssamstag setzt sich eine Prozession mit geschmückten Pferden in Richtung Kirchberg in Bewegung. Der offizielle Anlass geht auf die Kriegsnöte des Dreißigjährigen Krieges zurück. Eine ältere Begründung sieht auch darin einen Wachstums- und Fruchtbarkeitskult. Schließlich wird auch bei Prozessionen, wie zum Beispiel bei der Patscher Donatusprozession, günstiges Wetter erfleht.

◆ Dunkle Wälder

Die Frische der Waldluft und das Glitzern des Wassers

Im taunassen Moos Pilze suchen, mit dem Mountainbike die Forststraße entlang radeln, den markierten Wanderweg hinansteigen oder hinan-nordicwalken, mit der Rodel auf Forststraßen durch verschneite Winterwälder sausen oder mit Langlaufschiern durch frostig erstarrte Wälder gleiten. Egal, ob Einheimischer oder Gast, die Wälder scheinen allen zu gehören. Dabei fallen einem die berühmten Worte des Indianerhäuptlings Seattle aus dem Jahre 1855 ein: „Wie kann man den Himmel kaufen oder verkaufen oder die Wärme der Erde? Diese Vorstellung ist uns fremd. Wenn wir die Frische der Luft und das Glitzern des Wassers nicht besitzen, wie könnt Ihr sie von uns kaufen?"

Tatsächlich ist Wald öffentlich, und man darf sich darin frei bewegen, ohne auf Stacheldrahtabsperrungen und Warnschilder zu treffen. Vielleicht fühlt man sich deshalb so wohl in Tirol, weil man das Gefühl hat, es wäre mein, dein, unser Land. Aber natürlich ist dieses Gefühl eine Illusion, denn jedes noch so kleine Stück Wald gehört jemandem.

Tiroler Wald ist überwiegend in Bauernhand: Mehr als ein Drittel sind in privatem Besitz, ein weiteres Drittel sind Gemeinschaftswälder und nur ein letztes Drittel sind öffentliches Eigentum (22% Österreichische Bundesforste AG, 5% Gemeindewälder). Deshalb ist es auch verständlich, dass immer wieder Interessenkonflikte auftreten – zwischen Waldbesitzern und Freizeitnutzern, Jägern oder Naturschutzbehörden. Wen wundert es, dass der Druck auf den Wald als Erholungsraum ständig zunimmt, wenn man bedenkt, dass sich Tirols Bevölkerung in den letzten 130 Jahren verdreifacht hat und jährlich an die 8 Millionen Gäste Tirol besuchen? Dass es in diesen Wäldern, die von Pilzesammlern, Mountainbikern und Wanderern wimmeln, keine Rückzugsmöglichkeiten mehr für mystische Waldwesen gibt, ist leider eine Tatsache. Wo aber sind sie geblieben, die Saligen, die Wilden Männer und die heiligen Bäume? Wir wollen uns auf Spurensuche begeben – Spuren, die geheimnisvolle Waldbewohner in unseren Sagen, an den Kultstätten und Wallfahrtsorten hinterlassen haben. Denn in früheren Epochen war Mitteleuropa von ausgedehnten Urwäldern bedeckt. Schon Tacitus schrieb in seiner „Germania", das Land sei „ungestalt in seinen Landschaften und schaurig durch seine Urwälder, hässlich durch seine Moore". Und auch der Römer Plinius meint: „Die Urwälder bedecken das ganze übrige Germanien und fügen zur Kälte noch das Dunkel der Schatten."

Mythos Baum

In vielen Kulturen ist die Rede von heiligen Bäumen, die mit ihren Zweigen in die lichtgrüne Welt der Götter, mit ihren Wurzeln ins schattiggraue Unterreich der Toten ragen und an deren starke Stämme sich die Mittelerde der Lebenden schmiegt. Bei den Maya ist es der heilige Baum der Ceiba, der den Weltenbaum darstellt über dessen Äste die Mayaschamanen in die verschiedenen Ebenen vordringen können. In den nordischen Mythen spricht man von der Weltenesche Yggdrasil, deren Äste der Welt Schatten spenden und deren Wurzeln ihr Halt geben. Eine Wurzel hat sie im schrecklichen Reich

Niflheim, wo die Schlange Nidhögg die Leichen benagt. Eine zweite Wurzel reicht nach Asgard, dem Reich der Götter. Dort halten die alten Nornen den Weltenbaum am Leben, indem sie ihn mit dem reinen Schicksalswasser besprenkeln. Eine dritte Wurzel streckt sich in das Reich der Riesen, Jötunheim. Odin, der nordische Allvater, der Verhüllte, der Schreckliche erlangte Erleuchtung, indem er das geheime Wissen der Runen erlangte. Neun Nächte lang hing Odin, mit einem Speer durchbohrt, am sturmgepeitschten Baum. Nachdem er die Prüfung bestanden hatte, fiel er hinunter. Er erkannte nun, was den Menschen verborgen war – er vermochte Kranke zu heilen und konnte einen Pfeil im Fluge fangen. Auch im Alten Testament gibt es einen Baum der Erkenntnis und im Christentum hing der Erlöser am Holz des Kreuzes, um die Menschheit zu erretten. Griffen die frühen Missionare die Geschichte von Yggdrasil und Odin auf, um ihre Frohe Botschaft plausibel erklären zu können?

Selbst bei der Erschaffung der Menschen spielten in manchen Kulturen Bäume eine große Rolle. Odin und seine Brüder erschufen die ersten Menschen aus Baumstämmen, die am Ufer des großen Meeres lagen. So entstanden aus der Esche Ask der erste Mann und aus der Ulme Embla die erste Frau.

Lichtbäume und Schattenwälder

In den Tälern hat man den Wäldern den Garaus gemacht. Erschrocken über Siedlungsbau, Flussbegradigungen und Straßenbau ziehen sich die ehemals die Talböden bedeckenden Silberweiden-Schwarzpappel-Auwälder auf kleine Restoasen bei Telfs, Kranebitten, Jenbach und Kufstein zurück. Auch die colline Höhenstufe mit ihren Stieleichen-Winterlinden-Mischwäldern ist nur mehr in wenigen Restgebieten, wie im Stamser Eichenwald, zu finden.

Richtige Urwälder gibt es nur mehr in abgelegenen Tälern oder Schluchten oder in eigens geschützten Gebieten wie dem Zirbenurwald im Radurschltal. Trotzdem oder vielleicht deswegen erfahren Bäume und Sträucher wieder eine Wertschätzung. Ein Lokalpolitiker wird sich hüten, unnötigerweise Bäume fällen zu lassen – die Baumschützer sind unterwegs, auch wenn sie meist nicht um die alten Baumkulte sowie die Kräfte und Mächte, die in den Pflanzen schlummern, Bescheid wissen.

Sagenhafter Wald

Um den Wald ranken sich unzählige Sagen. Zwar kennt man in Tirol keine Geister, die, wie in Ländern mit ausgedehnten Wäldern, Menschen immer weiter in das Dickicht locken, bis sie sich verirren und niemals mehr auftauchen. Der Mensch, der dem Wendigo, dem Waldgeist der Ojibwayindianer, in die Wildnis des kanadischen Nordens folgt, verliert sich in der unendlichen Weite. Wer den Lockungen der schönen Xtabei nicht widerstehen kann und in die Urwälder Guatemalas vordringt, gerät in ein Reich unterhalb der Wurzel der Urwaldgiganten. In den Bergwäldern kann man sich zwar versteigen, nicht aber verirren. Schon das kleine Kind weiß, dass es nur lange genug talwärts wandern muss, um auf einen Weg oder eine Siedlung zu stoßen.

Auch die Sagen um Elfen, die als kleine Lichtwesen kolibrigleich um

Blütenkelche schwirren oder auf mondbeschienenen Waldlichtungen tanzen, gibt es nicht. Aber auch unsere Wälder sind bewohnt von seltsamen Wesen. Am bekanntesten sind wohl die Saligen und die Wilden Männer.

Von zarten Feen ...

Die Saligen oder Seligen sind wunderschöne, feengleiche Frauenwesen mit blondem Haar, blauen Augen und heller Haut, deren eigentliche Heimat die eisglitzernden Kristallpaläste der Gletscher, unterirdische goldschimmernde Felshallen und Höhlen im Wald sind. Ihr Reich verzweigt sich im Berginneren und der mutige Besucher findet sich plötzlich in paradiesischen Gegenden – inmitten blühender Almwiesen, auf denen weiße Gämsen weiden. Oft findet der Jäger, der Hirte, der Bauer die Eingänge zu ihren Reichen durch das Beobachten von Gämsrudeln, die sich ins Freie gewagt hatten. Die Saligen beschützen diese Tiere und halten sie wie Haustiere:

Die Saligen waren auch die Beschützerinnen des Wildes und den Jägern deshalb sehr gram. Wenn ein Reh oder eine Gämse oft schon zum Schusse stand, so kam plötzlich ein lauter und durchdringender Ruf aus dem Wald oder vom Berg herunter und verscheuchte das Opfer, dem Jäger das leere Nachsehen lassend.
Unweit des Schwarzsees hatte einmal ein Jäger auf ein junges Reh geschossen und folgte nun durch das Gebüsch der Spur des verwundeten Tieres. Er gelangte auf eine Waldlichtung, wo er das angeschossene Tier zu Füßen einer schönen blassen Saligen liegen fand, die gerade damit beschäftigt war, dem Reh die Wunde auszuwaschen und einen Verband von heilsamen Kräutern anzulegen.
Als der Jäger frech herankam und mit roher Faust sein Opfer ergreifen wollte da erhob sich die Salige mit zornfunkelnden Augen und sagte, ihm die schneeweiße Hand entgegenstreckend:
„Lass ab, lass ab –
der nächste Mond bescheint dein Grab!“
Und so war es auch. Noch ehe der Mond sich erneute, hatte die Kugel eines Wilderers dem Jäger sein Lebenslicht ausgeblasen.
Quelle: Meyer Martinus, Sagen-Kränzlein aus Tirol.

Namen von Plätzen und Bergen erinnern an diese Waldfeen, wie „d'Salg", ein raues Mittelgebirge im Vinschgau. Dort konnte man die saligen Fräulein beobachten, wie sie Linnen bleichten und ihre schneeweißen Gewänder an den Sonnenstrahlen zum Trocknen aufhängten.

Außer den Gämsen war ihnen der Flachs heilig. Deshalb bestand diese Sage besonders im flachsreichen Ötztal lange fort.

Manchmal suchten die Saligen die Nähe der Menschen. Oft tauchten sie zu zweit mit ihren kunstvoll gedrechselten Rädchen in den warmen Spinnstuben auf. Zutraulich setzten sie sich zu den Frauen auf die Bank und spannen ihren Flachs. Oft blieben sie aber auch länger – Wochen und Jahre und arbeiteten fleißig und bescheiden als Mägde, bis eines von vielen irrwitzigen Tabus gebrochen wurde und die Salige wieder verschwinden musste: Sie müssen die Menschen verlassen, wenn man sie beim Namen nennt, nach ihrer Herkunft fragt oder wenn man ihnen etwas schenkt. Auch wenn man sie beleidigt, sie mit der Faust schlägt oder wenn ein Mensch seine Verwunderung über sie zum Ausdruck bringt, müssen sie zurück in ihr Zauberreich. Oft wird sogar eine Martenehe, also die Verbindung zwischen einer Jenseitigen und einem Menschen, aufgelöst, wenn die Salige erfährt, dass jemand aus ihrer Sippe gestorben ist. Umso schmerzlicher wird die Trennung, wenn es schon Kinder gibt. Zwar besucht die Salige ihre Kleinen manchmal, zopft und nährt sie in der Abgeschiedenheit des Waldes, doch eine dauerhafte Beziehung ist nicht mehr möglich. Der Mythos von den saligen Frauen findet sich im ganzen Alpenland, in Tirol besonders im Oberinntal, Ötztal und Obervinschgau. Im Zillertal heißen sie „Talgilgen", bei den Ladinern tauchen sie als „Gannes", „Anganes" oder „Euganes" auf. Im Fersental heißen sie „bilje baibar", im Lagertal spricht man von „donne selvadeghe", also von den waldwilden Weibern. Auch in der Schweiz, in den Karnischen Alpen, in Friaul gibt es Sagen über diese übernatürlichen Frauen. Sie sagen das Wetter voraus und verraten die günstigsten Tage für den Kornanbau und die Heumahd. Im Winter laufen sie oft nur leicht bekleidet herum, während sie sich oft im Sommer hinter dem Ofen verkriechen. Nur an den Klang geweihter Glocken können sie sich nicht gewöhnen. Oft geben sie ihrer Gastfamilie ein Abschiedsgeschenk, wie einen Knäuel Zwirn, der nie ausgeht, außer wenn die Bäuerin nach dem Ende fragt. Dann ist der Segen vorüber. Zauber darf eben nicht hinterfragt werden. Auf ihren Wegen durch die Wälder begeben sie sich in tödliche Gefahr. Denn die Saligen haben einen Todfeind: den wilden Mann!

… und wilden Kerlen

Die Wilden Männer, flechtenzottelige, baumbärtige Waldbewohner, hassen die Saligen und lieben die Jagd auf diese Wesen. Erwischen sie eine von ihnen, wird sie getötet. Besonders brutal ist die Sage von der Jagdbeute eines Wilden Jägers. Ein Mensch wird Zeuge einer Verfolgungsjagd auf eine Salige und ruft halb scherzhaft: „Bring mir auch mein Teil!" Am nächsten Morgen kommt der Wilde Mann zurück und wirft dem Hirten eine Hälfte einer entzweigerissenen Saligen mit den Worten hin: „Hast du geholfen jagen, sollst du auch helfen nagen."

Einzig Baumstrünke, in deren Schnittfläche von den Holzfällern drei Kreuze gekerbt wurden, sind für die

Wilden Männer tabu. Kann sich eine Salige dorthin flüchten, ist sie gerettet. Den gleichen Dienst tut in manchen Gegenden ein Flachsfeld. Auch hier darf sich die Salige sicher fühlen.

Die Wilden Männer haben aber gegen Menschen keine Vorbehalte, manchmal helfen sie sogar mit Rat und Tat, hüten Schafe oder helfen auf dem Feld und erwarten sich als Gegenleistung kleine Geschenke. Getreide und schwarze Wolle sind besonders begehrt.

In unserer Volkskultur treten zwei Typen von Wilden Männern auf. Einmal der behaarte, mit Laub bekränzte Wilde Mann mit einer Keule in der Hand, vielleicht eine Tiroler Variante des Bigfoot oder des Yeti. Ihn kennen wir von Wirtshausschildern oder Freskendarstellungen. Zu ihm gibt es auch die Entsprechung der Wilden Frau – eine ebenfalls behaarte Hässlichkeit, der man ein Leben in den abgelegenen Winkeln unserer Bergwelt durchaus zutraut. In Tirol taucht ein zweiter Wilder-Mann-Typus in vielen Fasnachtszügen, wie in Thaur oder in Telfs, auf. Mit Baumbart oder Kranebittstauden bedeckte Unholde, die wie eine Personifizierung der Wildheit des Waldes wirken. Sie tiefenpsychologisch als die Darstellung der wilden, ungezähmten Seite der Bergbewohner zu deuten, erscheint denn doch zu banal.

Heilige Bäume

Dass es bei einem Volk, dem die Natur heilig war, Stein-, Wasser- und auch Baumkulte gegeben hat, wird durch unzählige Berichte, Namen und Sagen belegt. Bäume galten in manchen Gegenden gar als Spender menschlichen Lebens. In Inzing wachsen die Kinder auf alten Stöcken, in Nauders kommen die Buben von heiligen Bäumen. Im Defereggental nannte man ein Waldstück „Popelewald" (Popele = Baby). Von dort holten die Hebammen die ungeborenen Kinder.

Die Verbundenheit von Mensch und Baum zeigt sich auch in Erzählungen, nach denen Menschen, die heilige Bäume zu fällen versuchen, zugleich sich selbst verwunden. Die Wunde heilt erst wieder, wenn auch die Verletzung des Baumes zugewachsen ist.

Es gibt auch Sagen von Menschen, die in Bäume verwandelt wurden, sei es als Strafe für gottloses Tun, sei es als

zweite Chance für ein Weiterleben, wie in der Erzählung von drei Bauernbuben, die an der Pest starben, aber als Bäume fortexistieren durften.

In Vals wurde bis in das 17. Jahrhundert alljährlich eine Prozession zu einem heiligen Baum abgehalten, bis sie bei einer bischöflichen Visitation 1658 verboten wurde. Auch bei Nauders stand ein heiliger Baum. Aus ihm wurden die Kinder geholt, und wer ihn behackte, verletzte sich selbst.

Bäume und die Muttergottes

Fast immer ist es die Verehrung Marias, die ähnlich wie bei Quellheiligtümern den ursprünglichen Kult um heilige Bäume ablöste. Oft findet man eine Kombination von Stein-, Quell-, Baum- und Marienheiligtum. In vielen Legenden erscheint Maria an einem Baum, finden Hirten oder Bauern wundersame Marienbilder oder gewachsene Figuren an Baumstämmen.

So geschehen auf der Maria Waldrast im Wipptal, bei der „Kalten Herberge" im Schmirntal oder am „Höttinger Bild" oberhalb Innsbrucks.

Von Trafoi, dem Dreibrunnen-Heiligtum am Ortler, wird eine Legende überliefert, die Verbundenheit von Baum- und Marienkult besonders eindrucksvoll zeigt. Dort wollte ein Bauer eine mächtige Tanne fällen. Als er mit der Axt auf den Stamm einschlug, hörte er eine liebliche Stimme, die sagte: „Schlag nur zu, triff mich aber nicht!" Zwischen den Ästen des Baumes saß keine Geringere als die Muttergottes. Einerseits wird in dieser Entstehungslegende, die es übrigens auch für das Bozner Gnadenbild „Unsere Frau im Moos", für „Maria Waldrast" und für die Schmirner „Kalte Herberge" gibt, die Nähe und Verwobenheit von Baum und Marienverehrung gezeigt, andererseits aber das Ende des Baumkultes eingeleitet. Der Baum muss fallen – Maria

bleibt. Ob man heute nicht gegenteilige Tendenzen beobachten kann? Der Baum, die Quelle, der „Kraftort" wird besucht, Maria kaum beachtet.

Manchmal beginnt ein Marienkult weniger übernatürlich. Eine Bäuerin oder ein Hirte fühlt das Bedürfnis, ein Bild, eine Holz- oder Tonfigur an einem Baum zu befestigen, wie am Locherboden oder bei Maria Brettfall. Andere schließen sich an, verweilen zum Gebet oder hängen Marienbilder daneben. Dann passiert ein Wunder, eine Kapelle wird erbaut, der Platz wird zum Wallfahrtsort. Viele Namen verraten die Verbundenheit von Baumkult und Marienverehrung: Maria Larch, Maria Tax, Maria Waldrast, Unsere Liebe Frau im Walde. Den Beginn, quasi die Geburtszeit, eines solchen Baum-Wallfahrtsortes kann man auf der Hungerburg oberhalb von Innsbruck miterleben. An den Stamm einer Fichte brachte der Fassmaler und Vergolder Otto Platter vor 80 Jahren eine Tafel zu Ehren der hl. Maria an. Weitere Pilger hängten ihre Andachtsbilder dazu, und so entstand der Gnadenbaum „Maria im Walde". Sein Wipfel fiel vor wenigen Jahren einem Sturm zum Opfer. Die Bilder und der Andachtsort blieben.

Eines zeigen die vielen Legenden und Sagen rund um die Bäume deutlich: Wälder waren und sind mehr als Schutz vor Lawinen und Muren, mehr als bloß ein Wirtschaftsfaktor und mehr als Erholungsraum. Es sind lebendige Gemeinschaften, die der Mensch mit Respekt betreten soll. Der Wald hat eine Seele und immer mehr Menschen fühlen das.

Die wilde Jagd

Die Winternächte sind besonders still in den Wäldern. Die im Schnee versunkenen Bäume ächzen gebeugt unter ihrer schweren Last. Nur manchmal hört man das feine Herabrieseln der Eiskristalle von den Zweigen oder das Knarzen eines Fichtenstammes. In den Nächten zwischen Weihnachten und Dreikönig, in den Raunächten, so erzählt man sich, kommt Bewegung in den Wald. Schon von weitem sieht man das Schwanken der Wipfel, hört man das Rufen und Schreien von Reitern und das Gekläffe der Hunde. Plötzlich teilt sich das Dickicht und eine Reiterschar furchtbarer Ungeheuer und Höllengespenster galoppiert durch den Pulverschnee, dass er wie Wasser aufspritzt. Hunde mit feurigen Augen hecheln zwischen den Beinen der schwarzen Pferde mit flammenden Mähnen. Plötzlich gibt es ein Schwirren und die wilde Jagd erhebt sich über den Boden und setzt ihre Hetzjagd mit ausgebreiteten Fledermausschwingen über den Baumwipfeln fort. Wehe dem Menschen, der neugierig nach der Ursache des Lärmens aus dem Fenster schaut – ihm wird von der Wilden Jagd der Kopf abgerissen. Wer oder was ist diese Wilde Jagd, die in den Raunächten oder in anderen Gegenden in Vollmondnächten durch die Wälder rast? In manchen Sagen sind es historische Persönlichkeiten, die aufgrund ihres frevelhaften Lebens nach ihrem Tode unruhig durch die Lüfte brausen müssen. Dazu gehören Gestalten wie Dietrich von Bern, Herodes oder weibliche Gestalten wie Herodias, die Percht oder Frau Holle. Deutlich schimmert hier eine vorchristliche Szenerie durch die Erzählungen. Ja, manchmal wird die Wilde Jagd mit Wotans Geisterheer gleichgesetzt. Eine andere Deutung besagt, dass die Wilden Jäger einst wirkliche Jäger waren, die unwaidmännisch gejagt haben und nun ihren frevelhaften Umgang mit dem Wild abbüßen müssen.

◆ Aberglaube rund um die Tierwelt

Bedauernswert, meinen viele, dass altes Wissen verloren gegangen sei. Durchaus positiv ist es aber, dass so mancher Aberglaube rund um die Tierwelt in Vergessenheit geriet. Zu grausam waren die Konsequenzen für unsere Mitgeschöpfe, die damit verbunden waren. Unnötige Ängste und dummer Aberglaube führten zu grausamen Tierquälereien. In Tirol herrschte ja oft nicht jene Verbundenheit mit der Tierwelt, wie wir sie von vielen indigenen Völkern kennen, bei denen zwischen Tier und Mensch eine Seelenverwandtschaft herrschte, die trotz der überlebensnotwendigen Jagd dafür sorgte, dass man den Tieren mit Respekt begegnete. Fledermäuse, Kröten und Eulen wurden in Tirol oft lebend an die Stalltüre genagelt, um die Gifte aus der Luft anzuziehen, oder als Strafe für ihre Todesbotschaften. Lämmern wurde auf einem Kreuzweg heißes Blei in die Kehle gegossen, weil man so ein zielsicheres Projektil, eine „Freikugel" gießen wollte.

Wir wollen nun einige alte Mythen und Bräuche rund um die einheimische Tierwelt betrachten, nicht um sie neu aufleben zu lassen, sondern um sich kopfschüttelnd über die uns fremd gewordenen Vorstellungswelten rund um das Tier zu wundern.

Haustiere

Rinder

Die Kühe sind für die meisten Bauern noch immer die wichtigsten Tiere. Daher haben es Dämonen und Teufel besonders auf sie abgesehen. Hexen banden oft Kühe an eine gemeinsame Kette, mischten Blut in die Milch oder trieben während der Nacht die Tiere aus dem Stall. Geweihte Pfennige galten als Abwehrzauber und wurden den Kühen umgebunden. Böse Geister fuhren bei der Aussegnung des Stalles gerne in deren Körper. Diese wanden sich dann vor Schmerzen auf dem Rücken und strampelten mit den Beinen. Salige Fräulein hielten sich nicht nur Gämsen als Haustiere, sondern an geheimen Orten auch Kühe – schöne und kräftige Tiere. Das Gleiche wird auch den geisterhaften Nörggelen nachgesagt.

Besonders rund um den Almaufenthalt gibt es viele Bräuche. Nach einem unfallfreien Sommer bekam der „Stechstaffel", also die kräftigste Kuh oder die Kuh mit der besten Milchleistung, den schönsten Kranz für den Abtrieb aufgesetzt. Der „Stechstaffel" trägt in den obersten Oberinntalgemeinden einen Spiegel zur Dämonenabwehr inmitten der Blumen, der „Milchstaffel" das holzgeschnitzte Milchgeschirr in Miniatur.

Bei Krankheiten griff man in seiner Hilflosigkeit auf die unsinnigsten Methoden zurück. Bei der so genannten „Maulsperre" sollte ein Tabernakelschlüssel helfen, bei Problemen mit den Klauen brannte man ein INRI in die Hornmasse. Gab eine Kuh nur magere Milch, so bohrte man ein Loch in die Türschwelle und füllte es mit geweihten Kräutern an.

Warm aufgelegter Kuhmist sollte Abszesse und Entzündungen heilen und die Haut weich und geschmeidig machen.

Stiere, als Sinnbild der Kraft und Zeugung, tauchen in vielen Sagen auf. Oft gruben Stiere Glocken aus oder entdeckten gar Bodenschätze, wie das Silber in Schwaz. Mit dem getrockneten Samenstrang wurden wildgewordene Tiere gebändigt und am liebsten ließen sich aggressive Stiere von Jungfrauen beruhigen.

Das Pferd

Das Ross, wie es in Tirol genannt wird, galt oft als heiliges Tier. Im Südtiroler Neumarkt rieben die Fuhrleute ihre Pferde mit einem Tuch ab, das aus einem Grab stammte. Der Hufschmied brannte in manchen Orten ein Andreaskreuz in die Vorderhufe. Pferden wurde nachgesagt, dass sie Lawinen, Gewitter, ja selbst Todesfälle vorausahnen könnten. Als Pferdepatrone gelten der hl. Stefan, der hl. Martin, der hl. Valentin und natürlich der hl. Leonhard. In Kundl und Thiersee finden Leonhardiritte statt. In Brixental gibt es den Antlassritt.

Zur Abwehr von Unwettern wurde oft ein Pferdekopf über der Stalltür befestigt. Verbreitet war auch, aus Holz geschnitzte Pferdeköpfe auf die Giebel der Höfe zu setzen. Wir kennen das Giebelkreuz als Symbol für Raiffeisen. Der Glaube an die glücksbringende Eigenschaft von Hufeisen ist auch heute noch lebendig. In den Rauchnächten ging der Schimmelreiter um, eine gespenstische Gestalt ohne Kopf, hoch zu Ross.

Das Schwein

Die Pflege der Schweine war Arbeit der Frauen. Hilfe bei der Schweinezucht erhoffte man sich vom hl. Antonius von Padua, der auch „Fackentoni" genannt wurde. Noch heute gilt das Schwein als Glücksbringer und man hört auch noch die Ausdrücke „Schwein gehabt“ oder „Sau gehabt“. Eberzähne wurden an Uhrketten als Glücksbringer getragen. Schwein und Sau gelten aber auch als Schimpfwort. Auch lädt ein „Sauwetter“ nicht zu einem Spaziergang ein. Schweine wussten angeblich, wo Schätze verborgen liegen.

Schafe und Ziegen

Begegneten einem Schafe, so brachte das Glück. Schafe, die bergauf gingen, kündigten schönes Wetter an, solche, die zu Tal rannten, verkündeten Regen. Das Lamm galt und gilt als Friedenssymbol, so etwa im Brixner Stadtwappen. Weiße Lämmer standen für Reinheit, schwarze für Unheil. Auch heute ist niemand gerne das schwarze Schaf einer Familie. Weiße Lämmer waren die Lieblingsspeise von Drachen.

Ziegen galten als Teufelstiere. Sie trugen des Teufels Spitzbart und waren seine Geschöpfe. Oft verwandelten sich Hexen und Zauberer, ja sogar der Teufel selbst in einen schwarzen Ziegenbock. Der Teufel trug ja als verräterisches Merkmal auch in Menschengestalt einen Bocksfuß. Ziegenböcke galten auch als Reittiere für Hexen auf ihren Ausritten zu den Hexensabbaten. Und wenn der berühmte Tiroler Hexenmeister Pfeifer Huisile mit einem schwarzen Bock von den Bergen herunter ritt, so brach hinter ihm ein Wildbach aus.

In Kundl findet alljährlich der Leonhardiritt statt

Die Höfe der Gegend rund um den Brenner trugen oft große Bockshörner auf dem Firstbaum als Schutz vor dem Blitzschlag. Der Heimatforscher Hans Fink sah die Ursache darin, dass die Böcke dem germanischen Gott Donar geweiht waren.

Bis heute lebendig ist die Prozession mit dem Opferwidder im Osttiroler Virgental. Am Tag vor dem Weißen Sonntag führen die Bewohner von Virgen und Prägraten einen weißen, mit Bändern und Blumen geschmückten Widder zur Wallfahrtskirche Maria Schnee in Obermauern. Dort wird er drei Mal um den Altar geführt und nach dem Gottesdienst zu Gunsten der Kirche versteigert. Angeblich stammt der Brauch aus der Pestzeit um 1634. Eine Legende erzählt, ein weißer Widder habe den Sensenmann besiegt. Wahrscheinlich aber hat der Brauch seine Wurzeln in alten Tieropferkulten.

Henne und Hahn

Hühner, die Gras fressen, kündigten Regen, ja sogar Todesfälle an. Wollte man viele weibliche Küken haben, so legte man der Henne Stroh aus einem Frauenbett in das Nest, wollte man viele männliche Küken, musste die Bäuerin eine Spitzenhaube aufsetzen und mit der Henne drei Mal ums Haus laufen. So jedenfalls wurde dies in Schlanders betrieben. Gegen Schluckauf half es, an eine schwarze Henne zu denken. Hennen und Hähne galten als beliebte Opfertiere. Hennenmist half gegen Haarausfall und wurde als Wundsalbe verwendet. Der erste Hahnenschrei beendete die Umtriebe der Dämonen und Geister. Auch der schwarze Hahn galt als Symbol des Teufels. Mit einem schwarzen Hahn zog Pfeifer Huisile ein mächtiges Fuhrwerk durch das Städtchen Sterzing. Hähnen wurde nachgesagt, dass sie im Alter von sieben Jahren ihr einziges Ei, das Drachenei, legen würden. Daraus würde sich ein Basilisk oder ein Drache entwickeln.

Im Wald und auf den Bergen

Der Hirsch

Um den Hirsch gab es in vorchristlicher Zeit einen ausgeprägten Kult. Auf Abwurfstangen fand man Runen und rätische Schriftzeichen. Im Mittelalter tauchte die Legende vom weißen Hirsch auf, der ein Kreuz zwischen dem Geweih trug. Sie geht auf den heiligen Eustachius zurück. Er ist ebenso wie der heilige Hubertus Patron der Jäger. Die Legende berichtet von Eustachius, dass er als römischer Offizier Jäger und Heermeister einer Legion in Kleinasien unter Kaiser Trajan war. Eines Tages erschien ihm bei der Jagd ein Hirsch, der zwischen den Geweihstangen ein Kreuz trug. Er hörte die Worte: „Warum jagst du mich? Glaube an mich, ich bin Christus, ich habe lange nach dir gesucht, gehe zum Bischof der Christen und lass dich taufen." Später vermischte sich die Geschichte mit der des heiligen Hubertus.

Viele Teile des Hirsches fanden Eingang in die Volksmedizin. Seinem Bart, seinen Zähnen und dem Geweih wurden wundersame Kräfte zugeschrieben. Sie wurden als Amulette verwendet. Auf einer Alm bei Nassereith soll ein Jäger einen Hirsch geschossen haben, dessen Zähne vergoldet waren. Das Tier habe regelmäßig aus einer goldhaltigen Quelle getrunken. Doch niemandem war es gelungen, dieses kostbare „Wasserloch" zu finden.

Gämsen und Steinböcke

Auch die Gämsen wurden wie die Ziegen oft als Geschöpfe des Teufels angesehen – zu groß ist die Ähnlichkeit mit dem gehörnten Widersacher. Gämsen stehen natürlich im Mittelpunkt vieler Geschichten um Jäger und Wilderer. Gerade zur Herstellung von „Freikugeln", also von Kugeln, die nie ihr Ziel verfehlen, benötigte man eine Gämskugel – ein verhärtetes Haarknäuel im Magen des Tiers. Hugo Neugebauer schreibt darüber:

Man gießt die Kugelform halb voll Blei, gibt etwas von der Gämskugel darauf und gießt die andere Hälfte darüber. Eine solche Kugel trifft sicher, besonders Gämsen.

Und natürlich gab es wieder etliche unsinnige Rezepte rund um die Gämse: Gamsblut hält jung, Lunge, Herz und Niere verleihen leichten Atem, frisches Blut und ein starkes Herz. Gämsen, manchmal sind es weiße Tiere, galten als Haustiere der Saligen. Deshalb stellten sie sich auch oft schützend vor ihre Tiere, wenn sie gejagt wurden. Wer eine weiße Gams schoss, dem drohten harte Strafen, meist der Tod. In der Wildschönauer Sage „Die weiße Gams am Hohen Beil" heißt es differenzierter:

Wer die weiße Gams verstohlen und fein versteckt ihrem Blick entzogen von der Felswand knallt, ihr heißes frisches Herzblut trinkt, der kann sich das schönste Glück der Welt selbst bestimmen, die schönste und begehrteste Jungfrau, und wäre es eine Königstochter, als Braut heimführen. Wehe aber dem, den sie erblickt, wenn er auf sie zielt, bevor noch das tödliche Geschoß ihren Leib durchbohrt, er wird von unsichtbarer Hand erfasst und in die Tiefe geschleudert.

Schuld an der gnadenlosen Jagd auf den Steinbock waren nicht nur das Wildbret und das prächtige Gehörn, sondern der Glaube an den Steinbock als Lieferant von Wunderheilmitteln. Es gab kaum einen Körperteil, dem keine heilkräftige

Wirkung zugesprochen wurde: Die Hörner lieferten Fingerringe, die gegen vielerlei Krankheiten halfen, und sein Blut sollte ein Mittel gegen Blasensteine sein. Ähnlich den Gämskugeln sollten auch die Bezoarsteine im Magen des Tieres Heilkräfte besitzen. Dem zermahlenen Horn sagte man potenzfördernde Eigenschaften nach, und geheime Wunderwirkungen erhoffte man sich von den herzförmig verknöcherten Sehnen der Herzmuskeln, dem Herzkreuzchen. Sogar die Losung des Steinbocks galt als Heilmittel.

Wölfe

Noch heute erinnern Namen wie „Wolfsgrueben" oder „Wolfsklamm" an die alten Zeiten, als Meister Isegrim noch frei durch unsere Bergwelt streifen durfte. Der letzte Wolf in Südtirol wurde bei Villnöß im Jahre 1896 geschossen. Angeblich drang dieser Wolf sogar in Häuser ein, um Kinder in ihrer Wiege anzufallen. Der „Wolfssegen" sollte vor dem gefürchteten Tier schützen. Er wurde nach der Christnacht vor dem Kirchentor in alle Winde gesprochen.

Ein umgehängter Wolfszahn sollte dem Baby das Zahnen erleichtern. Hier handelte es sich um einen Analogiezauber. Aus demselben Denkmuster heraus glaubte man, ein Pferd mit einem umgehängten Wolfszahn würde nicht so schnell ermüden. Gegen Koliken sollte das „Beinlein" helfen – das waren Knöchelchen im Kot des Tiers. Aber der Wollfaden, mit dem man sich den kleinen Knochen umhängte, musste von einem Schaf stammen, das von einem Wolf gerissen worden war.

Bären

Durch die Hetzjagd auf JJ1, genannt Bruno, und dessen trauriges Ende ist das Interesse an den Bären wieder gestiegen. Offenbar zeigt sich ein großer Teil der Bevölkerung bereit, die Rückkehr eines Stückchens Wildnis in unser übererschlossenes Land zu tolerieren, ja sogar gutzuheißen. Eine Haltung, die bis vor wenigen Jahren undenkbar gewesen wäre und welche die verantwortlichen Politiker in ihrem eigenen Interesse berücksichtigen sollten. In vergangenen Jahrhunderten herrschte große Angst vor Wölfen, aber auch vor den Bären. Bären gehörten in früheren Jahrhunderten selbstverständlich zur alpinen Tierwelt. Flur- und Ortsnamen bezeugen dies: Bärental, Bärenbach, Bärenbadalm, Bärenkopf in Pertisau, Bärlahner im Falzthurntal, Bärenwand in der Eng, Bäralpe und Bärnsteig in der Karwendel-Vereinsalpe, Bäreck und Bärlöcher im Bächental usw.

Schon in der Urgeschichte war der Höhlenbär in unseren Bergen heimisch, wie dies Knochenfunde in der Tischoferhöhle bei Kufstein bezeugten.

Der letzte Bär in Nordtirol (Bruno wurde ja in Bayern geschossen) wurde von Graf Konstantin von Thun und Hohenstein 1898 im Stallental getötet.

Die wohl bekannteste Legende um einen Bären ist die des heiligen Romedius. Er soll ein Graf aus Thaur gewesen sein und den Ruf erhalten haben, sich von seinem Besitz zu trennen. Auf seinem Ritt nach Trient habe ein Bär das Pferd auf der Weide getötet. Romedius drückte seinem Begleiter das Zaumzeug des Pferdes in die Hand, mit dem Auftrag, es dem Bären anzulegen. Tatsächlich ließ sich der Bär das gefallen und Romedius ritt auf dessen Rücken weiter. In der Schlosskirche von Thaur ist ihm der Hauptaltar geweiht.

Bären sind auch ein fixer Bestandteil vieler Fasnachtsbräuche. In Telfs geht dem Schleicherlaufen das Bäreneinfangen im „Meaderloch“ voraus. Die wilde Jagd beginnt schon am Vormittag und wird von der „Bären- und Exotengruppe“ veranstaltet. Aber auch bei vielen anderen Tiroler Fasnachten ist der Bär los.

Vögel

Der Gesang der Vögel galt als Lobpreis Gottes. Wer auf einen zwitschernden Vogel schoss, wurde vom Unglück verfolgt.

Vom Adler wurden Hirn und Zunge gekocht und gegessen. Es half gegen Harnwegserkrankungen. Adlerflaum am Hut getragen verlieh Mut und schärfte den Blick.

Ein seltsames Vogelgespenst war die Habergeiß. Der Heimatforscher Hugo Neugebauer vermutet in ihr die Ohreule. Sie galt, ähnlich dem Uhu, als Verkünder eines nahen Todes. Der Volkskundler Leander Petzoldt vermutet in der Habergeiß eher die Nachtschwalbe, oft Ziegenmelker, in Tirol auch Kuhtuttler genannt. Er leitet den Namen „Haber“ vom Lateinischen „capra“, also Ziege, ab. Sein nächtliches Gelächter, Fauchen und Meckern wirkt auf einfältige Gemüter tatsächlich furchterregend. Seinen Namen verdankt er der irrtümlichen Annahme, dass er an den Eutern von Ziegen oder Kühen sauge.

Bei den Haida-Indianern der Nordwestküste Kanadas war der Rabe der Schöpfer der Menschen und brachte ihnen die Sonne. Bei uns galt er als Todes- und Teufelsvogel. Folgendes unsinnige Rezept wurde überliefert:

Suche ein Rappennest, koche die Eier hart und lege sie wieder zurück in das Nest. Wenn der Rabe kommt, holt er einen Stein und berührt damit die Eier. Sogleich werden sie wieder roh und es kommen die Jungen heraus. Wenn du den Stein holst und ihn in den Mund nimmst, verstehst du die Sprache aller Vögel.

Auch der Kuckuck war ein Teufelsvogel und der Teufel ahmte seinen Ruf nach. Nach anderer Volksmeinung war er aber ein Glücksvogel. Hört jemand den Kuckuck nicht mehr rufen, so stirbt er im selben Jahr.

Der Fichtenkreuzschnabel war in Tirol ein beliebter Stubenvogel. Er soll sich seinen Schnabel bei dem Versuch verbogen haben, die Nägel aus dem Kreuz Christi zu ziehen. Er nahm den Kindern Krankheiten ab und fiel danach tot von der Stange. Im Notfall konnte er sogar Sünden vergeben. War nämlich bei einem Sterbenden kein Priester in der Nähe, konnte man seine Vergehen dem Kreuzschnabel beichten.

Die Schwalben standen im Volksglauben im hohen Ansehen. In ein Haus mit einem Schwalbennest schlug kein Donner ein. (Eine weit verbreitete Meinung war es, dass nicht der Blitz, sondern der Donner einschlagen würde.) Zusätzlich brachte ein Schwalbennest Segen und Frieden für das Haus. Das Leid, das man den Schwalben zufügte, kam auf den Täter zurück. Immerhin galten die Schwalben als Muttergottesvögel. Im Eisacktal hieß es: „Die Schwalben fliegen zur Muttergottes um Futter für ihre Jungen“. Dies dürfte mit dem Eintreffen der Schwalben im Marienmonat Mai zusammenhängen. Trotzdem wurden junge Schwalben getötet, wenn man den sagenhaften Schwalbenstein finden wollte. Im Magen von kleinen Schwalben sollen sich zwei Steine befinden. Einer davon, um den Hals getragen, sollte die „Fallsucht“, also die Epilepsie heilen.

◆ Almzauber

Grenzbereich Alm

Hoch über dem Tal in der Einsamkeit der Berge waren die Menschen der Natur besonders nahe und ihr besonders ausgeliefert. Die Kräfte der Natur wurden zu Wesenheiten und nahmen Gestalt an. Salige und Almputze, Kasermandln und Wilde Männer, Sennpuppen und Nörggelen geisterten durch die kurzen Sommer- und noch mehr durch die dunklen Winternächte, trieben Schabernack oder halfen in Not. Vor allem aber rächten sie jeden Frevel – und Frevel war alles, was sich gegen die Natur richtete und nicht in Einklang mit ihr geschah. Daran hat sich bis heute nicht viel geändert, obwohl die modernen Menschen die alten Regeln nicht wahrhaben wollen. Aber besuchen wir doch eine Alm, auf der noch die Stimmung des früheren Almlebens erahnbar ist. Besuchen wir die Brüder Schwarzauer auf den Breitegg Almen in der Wildschönau.

Almöhi und Geißenpeter

Sanft und wellig ziehen sich in der Wildschönau buntgetupfte Grasmatten von der oberen Waldgrenze bis an den Himmelshorizont. Nur mehr vereinzelt stehen kampferprobte Zirben an der Wetterfront. Melodisch bimmeln die Glocken der weidenden Kühe. Verhaltener hört man das Schaben, wenn Gräser und Kräuter von langen Kuhzungen umschlungen, abgerissen und in die schleimtriefenden Mäuler gestopft werden. In einer Senke hingeduckt flache Holzhütten. Holzschindeldächer mit Stangen und Felsbrocken beschwert glänzen silbern in der Mittagssonne. Ein bärtiger Mann treibt unter lautem Rufen mit seinem Haselstecken die Kühe die Bergweide hinan zu neuen Futterplätzen. Sepp Schwarzauer betreut die Breitegg Hochalm. Sepp hat 70 Jahre auf dem Buckel, aber er springt über die Wiesen wie ein Junger. „Ich bitte den Herrgott nur, noch möglichst lange hier heroben arbeiten zu dürfen", meint er. Des Almers Glück: Viel Arbeit, eine atemberaubende Natur und der Umgang mit den Tieren haben ihn so jung erhalten. Almidylle, Heidis Gebirgszauber, so wie ihn die Welt kennt, wie ihn sich die Welt wünscht und wie er in dieser Form nur in den Alpen zu finden ist, allein in Tirol 2.690 Mal. Obwohl ähnliche Weidesysteme auch im Jura, in den Vogesen, Karpaten, Pyrenäen, in Norwegen, ja sogar in Tibet zu finden sind, bleiben unsere Almen unverwechselbar und prägen wie nichts anderes das Bild der Alpen. Schon der Name hat denselben Ursprung wie der des Gebirges und begegnet uns in vielen Varianten in der Frühgeschichte. So bedeutet das rätische „alpi" und das lateinische „alpis" Rinderweide. „Alp" (= Gebirgshöhe) ist keltischen Ursprungs und verwandt mit dem lateinischen „alpes" (= Gebirge). Je nach Gegend spricht man heute von der „Alpe, der „Albe", der „Oim" und natürlich der „Alm".

Die Geschichte der Almen

Bereits im 6. Jahrtausend v.Chr. wurden die natürlichen Weideflächen oberhalb der Waldgrenze genutzt, wie dies erst kürzlich am Beilenstein bei Obergurgl nachgewiesen werden konnte. Durch Brandrodungen dehnte man dann die Weideflächen aus und die Bewohner drangen von oben kommend in die mittleren Höhenlagen vor. Nomadisierend wurden die Tiere, hauptsächlich Schafe, über die Jöcher getrieben. Reste dieses Weidesystems finden wir noch heute in den Schaftrieben von Süd- nach Nordtirol. An die 2.000 Schafe werden Mitte Juni vom Schnalstal über das 3.017 m hohe Niederjoch nach Vent im Ötztal zu den Sommerweiden getrieben. Die Täler, einst weglose, versumpfte und verfilzte Urwalddickichte, wurden erst über Jahrhunderte mühsam nutzbar gemacht. Im Spätmittelalter erlebte die Almwirtschaft eine Blütezeit. Die industrielle Revolution im 19. Jahrhundert förderte die Aufforstung. Weideeinschränkende Verordnungen wurden erlassen. Erst Ende des 19. Jahrhunderts anerkannte der Staat die „Almweide als Fundament des Volkswohlstandes“. 1920 wurde in Tirol ein Gesetz gegen das Almensterben erlassen: „Alle Almen müssen samt ihren notwendigen Einrichtungen erhalten und bewirtschaftet werden.“

Jahrtausendelang also bissen und traten sich die Almtiere ihre Landschaft zurecht. Der Mensch half mit, rodete Wälder, wuchtete Steine, Geröll, Baumstämme und Wurzelstöcke aus den Weiden und wiederholte diese Sisyphosarbeit nach jedem Muren- und Lawinenabgang, um eben diese Landschaftsform in einer Kampfzone der Natur zu schaffen und aufrechtzuerhalten, die wir heute als harmonisch und schön empfinden.

Davon weiß auch der Sepp ein Lied zu singen. Wenn er sein Vieh versorgt hat, betätigt er sich als „Almputzer“. Er bessert Wege aus, räumt Felsen und Steine aus den Weiden und schlichtet sie zu Haufen, reinigt die Wasserrinnen, die „Rinsen“, bessert kilometerlange Zäune aus. Schon Wochen vor der Auffahrt bringt er die Almgebäude in Ordnung, werden Schäden, die Lawinen, Muren und Schmelzwasser auf den Weiden angerichtet haben, beseitigt. Zusätzlich wird Bergheu als Notreserve für Wintereinbrüche gemacht.

Almen – wozu?

Rentiert sich denn eigentlich der ganze Aufwand, wird sich so mancher Leser denken. In einer Zeit, in der Almen oft nur mehr als Ausflugsziel von Familienwanderungen, als Labstation für schweißtriefende Mountainbiker und als Kommunikationstreffpunkt rüstiger, braungebrannter Pensionisten erlebt werden, ist die ursprüngliche Bedeutung von Almwirtschaft nicht mehr jedem klar verständlich.

Auf den Punkt gebracht: Almen dienen zur Erweiterung der Futterfläche.

Um das Heu der Täler für den Winter sparen zu können, war es notwendig, das Vieh im Sommer in die Berge zu treiben. Dass daraus ein ausgeklügeltes System der Futterbeschaffung im Einklang mit Gebirgsformen und Bodenbeschaffenheit im Rhythmus der Jahreszeiten wurde, ist dem Überlebenswillen und dem Erfindungsreichtum unserer Vorfahren zu verdanken. Wie erfolgreich sie dabei waren, sieht man daran, dass Almen heute immer noch

47% der landwirtschaftlich genutzten Fläche ausmachen und über die Hälfte der Tiroler Rinder die Enge der Ställe mit der Freiheit des Hochgebirges tauschen dürfen, quasi auf Sommerfrische geschickt werden.

Die Mehrzahl der Almen liegt zwischen 1.100 und 2.500 m. Je nach Gebiet werden die Tiere Ende Mai bis Ende Juni auf so genannte Niederleger getrieben. Im Hochsommer werden dann Mittelleger oder gleich die Hochleger „bestoßen“.

In dieser Zeit kann sich die Vegetation auf dem Niederleger erholen und bietet dann im Spätsommer erneut genug Nahrung, um die Tiere wieder heruntertreiben zu können.

Es gibt Schafalmen, Melkalmen und gemischte Almen. An die 70.000 Rinder und Mutterkühe (müssen nicht gemolken werden), etwa ebenso viele Schafe und 35.000 Milchkühe tummeln sich neben einigen tausend Ziegen und Pferden auf Tirols Almen.

Dass Kühe nicht gemolken werden müssen, kann verschiedene Gründe haben: entweder sie sind zu jung für die Milchproduktion (Galtling), sie haben Kälber, für welche die Milch ja eigentlich vorgesehen wäre, oder sie sind „trocken“, weil sie ihre Kräfte für Nachwuchs sparen müssen.

Früher musste die Milch der Milchkühe auf der Alm zu Käse und Butter verarbeitet werden. Heute gibt es die Möglichkeit, die frische Almmilch ins Tal zu befördern. Tankwägen der Tirol Milch oder der Zillertaler Milch besuchen wo irgendwie möglich die Almen – Natur pur: Wo Tiroler Alm Milch drauf steht, ist echte Almmilch drinnen. Ein Privileg, möglich gemacht durch ein ausgeklügeltes System, das vielen Konsumenten gar nicht bewusst ist. Im Winter, wenn die Tiere wieder in den Talställen stehen, wird die „Alm Milch“ ehrlicherweise zur „Alp Milch“.

Die restliche Milch wird entweder an Besucher direkt ausgeschenkt oder zu hochwertigem Käse und Butter verarbeitet.

Durch die natürliche Haltung der Rinder mit viel Auslauf und tiergerechter Fütterung sowie einem hohen Anteil an Kräutern werden auf den Almen hochwertige Lebensmittel erzeugt. Die Milch weist einen hohen Anteil an ungesättigten und physiologisch wertvollen Fettsäuren auf. Trotzdem und trotz aller Bemühungen, die Produkte weiter zu verbessern und die Palette zu vergrößern, würde sich Almwirtschaft, die allein auf den Verkauf des Fleisches und der Milchprodukte angewiesen wäre, nicht rechnen, wären da nicht öffentliche Prämien und Fördergelder und wäre da nicht die außerlandwirtschaftliche Nutzung, die immer mehr an Bedeutung gewinnt. Nicht nur als Ausflugsziele sommers und winters, sondern auch durch die Nutzung der Weideflächen im Winter als Schipisten rentieren sich Almen wieder.

Die große Krise der 1960er und 1970er Jahre ist überstanden. In manchen Bezirken, wie dem Außerfern, nimmt zwar die Zahl der Tiere ab, dafür werden manche Almen mit Bergwiesen, die nicht mehr gemäht werden, erweitert. Die Größe der Almflächen bleibt insgesamt seit etwa 10 Jahren konstant, so wie die Zahl der bäuerlichen Betriebe in den Tallagen. Es gibt rund 15.000 Tiroler Bauern, 2.000 davon sind Vollerwerbsbauern.

Ein Almjahr

Vor dem Almauftrieb werden die Tiere darauf vorbereitet. Die Hufe müssen gestutzt werden und die Tiere werden durch ein „Räudebad geführt", das sie vor Ungeziefer schützen soll. Auf Heim- und Waldweiden müssen sie sich erst wieder an das freie Gelände gewöhnen.

Während früher zur Bestimmung des Auffahrttages der Heiligenkalender befragt wurde und Mittwoch und Freitag in vielen Gebieten, wie dem Oberinntal, als tabu galten, findet heute die Auffahrt am freien Wochenende statt. Beliebtes Datum ist der Veitstag, am 15. Juni. Generell gilt die Regel, dass ein Drittel der Alm braun, ein Drittel weiß und ein Drittel grün sein soll. Lieber ist man etwas zu früh dran als im Herbst zu spät, denn das Frühlingsgras ist besonders nährreich. In vielen Tälern folgt nun der nomadisierende Wechsel von Nieder- zu Hoch- und wieder zu Niederleger. Immer halten Gewitter, andauernder Regen und Wintereinbrüche Almleute und Tiere auf Trab.

Eingeschneite Almen, die per Hubschrauber mit Heu versorgt werden müssen, stellen keine Besonderheit dar.

Ende September, Anfang Oktober wird meist wieder in das Tal abgetrieben.

Und über den Köpfen nur der Himmel

Zurück in die Wildschönau, zurück zum Schwarzauer Sepp. Seit Mitte Juni ist er nun schon wieder auf der Alm. Schon seit Wochen habe er sich auf diese Zeit gefreut. 30 Milchkühe und einige Ziegen werden vom Bruder Jörg auf dem Breitegg Niederleger betreut, eine halbe Gehstunde talabwärts. Die restlichen 50 Galtling und 6 Haflinger kommen zu ihm herauf. Obwohl Sepp nicht melken und käsen muss, bleibt ihm kaum Zeit zum Verschnaufen. An die fünf Stunden

Gab es kein Unglück, werden die Rinder geschmückt und zu Tal getrieben

Almglück: Sepp Schwarzauer betreut die Breitegg Hochalm in der Wildschönau

täglich ist er in den Bergen unterwegs, um nach den Tieren zu schauen, sie mit Salz zu versorgen und am Abend von gefährlichem Gelände wegzutreiben, damit in der Dunkelheit keine Kuh abstürzt. An Blitzopfer kann sich der Sepp kaum erinnern und auch in der Hütte fühlt er sich sicher, obwohl es oft anständig „tuscht" bei ihm heroben. Er hält viel auf die Weisheiten der alten Bauern. Wenn in der Nähe der Hütten Lärchen und Zirben wachsen, dann schlägt der Blitz lieber dort ein. Er zeigt auf einige nahe Baumgruppen und tatsächlich ragen etliche Blitzleichen in den blauen Himmel.

„Außerdem nehme ich mir die Palmzweige, die am Palmsonntag geweiht wurden, mit herauf. Einige steck ich auf das Hüttendach, die anderen verwende ich, um ein geweihtes Feuer zu machen. Wenn es losgeht, dann werfe ich einige Zweige ins Herdfeuer und besprenge die Hütte mit Weihwasser."

Almauftrieb

Dass sich in einem Lebensbereich, der extrem den Einflüssen der Natur ausgesetzt ist, tabuisiertes Handeln ausprägen musste, ist verständlich. Heidnisches mischte sich mit Christlichem unter dem Motto: Hauptsache, es hilft. Noch heute gibt mancher Bauer vor dem Auftrieb geweihtes Salz und Kräuter vom österlichen Palmbesen in das Futter und besprengt das Vieh mit Weihwasser. In Namlos im Außerfern wird den Kühen ein Kreuz mit der geweihten Kohle vom Karsamstag auf den Rücken gemalt. In manchen Orten segnet der Pfarrer das Vieh vor dem Auftrieb. Im Oberen Gericht wurde den Tieren Pech, das mit geweihten Kräutern durchmischt war, zwischen die Hörner geschmiert.

Auf der Alm angelangt werden die bösen Geister, die sich über den Winter in der Hütte einnisten konnten, ausgetrieben: Geweihte Ölzweige werden in die Ecken gesteckt und die Räume werden mit Weihwasser ausgesprengt.

Almbräuche

Das so genannte „Kuhstechen“ am ersten Tag auf der Alm findet nicht mehr statt. Früher wurden die Kühe zum Zweikampf angeregt, bei der die stärkste Kuh eruiert werden sollte. Die Siegerin (Moarin, Proscht oder Stechstaffel) bekam zur Abfahrt einen Blumenkranz auf die Hörner gebunden und die größte Schelle um den Hals.

Auch der Brauch des Almsegnens ist seltener geworden. Früher stieg der Dorfpfarrer auf die Alm, um mit Weihwasser, das er in alle vier Himmelsrichtungen sprengte, den Schutz der Tiere zu erflehen.

Die Angst vor den Launen der Naturgeister war allgegenwärtig. Apotropaioa (Abwehrmittel) wurden an die Hüttenwand genagelt. Zusätzlich zu Kruzifixen, Marienbildern, Bildtafeln der Viehheiligen oder einfachen Kreuzen wurden alte vorchristliche Symbole über der Tür oder am First angebracht: Swastikas, Sonnenräder, Rosetten und natürlich Tierfetische in Form von Tierschädeln, Kuhbeinen oder Käuzchen. Neben diesen „Trophäen“ findet man auch geweihte Kräuterbuschen, Hufeisen oder Disteln.

Der Bet-Ruf, also die Aufforderung nach getaner Arbeit den Rosenkranz zu beten, wird zumindest am Sonntag noch manchmal praktiziert. Zwischen den Almen verständigte man sich per Jodler, da man ihn weiter hörte als einen normalen Ruf. Der Schauspieler Ludwig Dornauer erzählt, dass er als Hüterbub im Zillertal einen bestimmten Aussichtspunkt zwischen seiner und der nächsten Alm aufsuchte, um Informationen hinunterzujodeln.

Ist dank Einhaltung aller Tabus den Sommer über nichts passiert, so werden die Kühe für den Almabtrieb geschmückt. Mit viel Aufwand und Geschick werden Kränze geflochten und Aufbauten mit Bändern, Zierrat und Spiegeln verziert. Die besten Kühe gehen voran. Sie tragen auch die größten Glocken.

Sennpuppen

Auf der Alm, da gibt's koa Sünd, weil der Pfarrer nit aufi find. Und wirklich galt das Almleben trotz der harten Arbeit als unbeschwerte Zeit. Endlich waren Knechte, Mägde nicht mehr der ständigen Kontrolle des Bauern ausgesetzt. Die langen Sommerabende, die lauen Nächte dürften ein Übriges dazu beigetragen haben, dass Almmonate als die schönste Zeit des Jahres empfunden wurden. Ein Ausnahmezustand stellte sich ein, eine Art Urlaubsstimmung. Damit das enge Moralkorsett nicht zu sehr gelockert werden konnte, wurden oft nur Senner oder nur Sennerinnen auf die Alm geschickt. Ausnahmen waren Kinder und Eheleute. Diese Regelungen wurden in weltlichen oder kirchlichen Verordnungen festgelegt und Übertretungen mit hohen Strafen, die bis zu Zuchthaus gehen konnten, belegt.

Welch abartige Exzesse den isoliert lebenden Almbewohnern zugetraut wurden, gipfelt in den Berichten von Sennpuppen. Die meisten dieser Sagen stammen aus der Schweiz, aus Liechtenstein und Südtirol. Aber auch in Nord- und Osttirol gibt es Berichte über Sennpuppen: Meist aus Langweile hätten die Hirten eine lebensgroße Puppe aus Lumpen gebastelt oder aus Holz geschnitzt, sie gefüttert und allerlei Unfug mit ihr getrieben. Was das für Unfug gewesen sein könnte, mag der Phantasie des Lesers überlassen bleiben. Im Paznauntal hätte ein Hirt eine lebensgroße Puppe aus Holz geschnitzt, die sogar mit Mus gefüttert wurde. Der Alpengolem wurde lebendig und geisterte von nun an auf der Alm. War die Sennpuppe ein unheimlicher Almfetisch, ein Götzenbild, dessen leerer Hülle sich die Naturgeister bedienen konnten? Immerhin wurden die Puppen ja auch wie ein Fetisch mit Speis und Trank versorgt.

Neuesten Interpretationen zu Folge könnte es sich bei Sennpuppen auch um eine archaische Variante einer Latexpuppe gehandelt haben. Dementsprechend hart war die Strafe für solch gottlosen Frevel. Der Hirte wurde geschunden. Es wurde ihm die Haut abgezogen und von der Sennpuppe auf das Hüttendach genagelt.

Totalpsagen

Aber nicht nur über die Moral machte man sich Sorgen. Es fiel dem Bauern auch nicht leicht, das Wohl seiner Tiere, und somit den Großteil des Vermögens, dem Senner zu übertragen. Mancherorts musste der neu angestellte „Kaser" schwören, nichts zu veruntreuen – „denn was im Tal lässlich ist, wiegt oben schwer", berichtet Ritter von Alpenburg.

Um ganz sicher zu gehen, dass Milch, Käse und Butter nicht selbst im Übermaß konsumiert wurden oder gar heimlich weiterverkauft wurden, wurde den Almerern eine Zahl von

Walder Alm

Drohgeschichten mit auf den steilen Bergweg gegeben.

Übermütige Senner, die mit Käsekugeln kegelten, Sennerinnen, die in Milch badeten, wurden schwer bestraft. Unwetter brachen herein und grüne Weiden wurden von Gletschern oder Bergseen verschluckt. In den „Totalpsagen" von der „Übergossenen Alm" am Steinernen Meer, von „Tanneneh" im Ötztal oder von den vereisten Almen in den Berchtesgadener Alpen und am Feuersteinferner in Pflersch in Südtirol werden Naturkatastrophen als Gottesgerichte interpretiert. Historischer Background: Während der „Kleinen Eiszeit" von 1600 bis 1850 rückten die Gletscher vor und Almen mussten aufgelassen werden (mehr davon im Kapitel: „Glitzernder Gletscherzauber").

Der Wintersenner

Der geringste Missbrauch von Almgut hatte Folgen bis über den Tod hinaus. Was so einen unzuverlässigen Senner im Jenseits erwartet, erzählt die weit verbreitete Sage vom Kasermandl: Die verwunschene Seele bezieht, sobald der Senner im Herbst die Alm verlassen hat, als Wintersenner die verlassene Alm und muss eine geisterhafte Viehherde hüten – Tiere, die abgestürzt, vom Blitz erschlagen worden oder an einer Krankheit verendet waren. Manchmal gibt es auch eine Begegnung zwischen dem Sommer- und dem Wintersenner, bei der die verwunschene Seele erlöst werden kann. In manchen Sagen hört man auch von winterlichen Besuchern, denen das Kasermandl erschienen ist. Manchmal ist es ein Jäger, der Unterschlupf gesucht hat und nun das nächtliche Treiben miterleben muss. Manchmal sind es auch verirrte Wanderer oder gar Kinder, die auf den Wintersenner stoßen. So auch in der wohl berühmtesten Sage vom Kasermandl auf der Umbrüggler Alm. Zeit und Raum lösen sich auf. Aus Winter wird Sommer, und wenn dann die Gäste aufbrechen, sind oft schon Jahre vergangen. In vielen Varianten gibt es die Sage von der Mutprobe: Der Bauer bietet demjenigen eine Kuh, der den geisterhaften Wintersenner besuche und zum Beweis den Melkkübel mitbringe. Meist eine Magd oder ein Hirte wagen den Gang und berühren das Herz des Almwesens. Zurück fordern sie die versprochene Kuh. Der Bauer, der sich zuerst weigert, verliert jeden Tag eine Kuh, so lange, bis er sein Versprechen einlöst.

Almputze und Nörggelen

Neben den Kasermandln, also den wegen ihrer bösen Taten zum Umgeistern auf der Alm verurteilten Sennern, spuken noch andere gespenstische Wesen auf den Almen und Bergen herum, die im irdischen Leben Frevel und Unrecht begangen haben und nun dafür büßen müssen; man nennt sie die Almputze. Diese Spukgeister erscheinen oft in sonderbarer Gestalt, manche haben einen Kopf aus Lehm, andere gar keinen Kopf oder müssen in Tiergestalt ihr Unwesen treiben.

Der Almputz in Hintertux
Der Almputz, ein gespenstisches, mit Beulen bedecktes, klapperdürres Ross, dessen Augen wie Karfunkel schimmern, trabt nachts umher beim Rufe eines gleichfalls gespenstischen Kuckucks an der gefrorenen Wand im Hintertux und zerreißt jeden, der sich ihm naht „zu Laub und Staub", wenn derselbe „nichts Gleißendes, Reißendes

und Beißendes" bei sich führt, drei sehr vieldeutige Wahrzeichen, mit deren Schutz und Hilfe dieses verderbliche Gespenst zu erlegen wäre.
Quelle: Will-Erich Peuckert, Ostalpensagen, Berlin 1963.

In einer anderen Sage wird erklärt, dass der Jäger, der dem Pferdeputz begegnen möchte, ein Schwert, ein Gewehr und einen Hund dabei haben muss, um nicht vernichtet zu werden.

Die Norggen oder Nörggelen werden von Hans Matscher wie folgt beschrieben:

Solche Leute nun, die mit Nörggelen zu tun hatten, schildern sie als kleine Männchen von missratener Gestalt *und mit dickem Kopfe. Der Mund reichte fast von einem Ohre zum anderen und hatte wulstige Lippen. Die tiefliegenden Äuglein waren voll Schelmerei und Arglist, manchmal auch Tücke. Der unförmliche, aufgetriebene Bauch ruhte auf dünnen, krummen Beinen. Der lange Bart war altersgrau, die Stimme kropfig kratzend. Grauer Loden umkleidete sie; viele aber trugen ein rotes Jankerl, rote Höslein und grüne Strümpfe.*

Besonders Mägde hatten oft unter dem Spott und dem Schabernack der Nörggelen zu leiden. Da half auch keine Flucht vom Hof auf die Alm. Sie trieben auch dort ihr Unwesen: So heißt es etwa:

Er ließ Gundl, der Viehmagd, keine Ruhe mit seinen Neckereien. Er patschte ihr bald da, bald dort eins hinauf, riss an den Zöpfen, zog ihr den Melkstuhl unterm Sitze fort, kurz, erfand täglich neue Streiche.

Im Stubai nennt man die Nörggelen auch „Käsertörkelen". Sie sollen mit den Sennen befreundet sein, oft auch die Arbeit des Schafehütens übernehmen und vor Unwetter warnen.

Salige und Wilde Alperer

Wenn schon die Bergbauern Kontakt mit den Saligen hatten, wie viel öfter mussten sie den Almbewohnern erscheinen. Über der Waldgrenze, nahe dem Reich der Gämsen und des Adlers und nahe den Eingängen zu ihren Kristallpalästen kam es unweigerlich zu Begegnungen mit den schönen Bergwesen. Besonders beeindruckend beschreibt die Sage von der Frau am Weißen See das Aussehen der Saligen:

Sie hatte ein schneeweißes Kleid wie Fernerschnee und ihr Mantel war blau wie das Wasser des Weißen Sees und auf dem Haupte hatte sie einen Kranz von Alpenblumen. Ihr Gesicht war schön wie eine weiße Perle im Sonnenlicht. Sie saß auf einem Eisstück, das von schneeweißen Wildenten gezogen wurde …

Wenn ein Hirte einer Saligen begegnete, verfiel er ihrem Bann. Er wurde im Tal nicht mehr glücklich. Ständig verspürte er ein Sehnen, nach dieser anderen, zugleich gleißend hellen und unheimlich dunklen Seite des Hochgebirges.

Eva Lechner erklärt in ihrem Standardwerk „Tiroler Almen" den Hintergrund der Saligenlegende wie folgt: „Für einen Hirten, den es Sommer für Sommer aus tiefster Seele den Berg hinaufzieht, fand man eine äußere Erklärung, weil das Volk diese geheimnisvolle Tiefe des Gemütes nicht zu ergründen vermochte."

Die wilde Seite des Almlebens, die Isolation, die Wetterstürze und die knochenharte Arbeit verkörperten die „Wilden Leute“. Diese riesenhaften, meist hässlichen Bergwesen mieden meist die Menschen und versteckten sich in den unzugänglichen Schluchten der Felsenregion. Unter diesen „Wilden Riesen“ gab es auch „Wilde Alperer“, „Geißler“, „Küher“ und „Ochsner“, also durchaus Spezialisten der Almarbeit. Waren es, ähnlich den Wintersennern, ruhelose Seelen verwunschener Senner?

Das Ende des Almzaubers

Von diesen Geschichten hält unser Sepp nicht viel, obwohl er sein halbes Leben auf Almen zugebracht hat. „Nur einmal“, erzählt er und senkt seine Stimme zu einem geheimnisvollen Flüstern, „einmal, da hab ich etwas gehört. Es war eine Winternacht, ich war alleine heroben, weil ich ja auch Revierjäger bin. Da sind aus dem Geräteraum Geräusche gekommen. Zuerst habe ich geglaubt, ich habe mich getäuscht. Doch bald drauf habe ich wieder ganz deutlich schabende Geräusche gehört. Ich bin nachschauen gegangen. Alles war wieder still. Nach einiger Zeit ist es wieder losgegangen. Am nächsten Abend wollte ich es genau wissen. Ich habe mich im Geräteraum versteckt. Plötzlich hat sich der Butterkübel, so einer, den man mit einer Kurbel drehen musste, bewegt. Ganz langsam hat sich der Kübel gedreht, als wenn ihn eine Geisterhand antreiben würde. Die ganzen Geschichten von Almputzen und Wintersennern sind mir eingefallen. Aber mir hat des keine Ruhe gelassen und ich hab nachgeschaut. Hat doch tatsächlich ein Marder in dem Kübel sein Winterquartier bezogen. Und jedes Mal, wenn er sich bewegt hat, hat sich der Kübel gedreht.“

Ein Laufrad für Marder, welch nüchterne Erklärung für Almspuk. Aus der Almzauber. Die Zeiten haben sich wirklich geändert.

Unterreinsalm im Obernbergtal

Panz'naff beim Telfer Schleicherlaufen

◆ Fasnachten in Tirol

Braucht ein Land Bräuche?

Tirol ganz offensichtlich. Das ganze Jahr über gibt es etwas zu feiern, zu begehen oder zu gedenken. Schon immer waren die Bergländer Forschungsgebiet und unerschöpflicher Fundus für Volkskundler und Ethnologen. Aber auch der Laie schaut fasziniert auf die kraftvollen Fasnachtsbräuche, bei denen unheimliche Gestalten, die einem Fantasyroman entstammen könnten, durch die Dorfgassen tanzen und neben denen Karnevalstraditionen der Nachbarländer mit ihren Helaus und hübschen Prinzenpärchen blass und fade wirken. Nicht nur Fotografen bewundern die im barocken Goldglitzerpomp gehaltenen und dramatisch aufbereiteten kirchlichen Bräuche von Osterfeiern über Fronleichnamsprozessionen, stehen staunend vor flammenden Berggraten oder verfolgen ergriffen die besinnliche Art, ein verschneites Weihnachtsfest zu feiern. Die Tiroler waren Brauchtumsmeister und allen Schwarzmalereien über den Untergang der heimischen Kultur zum Trotz sind sie es noch immer, werden es immer mehr. Der Tiefpunkt der 1970er und 1980er Jahre ist überwunden. Es gibt keine Nachwuchsprobleme und alte, aufgegebene Bräuche werden wiederbelebt. Sonnwendfeuer explodieren zu Kunstwerken, wie im Außerfern. Neue, oft uralte Bräuche kommen dazu, wie das Feiern von Halloween oder das Krampuslaufen.

Hauptursache dafür, dass Bräuche zur Show verkommen und Volkstum zur billigen Folklore, ist der Fremdenverkehr – nicht nur in Tirol. Der Vorwurf der geistigen Prostitution, der von manchen Tirolrettern, die nicht müde werden wie Wanderprediger den Untergang des Heimatlandes zu prophezeien, erhoben wird, besteht leider in manchen Gegenden zu Recht. Wenn man das Spektakel eines Tiroler Abends überstanden, das Gehüpfe und Gejodel ertragen und das dazugehörige Schnapsbesäufnis überlebt hat, denkt man unweigerlich an die Sage vom Bauern, der für Gold seine Seele an den Teufel verkauft hat.

Diese Geschäftemacherei im Namen der Tiroler Tradition hat mit Brauchtum so wenig zu tun wie DJ Ötzi mit dem Mann aus dem Eis. Wo immer in diesem Buch von Bräuchen gesprochen wird, ist keine billige Geschäftemacherei gemeint.

Die Rückkehr des Brauchtums

Bräuche erleben eine Renaissance, weil die Menschen Freude daran haben zusammenzukommen, in einer globalisierten Einheitswelt lokale Identität zu kreieren und zu praktizieren. Und wenn dann Zuschauer die Straßen säumen – umso besser. Mit Wehmut bewundert der Großstädter, für den oft einzig die sich wandelnden TV Schwerpunkte die Festtage markieren, die Strukturierung des Jahres, das durch die Bräuche Festigkeit und Form bekommt. Zeit bleibt nicht eine von der Gegenwart ins Ungewisse fortstrebende Gerade, sondern wird zu wiederkehrenden Jahreskreisen. Bräuche sind Zwischenhaken in der Kletterwand des Lebens, sind Orientierungsstangen in einer diffusen Einheitsfläche von Zeit. Sie haben nichts zu tun mit den Dekorationswellen der Wirtschaft, die Schokoladeosterhasen in der Fastenzeit und Weihnachtsbäume im November produziert. In traditionellen Familien gibt es keine Weihnachtskekse vor dem Heiligen Abend und keine Ostereier vor dem Ostersonntag.

Die großen Fasnachten Tirols

Über den Ursprung und die tiefere Bedeutung wird unter den Teilnehmern nicht viel diskutiert. Am einleuchtendsten finden die meisten Teilnehmer das Erklärungsmodell vom Winteraustreiben, vom Kampf des Guten gegen das Böse, dem Ringen zwischen Winterdämonen und Fruchtbarkeitsgeistern. Man führte das Treiben auf heidnisch-altgermanische Segenskulte, ja sogar auf klassisch-antike Feste zurück. Tatsächlich spricht ja die Jahreszeit für eine solche Interpretation. Dieses Hin und Her der Volkskundler ist den meisten Teilnehmern nicht wichtig. In der Forschung hielt man lange am heidnischen Ursprung der Fasnachtsbräuche fest. Dass die Nationalsozialisten diesen Zusammenhang per Dekret fixierten, brachte Nachkriegsethnologen in Verlegenheit. Die Wurzeln reichen laut neueren Forschungen nur ins Mittelalter. Ob Dämonenabwehr,

Fruchtbarkeitskult, Kreieren einer Gegenwelt oder Gesellschaftsventil den Hintergrund für das Treiben bilden, ist den Ausführenden nicht so wichtig. Wahrscheinlich ergab die Vermischung verschiedener Elemente ein neues Ganzes, das auch weiterhin verändert werden darf und aktuelle Bezüge verträgt.

Die Thaurer Muller: Zottler, Melcher, Spiegeltuxer

Feberwind pfeift kalt durch die Dorfstraße und wirbelt den pulvrigen Schnee auf. Am Straßenrand stehen die Menschen dichtgedrängt, eingehüllt, vermummt. Schon seit Stunden ziehen die Muller vorbei. Allen voran hatte der Krameter Respekt eingeflößt und für Platz gesorgt – ein Hüne mit Holzmaske und einem sticheligen Gewand aus Wacholderstauden. Die verschiedenen Figuren wie die des Melchers, des Spiegeltuxers, des Alten, die Zaggler und Flöckler, Klötzler, Bären, Treiber und Hexen waren gefolgt. Nun kommt die wilde Gruppe der Zottler. Bedrohlich starren die Holzlarven – edle Gesichter mit bauschigen Schnurrbärten und stolzem Gesichtsausdruck – in die Zuschauermenge. Auf dem Kopf kauert ein aufgenähtes Fuchsfell. Über den linken Hutrand schlägt sich ein prächtiger Halbkreis aus Pfauenfedern und glitzerndem Zierrat. Das Gewand aus bunten Fransen schwingt in Wellen zum Takt der arabesken Tänze. Ein Trippeln im Stand, ein Wiegen in den Hüften, ein plötzliches Aufspringen. Die Zuschauer kreischen zurück, wenn sich die bedrohlich wirkende Gestalt ein Opfer greift, weit mit dem Arm ausholt, als würde

Spiegeltuxer

er den Zuschauer mit einem wuchtigen Schlag auf die Schulter in den Schneeboden rammen wollen, sich dann doch im letzten Augenblick eines Besseren besinnt und den Erschrockenen mit einem sanften Fruchtbarkeitsklaps und einem Schnapsl entlässt. Plötzlich wirft sich der Zottler auf die Knie, beugt seinen Körper weit zurück, dass die Pfauenfedern den Boden berühren, verrenkt sich zum „Frosch“, einer Demutshaltung. Ein Spiegeltuxer mit mächtigem Kopfschmuck, umrahmt von Gockelstößen und Spielhahnfedern, nähert sich und steigt dem sich krümmenden Zottler auf die durchgespannte Brust. Der Winter hat den Frühling besiegt und wirklich hat sich der kalte Wind gelegt. Die müde Wintersonne lugt hinter den Wolken hervor.

Wenn in anderen Dörfern schon der Fasching beginnt, steckt Thaur noch in tiefster Weihnachtszeit. Erst am 15. Jänner, am Fest des hl. Romedius, werden die Christbäume weggeräumt und die Krippen verstaut. Dann beginnt die Zeit der Fasnacht, die Zeit der Muller. Der Mullerverein hat etwa 300 Mitglieder. Er steht jedem offen, auch neu zugezogenen.

Aber nicht nur in Thaur, auch in den anderen MARTHA-Dörfern (Mühlau, Arzl, Rum, Thaur, Absam) wird gemullt.

Das Imster Schemenlaufen

„Söll' mer huire wieder in d'Fåsnåcht giah?“ lautet die rituelle Frage während der Vollversammlung am Dreikönigstag. Der Stadtsaal ist zum Bersten gefüllt und viele hundert Imster antworten begeistert mit Ja. In den folgenden Wochen wird in den Straßen des Ortes geprobt.

Zwar ist das Imster Schemenlaufen Männersache, aber die Frauen arbeiten im Hintergrund fleißig am Gelingen des Großereignisses mit, nähen, sticken und flicken an den Kostümen ihrer Männer. Geste männlicher Dankbarkeit: Der Apfel am Schellerstab gehört der Frau, die den Kopfputz gefertigt hat.

In Abständen von drei, vier oder fünf Jahren, die Imster legen sich da nicht so genau fest, wird der Schemenlauf durchgeführt. Das Wort Scheme geht auf das althochdeutsche *scemo* beziehungsweise auf das mittelhochdeutsche *scheme* zurück, bedeutet Schattenbild oder Seelenwesen und taucht schon in einer Klosterhandschrift aus dem 13. Jahrhundert auf. Noch heute gebräuchlich das Adjektiv: schemenhaft. Das Imster Treiben ist bereits durch den barocken Wanderprediger Abraham a Sancta Clara bezeugt.

Der Tag des Schemenlaufens ist immer ein Sonntag und beginnt mit einem Gottesdienst, bei dem der verstorbenen Fasnachtler gedacht wird. Danach gibt es einen Vorgeschmack auf das Hauptereignis: Beim so genannten Figatter werden komische und peinliche Begebenheiten der letzten Jahre aufs Korn genommen.

Mit dem letzten Glockenschlag um 12 Uhr setzt sich der eindrucksvolle Zug der etwa 800 Masken in Bewegung. Vom Gasthaus Hirschen aus geht es der Unterstadt zu. Allen voran schreitet die Stadtmusikkapelle. Die Ordnungshüter schaffen Platz für die Fasnachter: Mit wuchtigen Schlägen mit ihrem ballonartigen, mit Maisflitschen gefüllten Sack treiben die Sackner die Schaulustigen zurück. Mädchenhafte Kübelmajen stauben Puder in die Menge und auch die Spritzer – die Altfrank-, Mohren- und Engelspritzer, mit langen Wasserspritzen bewaffnet – schaffen Platz für den Kroas (Kreis) der Roller und Scheller, der zentralen Figuren des Umzugs. Roller und Scheller in ihren barocken Kostümen treten immer paarweise auf. Die zierlichen Roller wirken jünglinghaft, fast feminin. Der monstranzartige Aufbau des Kunstblumenkopfputzes, der Schein, ist kleiner als der des Schellers. Um die Mitte tragen sie einen breiten Gurt, der mit kleinen Glöckchen, den „Rollen", bestückt ist. In der rechten Hand trägt der Roller den „Pemsl" – einen Stab aus ausgefranstem Weidenholz. Er tänzelt mit geschmeidigen Bewegungen um seinen Gegenspieler herum, verneigt sich vor ihm, umgarnt ihn und springt um ihn herum. Die Sprunghöhe ist entscheidend. Der Roller muss den richtigen „Schlånz" haben, wie es in Imst heißt. Es geht um viel:

Je heacher d'Roller beim Kroastanz springt,
um so tiafer der Schaller schallt, um so
heacher weard's wåchse auf'm Fald!

Die größere Figur des Schellers trägt einen reicher ausgestatteten Schein am Kopf. Er ist von Eibenzweigen eingefasst. Die Larve wirkt männlich ernst, der barocke Schnurrbart streng. Am breiten Ledergürtel hängen vorne und hinten drei bis vier schwere Kuhschellen. Mit wiegendem Kultschritt lässt er das wuchtige „Gschall" erklingen. In der Hand trägt er einen Stab, an dessen Spitze er einen Apfel trägt, den er jener Frau überreichen wird, die ihn „aufgeputzt" hat. Am Sammelplatz kommen dann an die Stelle des Apfels Brezen.

Es gibt die unterschiedlichsten Vermutungen für diesen umkreisenden Werbetanz. Von Umlauf des Mondes um die Sonne über Paarungsrituale, im Sinne eines Imster Schementangos, bis zum Umschmeicheln des herben Winters durch Frühlingskräfte reichen die Interpretationsversuche.

Roller und Scheller beim Imster Schemenlaufen

Hinter den echten Rollern und Schellern tauchen die Laggescheller und Laggeroller auf. Sie bringen eine komische Note in das würdevolle Spiel. Schlampige Weiber mit Holzschellen werden von männlichen Rollern begleitet. An Stelle des Apfels steckt eine Runkelrübe. Die Bewegungen wirken breitbeinig, behäbig und ungeschickt.

Aufgeführt wird im Kroas. Dort werden auch Prominente, verdiente Fasnachtler und fleißige Mütter und Ehefrauen mit einem Apfel, mit Schnaps oder einem Fasnachtsabzeichen geehrt.

Eine Bärengruppe, Kaminer, Vogelhändler und eine Hexengruppe folgen. Den Abschluss bilden große Fasnachtswagen, wie die Hausschmieden, der Tschirgant und die Altweibermühle. Bei der „Labara“ wird von Bänkelsängern „Volksjustiz“ geübt. Es werden ähnlich wie beim Figatter skurrile oder komische Ereignisse lächerlich gemacht.

www.fasnacht.at

Nassereither Schellerlaufen

Immer wieder versuchte man in Tirol das Fasnachttreiben einzudämmen und zu verbieten. Dies entnehmen wir den Protokollen des Pfundser Schemenprozesses im Jahre 1775, bei dem auch das Maskentreiben in Nassereith erwähnt wird. Noch älter ist eine Erwähnung der Nassereither Fasnacht in der „Causa Domini“ aus dem Jahre 1740.

Die eigentliche Fasnacht findet alle drei Jahre statt. Sie beginnt mit dem letzten Glockenschlag des Zwölfuhrläutens am Dreikönigstag und wird vom Fasnachtsschnöllen lautstark eingeschnalzt. Bei der Vollversammlung im überfüllten Gemeindesaal am Nachmittag werden die Rollen verlost. Besonders begehrt sind die Masken des Bärentreibers und des Bären, der Hauptfiguren.

Am Sonntag nach dem Dreikönigstag wird die „Fasnacht“ gesucht und schließlich nach mühevollem Graben und Pickeln in Form eines kleinen Ruaßlers, der an eine Fetischpuppe anderer Kulturkreise erinnert, gefunden.

Nach dem „Maschgere gia“, bei dem verschiedene Gruppen durch den Ort ziehen, und dem „Schallerprobiere“, einer lockeren Parodie des eigentlichen Umzuges, findet in der Nacht vor der großen Fasnacht das „Umschlagen“ statt. Ab Mitternacht ziehen die Nassereither und, man höre und staune, auch die Nassereitherinnen durch die Gassen und erzeugen einen infernalischen Lärm, ein höllisches Konzert, indem sie einen eigentümlichen Rhythmus auf Kübeln, Topfdeckeln und alten Pfannen trommeln. Erst im Morgengrauen wird es stiller.

Am Sonntagmorgen nach der Frühmesse geht das Treiben weiter. Die Ruaßler versuchen Zuschauer mit Ruß zu schwärzen und wieder wird umgeschlagen. Am Vormittag beginnt der „Aufzug“: Die Teilnehmer ziehen zum Hotel Post, wo um 12 Uhr der große „Umzug“ beginnt. Die Schöller beginnen zu schnalzen, Sackner, Spritzer, die Ordnungshüter des Umzuges, beginnen zu tanzen.

Der erste Kehrer erscheint. Er verneigt sich vor dem Scheller und beginnt zu tänzeln und mit dem Besen kehrende Bewegungen auszuführen. Der Roller folgt seinem Beispiel und lädt den Scheller durch zweimaliges Aufhüpfen und durch demütige Verneigungen zum Schellen mit seinen großen Glocken ein. Eine Dreiergruppe folgt der nächsten und sie schließen einen Kreis, umtanzt von den Majen, Sacknern und Spritzern.

Nun wird es still, denn die Hauptakteure treten aus dem Hoteltor hervor: Der Bärentreiber zieht an einer langen Kette seinen Bär hinter sich her. „Urio Bärio" schreit der exotisch anmutende Bärentreiber. Der Bär widersetzt sich anfänglich den Anweisungen des Treibers. Aber mit wuchtigen Stockschlägen wird der Bär gezwungen, seine Purzelbaum-Kunststücke aufzuführen. Schließlich aber überwältigt der Bär seinen Herrn und „frisst" ihn. Allgemeiner Jubel bricht aus. Oft gehörte Interpretation: Der Bär verkörpert den Frühling.

Unter den chaotischen Klängen der Hexenmusik stürmen die Hexen aus dem Tor – hässliche Weiber mit warzigen Gesichtern. Eine dreizehnte Hexe, die ihren Schwur nicht ablegen will, wird überwältigt und die restliche Gruppe beschließt kreischend ihren Auftritt.

Nun löst sich der Kreis vor dem Hotel auf. Der Umzug beginnt mit dem „Einführen" – verschiedene Zuschauer werden zum Tanz aufgefordert und anschließend mit Wein und Brezen versorgt. Der Geehrte revanchiert sich mit einer Geldspende.

Natürlich folgen auch hier Festwagen, wie zum Beispiel der Wagen der Karner, natürlich gibt es auch hier ein Anprangern und Verspotten komischer Dorfereignisse in der Form eines „Labere". Im Dämmern des Winternachmittags lösen sich langsam die Gruppen auf, denn um sechs Uhr abends nach dem Betläuten darf keine Maske mehr zu sehen sein.

Am Faschingsdienstag wird die Fasnacht in Form der Ruaßlerpuppe schließlich eingegraben, schluchzend beklagt von hunderten „Trauergästen".

www.nassereith.at

Schellerlaufen in Nassereith

Das Telfer Schleicherlaufen

Die Tradition des Schleicherlaufens lässt sich bis in das 17. Jahrhundert nachweisen. Es findet alle fünf Jahre statt.

Fast ein Jahr dauern die Vorbereitungsarbeiten. Den Auftakt des Faschingstreibens bildet am Dreikönigstag das Ausgraben einer Puppe, welche die Fasnacht personifiziert. Das große Fasnachtstreiben beginnt schon am Morgen. Die Sonne wird seit dem 19. Jahrhundert durch den Ort getragen, um gutes Wetter zu erbitten – nachweislich mit Erfolg. Am Vormittag werden die Bären am „Meaderloch" eingefangen. Der Umzug startet um 11 Uhr beim Meisl-Bauern im Obermarkt. Den Anfang machen die Herolde. Sie rufen die Fasnacht aus. Ihnen folgen die Musikkapelle und seit 1960 hoch zu Ross die „Vier Jahreszeiten". An dieser Gruppe erkennt man, dass oft archaisch anmutende Elemente jüngeren Datums sind. Wirklich alt sind die baumbärtigen Wilden Männer. Sie führen als Attraktion den „Panz'naff" mit – einen als Affen verkleideten Mann, der Tschinellen schlägt und dem Publikum Grimassen schneidend die Zunge zeigt.

Die Schleicher bilden das zentrale Hauptelement des Umzuges. Ihnen voran hüpft der elegant gekleidete Laternenträger, ein Harlekin, der seiner eigentlichen Bedeutung nach das Dämonenheer anführt.

Ihm folgen Wirt, Kellnerin, Goaser, Tuxer und Tuxerin, Senner und Sennerin.

Den eigentlichen Höhepunkt bilden die mystisch wirkenden Schleicher. Sie tragen schwarz bestickte Schuhe, weiße Kniestrümpfe und farbige Kniebundhosen aus Seide, Spitzen, Fransen

Telfs: Der Laternenträger führt das Dämonenheer an

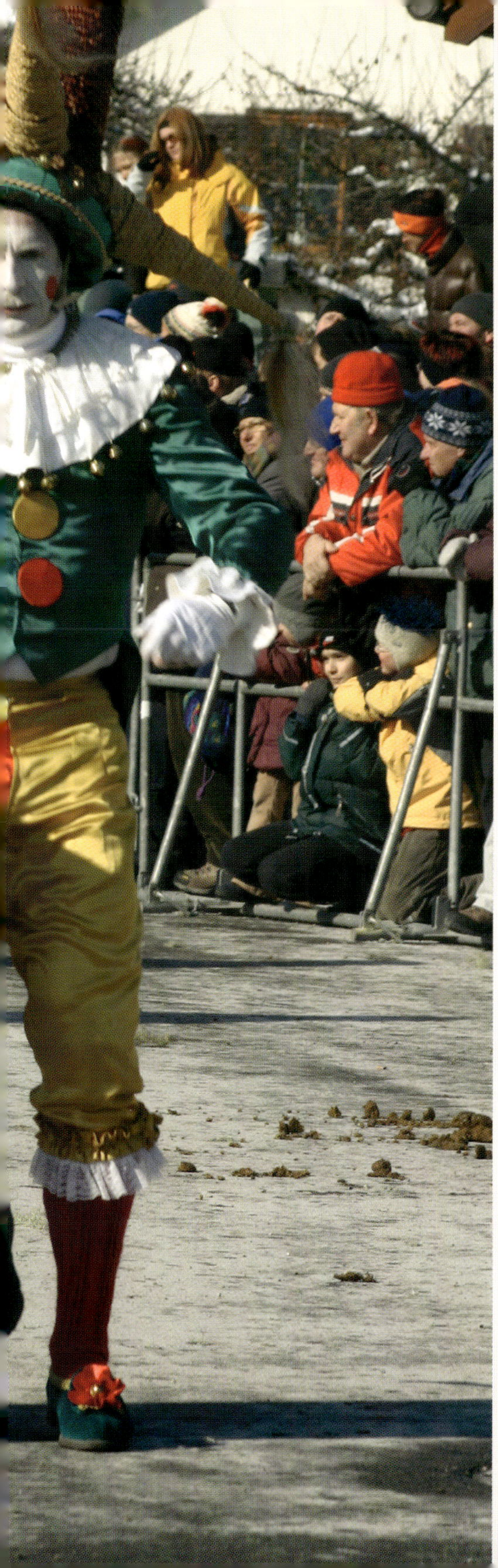

und Borten, am Rücken eine mächtige Schelle. Besonders prächtig ist der bis zu 10 kg schwere Kopfputz: Auf einem breitkrempigen Hut erheben sich bühnenartige Aufbauten mit Motiven aus dem bäuerlichen Leben oder den Mythen. Eine Drahtlarve verleiht dem Träger jugendliche Züge.

In der rechten Hand trägt der Schleicher eine Stange mit aufgereihten Brezen und ein Fähnchen; in der Linken ein Spitzentüchlein.

Bei den Sprüngen der Schleicher darf die Schelle jeweils nur einmal anschlagen.

Besonders archaisch wirkt die Gruppe des Bärentreibers, deren Ursprünge in der Zeit der Tanzbären zu suchen sind. Unter dem Dröhnen der Bockshörner wälzt sich eine Gruppe seltsamer Tiere daher: Elefanten, Kamele, Kröten. Seit kurzem ist auch die historisch genaue Kopie des Ötzi unter den Bärentreibern und Exoten zu finden.

Es folgen festlich geschmückte Wagen mit den verschiedensten humoristischen Aufbauten. Nicht fehlen darf in Telfs der Wagen der Laninger und Karner, denn der Ort war einst ein wichtiges Zentrum für das fahrende Völkchen.

Auch in Telfs wird die Fasnacht, also der „Naz“, am Faschingsdienstag unter Wehklagen eingegraben.

www.schleicherlaufen.at

Das Axamer Wampelerreiten

In Axams, im westlichen Mittelgebirge über Innsbruck, wird ein rauer Fasnachtsbrauch ausgeübt: ein Wettstreit, ein Kräftemessen zwischen den maskierten Wampelern und den Zuschauern. „Wampe“ bedeutet so viel wie Fettbauch. Dementsprechend plump wirken die behäbigen Gestalten. Das weiße Leinenhemd ist mit Heu prall ausgestopft. Dies schränkt zwar die Beweglichkeit der Männer ein, schützt sie aber vor gröberen Verletzungen. Über den Hosen tragen die Wampeler einen roten Rock, der von einem Gurt mit Schellen gehalten wird, auf dem Kopf eine Haube und vor dem Gesicht oft eine Larve. Der Stock in der Hand dient nur zur Abwehr, nicht zum Zuschlagen. In gebückter Haltung bewegen sich die Wampeler durch die Dorfstraßen. Mutige Zuschauer lauern den Maskierten auf und versuchen sie von hinten zu Boden zu reißen. Damit werden sie zu den so genannten „Reitern“. Verschnaufpause gibt es für die Wampeler nur, wenn sie sich mit dem Rücken an eine Mauer oder einen Zaun stellen. Dann sind sie für die „Reiter“ tabu. Trotz der Brutalität des Brauches gibt es kaum Verletzungen. Ordnungshüter achten seit einigen Jahren auf faire Kämpfe. Bis in die 1960er Jahre des letzten Jahrhunderts gehörten auch „die Bluatigen“ zum Fasnachtsgeschehen: Männer beschmierten sich von Kopf bis Fuß mit Tierblut und verbreiteten Schrecken und Ekel bei den Zusehern. Die Bluatigen sind 2007 wieder auferstanden, zur Empörung mancher Schaulustiger.

Das Blochziehen in Fiss

Das Blochziehen, also das Ziehen eines Baumstammes, ist in vielen Ländern Europas beheimatet. Auch in Tirol war es früher weiter verbreitet. Es gab das Blochziehen im Stubaital, in Zirl, in Inzing, im Paznaun, in Landeck, im Zillertal und in Kals. Obwohl es sich aus dem Pflugziehen herleitet und

Axams: In gebückter Haltung erwarten die Wampeler die Attacken der „Reiter“

damit die Deutung als Fruchtbarkeitsbrauch nahelegt, bei dem die Erde für den kommenden Frühling aufgerissen wird, lehnen heutige Volkskundler diese Interpretation ab. Sie sehen das Blochziehen als Rügebrauch, bei dem ursprünglich unverheiratete Mädchen eingespannt und von der Dorfbevölkerung verspottet wurden. Erst später wurde der Brauch von Burschen ausgeübt und vom Aschermittwoch in die Fasnachtszeit verlegt.

In Fiss im Tiroler Oberland wird schon Monate vorher eine Zirbe aus dem Wald geholt. Einige Tage vor dem Fasnachtsereignis wird der 30 Meter lange Stamm geschmückt, auf einen Schlitten gelegt und von der Blochbaumwache bewacht, versuchen doch immer wieder die Burschen aus den Nachbardörfern, den Stamm zu beschädigen oder gar zu stehlen.

Um 12.30 Uhr beginnt der Umzug. Der Schnaller gibt mit seiner Peitsche das Kommando, auf dem Bloch sitzt der Praxer und kutschiert den Bloch, während der flinke Bajatzl akrobatisch auf den Dächern herumspringt und die Zuseher mit Schnee bewirft. Der Musikkapelle folgen diverse Fasnachtsfiguren: Mohren, Bären und Bärentreiber, Senner, Vogelhändler, Zigeuner und Wanderkrämer. Eine besondere Rolle spielt der „Giggeler“, der geile Gockel, der die Hexen bedrängt oder weibliche Zuseher „bespringt“.

Bären, Hexen und Wilde Männer (Miasmänner) und der Schwoafteufel versuchen immer wieder den Zug des Blochs aufzuhalten. Endlich ist der Bloch am Schulhaus angelangt. Nun wird er versteigert.

Neben Fiss veranstalten auch Fließ, Rinn, Tulfes, St. Leonhard (Pitztal) und Umhausen einen Brauch, bei dem ein Baumstamm durch das Dorf gezogen wird.

www.blochziehen.at

Wilder Mann

urch des Heilig
ert vnser Angst in
armbt eich mein erbarm
weniigst ihr

Heiliges und Unheiliges

Hexensabbat (16. Jahrhundert, Zeughaus Innsbruck)

◆ Von Hexen und Zauberern

Europas finstere Zeiten

Gleich biblischen Plagen suchten Seuchen, Kriege und Katastrophen das Europa des Spätmittelalters und der frühen Neuzeit heim. Kriege, Missernten, Überschwemmungen und Heuschreckenplagen kündeten eine apokalyptische Zeit an. Der giftige Atem der Pest wehte über die Länder und hinterließ leere Dörfer und entvölkerte Geisterstädte. Flagellantenbrüder peitschten sich die Haut in blutigen Fetzen vom Rücken, um sich und die Welt auf den großen Untergang vorzubereiten und Buße zu tun für das lasterhafte Treiben der Menschen. Veitstänzer tanzten ekstatisch bis zur Erschöpfung auf den Straßen, um dem Treiben des Teufels Einhalt zu gebieten. Wanderprediger und schwärmerische Fraticellen forderten radikale Armut und Umkehr. Die fieberhafte Suche nach Sündenböcken begann und man fand sie! Man fand sie unter den Juden, fand sie in den gotteslästerlichen Ketzern, bei sozialen Randgruppen und natürlich im unheilvollen Hexenpack.

Gab es Hexen?

Um dieser Frage nachzugehen, wagen wir uns einmal über die Grenzen unseres Weltbildes hinaus: eines Weltbildes, das von Materialismus, technischer Fortschrittshörigkeit und kristallklarem Vernunftdenken geprägt ist – eine Welt ausgeleuchtet vom neonkalten Licht wissenschaftlicher Rationalität. Doch schon tauchen harte Schatten auf, pechschwarze Schemen, die aus den tiefen Abgründen des Unerforschten kriechen und Unsicherheit und Ratlosigkeit hinterlassen. Vier Fünftel der Erdbevölkerung leben auch heute noch in einer irrationalen, magischen Welt, an der die Aufklärung spurlos vorüberging. In vielen Ländern, vor allem der Dritten Welt, ist die Existenz von Geistheilern, Schamanen und Zauberpriestern Teil des alltäglichen Lebensumfeldes. Da ein Arzt westlicher Prägung nicht greifbar oder zu teuer ist, wendet sich der Hilfesuchende an alternative Personengruppen aus dem dörflichen Umfeld. Sehr genau wird zwischen Naturheilern und solchen, die sich mit übernatürlichen Kräften verbinden, unterschieden. Hier wiederum gibt es Personen, bei denen man mit Hilfe positiver Energie, also weißer Magie, in persönlicher Not Hilfe erhofft. Dann gibt es aber auch Schwarzmagier, eben Zauberer und Hexer, die Unglück über andere Personen bringen sollen. Neid, Eifersucht und Habgier sind die Auslöser, die dieser dunklen Seite der Magie zu Grunde liegen können. Schwarzmagier sind zwar nützlich, um dem bösen Nachbarn, der unliebsamen Nebenbuhlerin oder dem ungerechten Vorgesetzten Unglück und Krankheit anzuwünschen, zugleich aber auch gefürchtet und gesellschaftlich Ausgestoßene. So lähmt die Angst vor Erfolg und dem damit verbundenen Neid der Mitbürger noch heute das wirtschaftliche Aufblühen vieler Länder der Dritten Welt, insbesondere Afrikas. Die Angst, verzaubert, verhext, vergiftet oder verflucht zu werden, ist bedrohliche Realität und hindert viele Menschen daran, sich aus der Masse des Durchschnitts abzuheben. Wie schnell sich Angst und Furcht in Hass und Aggression umwandeln kann, liest man selbst in heimischen Medien immer wieder. Die Zahl der Hinrichtungen von Hexen besonders im Afrika des 20. und 21. Jahrhunderts kann sich durchaus mit den Opferzahlen der europäischen Hexenbrände messen. Wenn wir die Tiroler Hexengeschichte genauer betrachten, werden wir all die genannten Personen wiederfinden: Kräuterfrauen, Geistheiler, Wetterzauberer, Magier, Kurpfuscher, Hebammen. Obgleich die allermeisten Anschuldigungen aus persönlichem Hass und Vergeltungssucht entstanden sind, Geständnisse unter der Folter gemacht wurden und somit aus heutiger Sicht wertlos sind, spiegeln sie die große Angst der Bevölkerung vor Hexerei wider. Wenn wir aber die Schlussfolgerungen vergleichender Ethnologie anwenden, müssen wir zu dem Ergebnis kommen, dass es Hexen, im Sinne von Schadenzauberinnen, auch in Tirol gab.

Nicht heute, schon in den Zeiten des Hexenwahns herrschte über die Existenz von Hexen einigermaßen Verwirrung. Der Tiroler Fürst Sigismund ließ sich von Ulrich Molitoris, einem anerkannten Fachmann in Fragen der Zauberei, beraten, Kaiser Maximilian holte die Meinung des Magiers Abt Trithemius ein. Sie alle gelangten zu ähnlichen Schlussfolgerungen wie später Friedrich von Spee, Jesuit und Beichtvater von Personen, die der Hexerei angeklagt wurden. Er schreibt in seiner Cautio criminalis:

... so meine ich dennoch, wenn ich schließlich das Ergebnis der schwierigen Überlegungen zusammenfasse, man müsse hieran gänzlich festhalten, dass es auf der Welt tatsächlich irgendwelche Zauberer gibt, und dass dies nicht ohne Leichtfertigkeit und den Vorwurf eines verkehrten Urteils geleugnet werden kann.

Ob diese jetzt wirklich ein Bündnis mit dem Teufel eingegangen waren und mit ihren Besen zum Hexensabbat flogen, ist eine andere Frage. Die Hexenverfolgung beschränkte sich anfangs auch tatsächlich auf das Aufspüren von Personen, die Schadenszauber ausübten. Erst im Zeitalter des „Hexenhammers" wurde daraus eine Massenhysterie, die keine Unterschiede mehr machte zwischen einer Hebamme, der man die Schuld für Totgeburten gab, einer Wettermacherin, die drohendes Unwetter abwandte, und einer Schwarzmagierin, eben einer Hexe, die Krankheit und Unglück heraufbeschwor. Plötzlich waren auch aus Kräuterweibern, Wahrsagern, Zauberkünstlern und schließlich auch aus Landstreichern, Bettlern, Behinderten, Zigeunern, Prostituierten und Taschenspielern potentielle Kinder des Teufels geworden.

Der Hexenflug

Die Hexe rieb sich oder einen Gegenstand mit einer Zaubersalbe ein. Es gilt als wahrscheinlich, dass die Hexe den beschmierten Besen- oder Heugabelstil in die Vagina schob, um über die Schleimhäute die halluzinogenen Substanzen aufzunehmen. Auch Schemel dienten als Flugobjekte. Die Frauen setzten sich ohne Unterwäsche direkt auf die eingesalbte Sitzfläche. Die Hexensalbe bestand aus Fett, Nachtschatten, Tollkirsche, Mandragora, Opium, Schierling und anderen narkotischen Pflanzen wie Bilsenkraut, Stechapfel, Sturmhut und Mohn. Der Göttinger Volkskundler Will-Erich Peuckert stellte nach alten Angaben eine Hexensalbe her und probierte sie in einem Selbstversuch. Heftige Halluzinationen stellten sich ein: „Ich

hatte wilde Träume. Vor meinen Augen tanzten zunächst grauenhaft verzerrte Gesichter. Dann hatte ich das Gefühl, als flöge ich meilenweit durch die Luft, mehrmals durch Stürze unterbrochen." Vom Diesseits in eine jenseitige Welt zu gelangen ist Hauptanliegen aller Dimensionsreisenden, ob sie nun Hexen oder Zauberer oder Schamanen heißen mögen.

Irrtümer über Irrtümer

Nur langsam setzt sich eine sorgfältige und auf historischen Fakten ruhende Beurteilung des Hexenwahns durch. Im Raum Tirol ist dies vor allem der fundierten Arbeit des Journalisten Hans Benedikter zu danken, der in seinem Buch „Hexen und Zauberer in Tirol" Licht in dieses dunkle Kapitel unserer Heimat brachte. Wir schließen uns seiner Auffassung an, die Geschehnisse dieser Jahrhunderte nicht mit den Augen unserer Zeit betrachten, vor allem nicht beurteilen zu wollen. Keiner Epoche ist es möglich, einen objektiven Blick auf die Geschehnisse ihrer Zeit werfen zu können. Wir schauen durch verschiedene Fenster auf eine sich ständig wandelnde Wahrheit. In der Frühen Neuzeit waren diese Glasscheiben des Zeitgeistes durch den Ruß der Scheiterhaufen geschwärzt und durch die Angst vor einer bedrohlichen Dämonenwelt verdunkelt.

Irrtum 1: Die Hexenbrände loderten am hellsten im Mittelalter.

Schon Gregor von Tours (540 bis 594) erwähnt Todesurteile gegen Hexen. Dies waren jedoch schreckliche Einzelfälle, denn in der karolingischen Epoche wurde etwa der Glaube an die nächtlichen Ausritte von Hexen als Hirngespinst und Illusion gewertet. Das Konzil von Paderborn im Jahre 785 stellte den Glauben an Hexen und ihre Verfolgung unter Strafe:

Wer vom Teufel verblendet nach Weise der Heiden glaubt, es sei jemand eine Hexe und fresse Menschen, und diese Person deshalb verbrennt oder ihr Fleisch durch andere essen lässt, der soll mit dem Tode bestraft werden.

Natürlich war Zauberei auch damals Teil des Alltags, sie wurde aber nur mit Kirchenbußen, in schweren Fällen mit Exkommunikation bestraft. Erste Todesurteile gegen Hexen gab es im 13. Jahrhundert mit dem Aufkommen der Inquisition. Die Unterscheidungen zwischen Irrlehrern und Ketzerei wurde 1183 unter Papst Lucius III. aufgehoben. 1232 wurde die *inquisitio haereticae pravitatis* dem Dominikanerorden übertragen. Hexerei galt als „harmlose" Ketzerei und deren Verfolgung wurde sogar von der Inquisition zeitweise abgelehnt. Im 14. Jahrhundert überlagerten sich die Begriffe Ketzerei und Zauberei. Glaubensabfall wird zugleich als Eintritt in das Reich des Teufels gewertet. Die eigentliche europäische Hexenverfolgung fand in der Frühen Neuzeit von 1450–1750 statt. Ihren Höhepunkt erreichte die Massenhysterie in den Jahren 1550–1650.

Irrtum 2: Es wurden 9 Millionen Hexen hingerichtet.

Obwohl Quellenmaterial durch Kriege und Katastrophen verloren gegangen ist, so gibt es doch über die allermeisten Prozesse wenigstens fragmentarische Unterlagen. Demnach dürften in ganz Europa etwa 60.000 Menschen dem Hexenwahn zum Opfer gefallen sein. 25.000 davon wurden auf dem Boden des Heiligen Römischen Reichs Deutscher Nation hingerichtet. Insgesamt soll etwa drei Millionen Menschen der Prozess gemacht worden sein, etwa jeder Fünfzigste wurde hingerichtet. Viele wurden auch „nur" des Landes verwiesen, gezüchtigt oder mit Geldstrafen belegt.

Irrtum 3: Hexen waren meist Frauen.

Die Aussage des Predigers Johannes Geiler von Kayersberg (1445–1510), brennt man einen Mann, so brennt man wohl zehn Frauen, trifft sicher nicht auf Österreich zu. In Oberösterreich waren 68% der Verurteilten Männer, in Kärnten 52%. In Tirol dagegen betrug der Prozentanteil der Männer tatsächlich nur 19%.

Irrtum 4: Hexenverfolgungen waren eine Spezialität der katholischen Kirche.

Zwar sprach Papst Johannes Paul II. im Jahre 2000 sein großes Mea Culpa, das große Schuldbekenntnis im Namen der Kirche, bei dem er unter anderem für Kreuzzüge, die Ketzer- und Hexenverbrennungen, die gewaltsame Missionierung und die Mitschuld an den Judenverfolgungen um Vergebung bat, doch der Hexenbrand war keineswegs auf katholische Länder beschränkt. Der geographische Schwerpunkt lag in Deutschland, Frankreich und der Schweiz, von denen weite Teile bereits protestantisch waren. So forderte Martin Luther von der Kanzel herab, dass man Hexen, die so viel Schaden anrichteten, töten solle, denn sie könnten Milch, Butter und vieles andere mehr aus den Häusern stehlen, indem sie einfach an einem Tisch, einem Stiel oder einem Handtuch melkten.

Heinrich Institoris in Tirol

Dr. theol. Mag. Heinrich Institoris (1430 bis 1505) hieß eigentlich Heinrich Kramer und gilt als religiöser Eiferer und Wegbereiter des Hexenwahns. Institoris war der Inbegriff des Inquisitors und gnadenlosen Hexenjägers, mit schmalen, blutleeren Lippen und glühenden Augen, dessen gestörtes Verhältnis zu Frauen in abgrundtiefen Hass umschlug. Seine kranke Sexualität zeigte sich etwa darin, dass er großen Wert darauf legte, den Frauen jegliche Körperbehaarung abrasieren zu lassen, bevor er sie genüsslich auf ein etwaiges Teufelsmal untersuchen konnte. Seine Fragen bei den Verhören richteten sich detailliert auf den sexuellen Bereich. Seine Fragestellungen waren so „unerhört", dass der bischöfliche Kommissar bei den großen Zauberprozessen in Innsbruck mehrmals drohte, sich zu entfernen.

Der Dominikanermönch Heinrich Kramer wurde auf sein eigenes Betreiben zum Inquisitor der Ordensprovinz Alemannia bestellt. Er entwarf den Text der Bulle Summis desiderantes affectibus (sog. *Hexenbulle*), die der dämonenfürchtige Papst Innozenz VIII. auf sein Betreiben herausgab. Damit ebnete er den Inquisitoren den Weg, um mit allen erdenklichen Mitteln, „die ihnen als notwendig und günstig erschienen", Geständnisse zu erzwingen: ein Freibrief für Folter und Erpressung.

Innsbruck war eine der ersten Stationen des Hexenjägers. 1485 begann er seine Untersuchungen und schon bald waren an die 50 der Hexerei verdächtige Personen aufgespürt. Günstig für die Arbeit von Institoris war der Umstand, dass der mächtige Landesfürst Sigmund der Münzreiche sehr abergläubisch und furchtsam war. Mehr als vierzig Verdächtige stammten aus Innsbruck und seiner Umgebung. Bis auf zwei waren alle Angeklagten Frauen. Die Anzeigen betrafen die Anzauberung von Krankheiten, Ehestreitigkeiten und Schwierigkeiten beim Geschlechtsverkehr, aber auch Mord durch Zauberei. Der Inquisitor verhörte alle Angeklagten selbst. Es gelang ihm jedoch nicht, irgendwelche Teufelsbünde nachzuweisen. Institoris trat auf der Stelle und ersuchte den Landesfürsten Erzherzog Sigmund und den Fürstbischof Golser um Unterstützung. Diese wurde auch vorerst mit der Bitte, nicht *gegen alle Schuldigen die volle Strenge des Gesetzes anzuwenden*, gewährt. Heinrich Institoris begann im Oktober erneut mit seinen Verhören. Diesmal waren es sieben Frauen, die der Hexerei verdächtig erschienen. Den Wunsch Bischof Golsers, auch weltliche Räte hinzuzuziehen und anonyme Anzeigen nicht zu beachten, ignorierte der Inquisitor beharrlich. Immer mehr verlor der Bischof das Vertrauen in die Vorgangsweise von Institoris. Schließlich wurde eine Kommission einberufen, die das gesamte Verfahren für ungültig erklärte. Es wurden sogar Stimmen laut, den Inquisitor verhaften zu lassen. Schließlich forderte Bischof Golser Institoris auf, das Land zu verlassen. Er schrieb dem Chorherrn des Stiftes Wilten:

Und wenn er nicht sobald als möglich fortgeht, dann sagt ihm anstatt meiner, dass wegen seines schlechten Prozesses nun Ärgernisse genug entstanden sind, so dass es für ihn am besten ist, nicht mehr länger hier zu bleiben, damit nicht noch Schlimmeres herauskomme oder ihm selbst etwas zustoße.

Golser kannte offenbar seine Tiroler, die drauf und dran waren, Institoris an den Kragen zu gehen. Aber erst nach mehreren Schreiben packte Institoris seine Sachen und verließ Tirol. Ausschlaggebend war wohl die Zusage des Landesfürsten Sigmund gewesen, alle Prozesskosten zu übernehmen. Mit vollen Taschen zog der wahnsinnige

Hexenjäger weiter und seine blutige Spur sollte sich durch die Geschichte ziehen.

Der Hexenhammer

Noch einmal wollte Institoris nicht ein Innsbrucker Fiasko erleben und versuchte seiner Tätigkeit ein solides Fundament zu geben. Er schrieb das unheilvolle Buch, „Der Hexenhammer“ – eine Anleitung zum Aufspüren, Befragen und Verurteilen von Hexen. Erst durch dieses Teufelswerk verbreitete sich die Hexenverfolgung, die bisher im großen Stil im französischen und italienischen Alpenbereich üblich war, auch im deutschen Raum. Im Jahre 1487 veröffentlichten Heinrich Institoris und Jakob Sprenger auf Ersuchen des Papstes Innozenz VIII. den Hexenhammer „Malleus maleficarum“, das Handbuch für Hexenprozesse. Im ersten Teil des Buches gingen die Autoren davon aus, dass mangelnder Glaube an Hexerei als Ketzerei zu gelten habe. Der Hexenhammer diffamierte vor allem die Frauen als Gefäß der Sünde.

Hexenverbrennung und Folterszene auf einem Flugblatt aus dem 16. Jahrhundert

Krankhafter Frauenhass spricht aus allen Zeilen dieses widerlichen Werkes. Der zweite Teil handelt von den verschiedenen Arten und Wirkungen der Hexerei und wie solche wieder aufgehoben werden können. Es werden detailliert die Zauberpraktiken, der Hexensabbat als Verehrung des personifizierten Teufels und Verhöhnung der Liturgie und der Sakramente sowie der Teufelspakt beschrieben. Damit betritt er Neuland. Die Betonung der Teufelsbuhlschaft wird von nun an ein wichtiger Teil der Anklagepunkte sein und hier verlässt Institoris alte Traditionen und verursacht eine Hysterie, die jahrhundertelang andauern sollte. Der dritte Teil gibt eine praktische Anleitung zur Aufspürung, Folter, Bestrafung der Verdächtigten – ein Handbuch für Hexenjäger. Jakob Sprenger kam ohne sein Zutun zu diesem zweifelhaften historischen Ruhm, denn Heinrich Kramer nannte den angesehenen Inquisitor und Theologen als Co-Autor, um seiner Machenschaft einen seriösen Anstrich zu geben. Nach dem Erscheinen des Hexenhammers konzentrierten sich die Verfolgungen immer mehr auf Frauen. Außerdem versuchte Institoris eine Verlagerung der Gerichtskompetenz von den geistlichen auf die weltlichen Gerichte. Dass der Hexenhammer zu einem der unheilvollsten Bücher der Weltgeschichte werden konnte, verdankte es dem Aufkommen des Buchdruckes. Bis 1669 erschien der Hexenhammer in neunundzwanzig Auflagen.

Hexen in Tirol

Warum sich das Hexenwesen besonders in den Bergländern so stark ausbreitete, begründete der päpstliche Inquisitor Johann Nider in seiner Enzyklopädie *Formarikus* damit, dass seiner Meinung nach unter den Bergbewohnern überaus große Armut und Unwissenheit herrsche und die häufigen Naturkatastrophen in den Bergen den Glauben an dämonische Mächte fördern würden. Altem Opferglauben folgend würden die Menschen den bösen Geistern huldigen, um Unheil abzuwehren.

Die Schlernhexen

Die ersten dokumentierten Hexenprozesse im deutschsprachigen Tirol fanden von 1506 bis 1510 auf Schloss Prösels im Südtiroler Landesgericht Völs statt. Neun Frauen wurden als die so genannten „Schlernhexen“ auf dem Scheiterhaufen verbrannt. Die Schlernhexen fanden Eingang in die Volkstradition und Sagenkultur und stehen heute für Wetterzauber. Es handelte sich um arme Frauen, die am Rand des Existenzminimums ihr Dasein fristeten. Besonders kurios waren die Geständnisse der Anna Jobstin, die angab, vom Teufel zur Königin von Engelland erwählt worden zu sein. Gemeint war wahrscheinlich das Land der Engel – Teufel gelten ja als abgefallene Engel. Eine Besonderheit der Schlernhexen: das Töten und Essen von geraubten Kindern.

Die Hexe Anna Miolerin war die Einzige, die auch angab, mit dem Teufel persönlich Unzucht getrieben zu haben. Er sei feindselig und von kalter Natur gewesen.

Die Pacherzottl

Die Sarntaler Hexe Barbara Pächlerin wurde 1540 im Dorf Sarnthein verbrannt. Sie stammte von einem Pachthof in Wildlahn, einer herben und kargen Gegend. Sie habe die angebliche Geliebte ihres Mannes vergiftet. Zusätzlich wurde sie als Wetterhexe angezeigt. Sie gestand schließlich unter der Folter auf Schloss Reinegg Schadenszauber, Kindstötung, Hexenflug und die Buhlschaft mit dem Teufel. Immerhin fand man wirklich neben der „Teufelssalbe“ auch den Unterkieferknochen eines Kindes, ein Büschel Menschenhaar und dünne Holzstücke und Holzspäne für Schadenszauber.

Christoph Gostner

Der Prozess gegen den Pustertaler Volksmagier Christoph Gostner fand 1595 im Gerichtsbezirk Heinfels bei Lienz statt. Er habe aber nur Unwetter abgewehrt und kranken Menschen geholfen, beteuerte der Verurteilte anfangs. Besonders belastend war, dass man fünfundsechzig Bücher, Rezepte und Zaubergeräte bei dem Zauberer fand. Unter anderem tauchte ein Büchlein zur Beschwörung von Luftgeistern auf. Gostner wurde nicht gefoltert. Er wurde freigesprochen, die Zauberbücher wurden ihm zurückgegeben.

Hexenjagd im Nonstal

Zwischen 1614 und 1615 fanden im Nonstal Inquisitionsprozesse statt. 24 Frauen und ein Mann wurden der Hexerei angeklagt. 400 Personen waren in die Untersuchung verwickelt. 240 Zeugen wurden einvernommen. Ihre Vergehen waren aber alle im harmlosen Bereich des Volksglaubens angesiedelt. Nur in Einzelfällen war von Schadenszauber, Vieh- und Liebeszauber die Rede. Die Prozesse fanden unter dem Vorsitz des fürstbischöflichen Trienter Landrichters Dr. Gabriel Barbi statt. Die erste Verhaftete war die Witwe la Pillona von Kaltern. Sie beteuerte, nie eine Hexe gewesen zu sein, gestand jedoch unter der Folter alles, was Barbi von ihr hören wollte. Der Teufel käme in Gestalt eines Hundes oder einer Katze zu ihr ins Bett. Dort benehme er sich aber „wie ein richtiger Mann“. Die reuige Hexe wurde stranguliert und erst dann wurde ihr Leib verbrannt. Auch nach der Amtsenthebung von Barbi, weil der aus Eifersucht seine Frau ermordet hatte, ging der Hexenspuk im Nonstal weiter.

Der Zaubererjackl-Prozess

Der größte Hexenprozess des Alpenraumes fand zwar in Salzburg statt, aber es ergaben sich doch einige Berührungspunkte mit Tirol. Der Prozess begann 1675 in Feldbach mit der Verbrennung der Schinderbärbl, der mutmaßlichen Mutter des legendären Zauberers. Während ihres Prozesses bezichtigte sie ihren Sohn der Komplizenschaft. Infolgedessen erließ der Hofrat einen Haftbefehl gegen Jackl und die Suche nahm ihren Lauf. Jakob Koller lebt auch heute noch in vielen Volkssagen weiter. Er könne sich unsichtbar machen, in einen Wolf verwandeln und sogar fliegen, hieß es. Das Phantom Zaubererjackl wurde nie gefasst. Er dürfte zum „fahrenden Volk“ gehört haben. In seiner Bande befanden sich elternlose Buben (Straßenkinder), die sich durch Betteln und kleine Diebstähle durchs Leben brachten. Von den insgesamt 198 Personen, die im Laufe des Prozesses festgenommen wurden, wurden 138 hingerichtet – meist Buben. Selbst Kinder zwischen 5 und 10 Jahren wurden getötet. Noch unter dem Einfluss der Zaubererjackl-Hysterie stand auch die Einkerkerung der „Perloger Hexe“, der Landstreicherin Emerenzia Pichler, ihrer vier Kinder und ihrer Mutter auf Schloss Bruck bei Lienz. Man inhaftierte sie 10 Monate und nahm sie 60 Mal ins Verhör, auch mehrmals unter Folter. 1680 wurde sie erdrosselt und verbrannt. Ihre zwei ältesten Kinder wurden enthauptet. Ein Knabe und seine Großmutter waren unter der Folter gestorben und die sechsjährige Maria wurde in eine Zwangserziehungsanstalt eingewiesen, nachdem sie den Hinrichtungen beiwohnen hatte müssen.

Der Lauterfresser

Seinen Spottnamen verdankte Mathias Perger von Tschötsch bei Brixen einem Magenleiden oder schlechten Zähnen. Er konnte nämlich nur breiige Nahrung zu sich nehmen – Milchmus oder Suppe, also nur „Lauteres". Der Sagenforscher Zingerle meinte, er trüge „die Züge des Dr. Faustus und Paracelsus". Sein Prozess fand im Jahre 1645 statt und er wurde vom Gericht Rodenegg nach grausamer Folter zum Tode verurteilt. Der Lauterfresser war fahrender Händler und konnte, im Gegensatz zu den meisten Bauern, lesen und schreiben. Seine lauteren Mahlzeiten verdiente er sich dadurch, dass er den einfältigen Bauern die Zukunft weissagte und ihre Lebenszeit errechnete. Durch seine Heilmittel und Kräutertees soll er aber auch vielen Kranken geholfen haben. Er wurde schließlich wegen des Verdachts der Hexerei und des Wettermachens verhaftet. Seine Bücher (Planetenbücher, Segenssprüche, Bücher von Dr. Faust und lutherische Bibeln) machten ihn verdächtig. Der arme Landstreicher wurde schließlich gefragt, ob er Wetter gemacht habe und ob er mit bösen Geistern Gemeinschaft pflegte. Als er darauf nicht antwortete, wurde er mit Gewichten hochgezogen und gefoltert. Trotzdem gestand er noch nichts.
Erst nach weiterer Folter erzählte er schließlich, dass er in Landeck mit einer Frau zu tun hatte, die vielleicht ein Geist gewesen sein könnte, und nach weiteren Torturen, dass er sich dem Teufel mit seinem Blute verschrieben habe. In Form der schönen Frau Belial sei ihm der Widersacher erschienen: „Sie habe ihm versprochen ihn zu heiraten und reich zu machen ..." Er habe sich dem schönen Teufel „um der Geilheit willen ergeben". Mit diesen Aussagen war sein Todesurteil besiegelt.

Pfeifer Huisile

Mehr über diesen Schüler des Lauterfressers und Beherrscher des Wassers und des Wetters können Sie im Kapitel „Von Wind und Wetter" lesen.

In Tirol bekämpften der aus Innsbruck stammende Jesuitenprofessor Adam Tanner (1572–1632), der bei Rattenberg geborene Theatinerpater Ferdinand Sterzinger (1721–1786) und der Priester und Historiker Girolamo Tartarotti (1702-1761) den Hexenwahn.

Hexenbräuche in Tirol

In Tirol haben sich bis heute Bräuche im Zusammenhang mit Hexen erhalten. Bei fast allen Fasnachtsumzügen tanzen gruselige Hexen mit. In Baumkirchen gibt es seit einigen Jahren sogar einen eigenen Hexenumzug. In Jungholz wird am ersten Fastensonntag, dem Funkensonntag, eine große Strohpuppe mit einer Gesichtsmaske, die eine Hexe symbolisieren soll, auf einem großen Scheiterhaufen verbrannt.
Im Bauch der Hexe befindet sich oft Schießpulver. Auch in Pinswang und in Musau bei Reutte wird dieser Brauch ausgeübt.

◆ Katholische Glanzlichter

Heilige und Selige

Tirols Heilige haben so gar nichts Braves an sich. Es sind faszinierende Gestalten, die quer über den Zeitstrom ragen wie Fichten über den Bergbach. Hier einige Beispiele.

Der auf dem Bär reitet

Der hl. Romedius dürfte im 11. Jahrhundert gelebt haben. Wahrscheinlich stammte er aus einem bayrischen Adelsgeschlecht, das Besitzungen in Thaur hatte. Romedius stammte von den Hohenwarter Rapotonen ab, die ihrerseits wieder zum Geschlecht der Andechser gehörten. Die mündliche Tradition berichtet, dass Romedius im Thaurer Schloss geboren wurde. Nach dem Tod seiner Eltern unternahm er zusammen mit seinen Begleitern Abraham und David eine Wallfahrt nach Rom. An den Gräbern der Apostel Petrus und Paulus dürfte er ein Bekehrungserlebnis gehabt haben. Jedenfalls kehrte er nicht nach Thaur zurück, verschenkte seine Güter und zog sich in eine Einsiedelei in das Nonstal zurück.

Besonders eindrucksvoll ist die Legende mit dem Bären. Auf seinem

Ritt über die Berge wurde sein Pferd von einem Bären gerissen. Daraufhin beauftragte der heilige Mann seinen Gefährten, dem Übeltäter das Zaumzeug anzulegen. Der Bär wurde gesattelt und Romedius ritt weiter über die Berge. Romedius starb im Nonstal, wo er begraben liegt.

Seine Verehrung in Tirol wurde durch den Haller Stiftsarzt Hippolyt Guarinoni gefördert, der gemeinsam mit Pfarrer Meringer die St. Peterskirche unterhalb des Schlosses umbauen ließ.

Natürlich wissen wir, dass die Natur im Tirol des 11. Jahrhunderts bedrohlich wirkte und Christianisierung oft damit verbunden war, den Reißzahn der Wildnis zu ziehen. Doch aus unserer Sicht wirkt ein Franz von Assisi, der den Wolf von Gubbio als Bruder bezeichnete, sympathischer als ein Mann, der dem wilden Bären die Zügel anlegt. Wiederansiedlung von Bären in Tirol – die Aufgabe eines neuen Romedius?

Hl. Romedius (Thaur)

Gewerkschafterin der ersten Stunde

Von der beliebtesten Volksheiligen Tirols, der hl. Notburga, wissen wir nicht einmal, ob sie im 10. oder im 13. Jahrhundert gelebt hat, ob sie aus einer Hutmacherfamilie oder aus dem Adelsgeschlecht der Rottenburgs stammte. Neuesten Erkenntnissen zufolge lebte Notburga um 1265. Sie kam mit 18 Jahren auf die Burg der Herren von Rottenburg und erhielt eine verantwortungsvolle Stelle. Sie vergaß jedoch nie, sich um die Armen am Burgtor zu kümmern. Die Gattin des jungen Grafen verbot ihr diese karitativen Bemühungen, und so verließ Notburga das Schloss und verdingte sich als Magd bei einem Bauern in Eben am Achensee. In Erinnerung geblieben ist die Geschichte mit der Sichel. Man war beim Weizenschneiden; als die abendliche Betglocke läutete, verlangte der Bauer von seinen Leuten weiter zu arbeiten. Notburga nahm ihre Sichel, warf sie in die Luft, wo sie an einem schrägen Sonnenstrahl der Abendsonne hängen blieb.

Auf Bitten des verwitweten Grafen kehrte sie auf Schloss Rottenburg zurück. Dort starb sie 1313. Sie wurde in Eben beigesetzt, wo ihr Fest noch heute am 13. September begangen wird.

In fast jeder Kirche des Landes ist eine Figur der Heiligen zu sehen. Früher: Trost für die kleinen Leute, dass Gott ihre Anliegen ernst nimmt, Mahnung für die Bauern, ebendiese ernst zu nehmen. Heute: Mahnung für Politiker, die Feiertage abschaffen und Ladenöffnungszeiten in Richtung „24 hours open a day" liberalisieren wollen.

Hl. Notburga (Thaur)

Der sanfte Chinese

Auf vergilbten Bildern lächelt Josef Freinademetz sanft wie ein chinesischer Weiser. Er trägt seidige Tracht und ein Spitzbärtchen und wirkt so gar nicht kantig tirolerisch, obwohl er mitten in den Südtiroler Dolomiten aufwuchs. Er wurde 1852 in dem kleinen Weiler Oies im Gadertal geboren. Schon während seiner Gymnasialzeit und später auch während der Studienzeit im Priesterseminar der Diözese Brixen träumte er von einem Leben als Missionar: Aus heutiger Sicht ist dieses Bestreben schwer zu verstehen, herrscht doch die Meinung, es wäre besser gewesen, jedem seinen Glauben zu lassen. Freinademetz setzte sich mit Arnold Jansen, dem Gründer des ersten deutschen Missionshauses in Steyl, in Verbindung. 1878 reiste er nach China. Sein Einsatzgebiet: Süd-Shantung, eine chinesische Provinz mit 158 Christen unter 12 Millionen Einwohnern. Sein Wirken war geprägt von dem Bemühen, ein Chinese unter Chinesen zu sein. „Ich liebe China und die Chinesen; hier möchte ich sterben und begraben werden", schrieb er an seine Verwandten. Selbst während des Boxeraufstandes, als alle Missionare in der Hafenstadt Tsingtao Schutz suchten, harrte Freinademetz aus und blieb in seiner Missionsstation. Während einer Typhusepidemie, bei der er unermüdlich half, steckte er sich an und starb 1908. 1975 wurde der sanfte Missionar selig und 2003 heilig gesprochen.

Widerstand bis zum Tod

Otto Neururer, Sohn einer Bergbauernfamilie vom Piller, wurde 1932 Pfarrer von Götzens. Der unscheinbare Mann mit dem Aussehen eines schüchternen Dorfschullehrers zeigte seine wahre Größe in einer Zeit, als sich viele Großmäuler ängstlich verkrochen. Dass er eine „deutsche Ehe" verhinderte, kostete ihn das Leben. Otto Neururer riet der 23-jährigen Bauerntochter Elisabeth Eigentler ab, eine Ehe mit dem geschiedenen Georg Weirather einzugehen. Weirather war NSDAP- und SA-Mitglied. Seine Rache war tödlich: Pfarrer Neururer kam nach Dachau, später in das KZ Buchenwald. Dort wurde er an Ketten mit dem Kopf nach unten aufgehängt, bis er starb. 1999 wurde er zusammen mit Jakob Gapp selig gesprochen.

Jakob Gapp wurde 1897 in Wattens als 17. Kind einer Arbeiterfamilie geboren. Als junger Priester hielt er in der Laurentiuskirche in Wattens eine feurige Predigt gegen den Nationalsozialismus.

Er wurde wegen Hochverrates zum Tode verurteilt und 1943 in Plötzensee enthauptet.

Die Tiroler Barockfrömmigkeit

Die „katholische Antwort" auf die verschiedenen reformatorischen Bewegungen wurde im Augsburger Religionsfrieden 1555 festgelegt: „Cuius regio, eius religio" (Wessen das Land, dessen die Religion). Aus einer verordneten Rückkehr zum Katholizismus wurde durch intensive Missionierung eine freiwillige. Nur im Defereggental und im Zillertal hielten sich einige standhafte Gruppen von „Kryptoprotestanten". Die in das Land gerufenen Orden wie die Jesuiten, Kapuziner, Servitinnen und Serviten trugen zu einer Stabilisierung bei. Bräuche wurden neu belebt. Besonders beliebt – die Fronleichnamsprozession. Weil die Protestanten die Verehrung der Eucharistie ablehnten, wurde sie umso mehr betont, wurde die Hostie in einer sonnenähnlichen Monstranz mitgeführt. Der beliebteste Gottesdienst war das Amt vor dem ausgesetzten Allerheiligsten. Die Predigten von der Kanzel wurden feuriger und bilderreicher. Einer der mitreißendsten Prediger im Stile eines Abraham a Sancta Clara war Heribert von Salurn. In Tirol entfalteten sich die Kirchen in barocker Pracht. Sie erhielten allen Bilderstürmern zum Trotz das üppige Goldengel-Gepränge, dem wir heute noch auf Schritt und Tritt begegnen. Vieles, was uns heute noch lieb und teuer ist und die Tiroler Volksfrömmigkeit prägt, entstand aus dieser Trotzhaltung heraus. Ein barockes „Jetzt erst recht" als Antwort auf protestantischen Fundamentalismus: Weihnachts- und Fastenkrippen sowie Ostergräber wurden aufgestellt, Passionsspiele und religiöse Volksschauspiele aufgeführt, Marienwallfahrten entstanden.

Mariahilf

Kuriosum der Geschichte: Der protestantische Maler Lucas Cranach d.Ä. malte ein Portrait Marias, das sie als einfache „Magd des Herrn" zeigen sollte, nicht göttlich erhöht, sondern ganz Mensch. Bewusst verzichtete der Zeitgenosse Dürers auf einen Heiligenschein. Genau diese Darstellung wurde zur beliebtesten und am weitesten verbreiteten des katholischen Alpengebietes. Von Trient bis Bayern findet man auf Bauern- und Bürgerhäusern Kopien des Gemäldes. 1611 erhielt es der Passauer Fürstbischof Leopold von Österreich als Geschenk. Dieser verehrte das Bild sehr. Als er 1619 Landesherr von Tirol wurde, kam das Bild nach Innsbruck. 1647 drohten die Schweden in Tirol einzufallen. Die Landstände gelobten den Bau der Mariahilfkirche. Doch das Cranachbild kam nicht, wie ursprünglich geplant, in die neue Kirche. Erzherzog Ferdinand Karl schenkte das Gemälde 1650 der Pfarrkirche von St. Jakob. Sie wurde zur meistbesuchten Wallfahrtsstätte des Landes. In die Mariahilfkirche kam eine Berührungskopie des Marienbildes.

Heiliges Land Tirol

Den Beinamen „Heiliges Land" verdankt Tirol wohl seinem tiefverwurzelten Katholizismus. Der Widerstand der Bevölkerung gegen protestantische Strömungen sowie gegen die Ideen der Aufklärung bewirkte, dass sich der katholische Glaube in all seiner

Das Bildnis Mariahilf von Lucas Cranach d.Ä. hängt im Dom zu St. Jakob in Innsbruck

verspielten Üppigkeit voll entfalten konnte. Ein Zeitzeugnis aus dem Jahr 1724 schildert Tirol folgend: „Besonders ist die Hauptstraße, auf der man vom Deutschen ins Welsche geht, mit Kirchen, Kapellen, gemauerten Bildstöcken, Kruzifixen, Kreuzen und Bildsäulen so häufig geschmückt, dass ein Fremder – wie wenn er in einer Kirche reisen würde – gewaltig zur Andacht bewogen wird."

Das religiöse Leben wurde besonders durch die „ständige Tirolische Jesuitenmission" von 1719 bis 1784 intensiviert. Die Volksmission zog von Ort zu Ort in einem „geistigen Eroberungszug". Der Hauptinitiator war Fürstbischof Kaspar von Ignaz von Künigl. Er beauftragte unter anderem den italienischen Volksmissionar Paul Segneri Fontana. Mit Hilfe eines Dolmetschers bekehrten die italienischen Mönche die Tiroler. Die Patres schlugen sich mit eisernen Ketten und organisierten Prozessionen, bei denen die barfüßigen Büßer Dornenkronen trugen. Mit besonderem Nachdruck wurde die Verehrung des Heiligsten Herzens Jesu gefördert. Die Missionare bewirkten in manchen Dörfern eine tief greifende Umkehr. Bei den Predigten soll das Volk in Schluchzen und Tränen ausgebrochen sein. Verfeindete Familien versöhnten sich. Raufereien, Wirtshausbesuche, Tanz wurden eingestellt. Kartenspiele wurden öffentlich verbrannt. Stattdessen hörte man täglich aus allen Häusern das laute Gebet des Rosenkranzes oder der Litanei der Gottesmutter.

Nach einer Predigt in Innsbruck musste von halb vier Uhr Früh bis drei Uhr Nachmittag die Kommunion ausgeteilt werden.

Angesichts solcher Erfolge entschloss sich Künigl, eine ständige Mission zu errichten. Der aus Brixen stammende Jesuit P. Christoph Müller leitete die Mission über 40 Jahre lang mit großem Engagement. Erst 1783 wurde die Volksmission unter Joseph II. verboten.

Das Herz-Jesu-Gelöbnis

In den ersten Zeiten der Kirche wurde zunächst die Seitenwunde Christi als „Fons vitae", als „Quelle des Lebens" bezeichnet. Später wurde immer mehr das brennende Herz zum Symbol der göttlichen Liebe. Unsere leider etwas süßliche und als kitschig empfundene Herz-Jesu-Symbolsprache geht zu einem großen Teil auf die Visionen einer Mystikerin, der hl. Margareta Maria Alacoque (1647–1690), zurück. 1674 berichtete sie: „Das Göttliche Herz wurde mir auf einem flammenden Thron gezeigt, strahlender als die Sonne und durchscheinend wie ein Kristall. Seine verehrungswürdige Wunde war deutlich zu erkennen. Es war mit einer Dornenkrone umwunden. Darüber befand sich ein Kreuz …"

Herz-Jesu-Bild in der Jesuitenkirche in Innsbruck

Die Heilige erhielt den Auftrag, ein Herz-Jesu-Fest einzuführen, und versprach allen Familien, die das Bild des Herzens Jesu in ihren Häusern aufstellen und verehren würden, einen besonderen Schutz. In vielen Tiroler Stuben wurde neben dem Herz-Jesu-Bildnis ein Herz-Mariä-Bild aufgehängt.

Der Prototyp der barocken Darstellungen, die Jesus mit seinem flammenden Herzen auf der Brust zeigen, ist das Bild von Pompeo Girolamo Batoni (1708–1787), das in der römischen Kirche Al Gesù hängt. Eine Kopie davon hängt in der Jesuitenkirche in Innsbruck.

Die Herz-Jesu-Verehrung erhielt durch die Volksmissionen im 18. Jahrhundert starken Rückenwind. Der Fürstbischof von Brixen, Graf Karl Franz von Londron, erhielt von Papst Pius VI. die Erlaubnis, das Fest des Heiligsten Herzens Jesu alljährlich am Freitag nach der Fronleichnamsoktav feiern zu dürfen.

Die Anregung zum berühmten Herz-Jesu-Gelöbnis kam vom Weltpriester Johann Anton Paufler von Wildermieming. Als sich 1796 französische Truppen von Süden her näherten, griff Sebastian Stöckl, Abt von Stams, diese Idee auf und beschwor die versammelten Landstände, das Land dem Heiligsten Herzen Jesu anzuempfehlen. Gesagt, getan – es wirkte. Die Franzosen wurden nach der Schlacht bei Spinges aus dem Land geworfen und die Tiroler hielten ihr Versprechen. Seither wird an jedem Sonntag nach der Fronleichnamsoktav das Herz-Jesu-Fest gefeiert, das Gelöbnis erneuert, werden auf den Bergen die Herz-Jesu-Feuer entzündet.

Die neue Zeit

In den letzten beiden Jahrhunderten wurde die Kirche in Tirol immer wieder

Herz-Jesu-Fest: Am Sonntag nach der Fronleichnamsoktav werden Bergfeuer entzündet

an den Abgrund getrieben und schaffte es jedes Mal, einem Sturz ins Bodenlose auszuweichen.

Nach den Aufklärungsgesetzen Josephs II. und der Säkularisierung der geistlichen Fürstentümer machte ihr der Austromarxismus der Zwischenkriegszeit zu schaffen – die Arbeiter liefen in Scharen davon. Die Diktatur des Nationalsozialismus unter Gauleiter Hofer versuchte die Kirche aus dem öffentlichen Leben auszugrenzen. Viele Geistliche leisteten heldenhaften Widerstand, der oft mit Gefängnis und sogar dem Leben bezahlt werden musste. So wurde neben Otto Neururer, Jakob Gapp und vielen anderen auch der Stellvertreter von Bischof Paulus Rusch, Carl Lampert, hingerichtet.

Die letzten 25 Jahre kosteten die Kirche mehr Substanz als viele Jahrhunderte zuvor. Die Gottesdienstbesucher nahmen kontinuierlich ab. 1960 besuchten noch 45% regelmäßig den Sonntagsgottesdienst, so waren es 2003 nur mehr 23% – Tendenz fallend. Auch die Zahl der Priester und Ordensleute nimmt ab. 50% der Priester sind älter als 70 Jahre. Pfarren verwaisen oder müssen mitbetreut werden. Eine dritte Missionierungswelle scheint notwendig. Der Priestermangel im eigenen Land zwingt die Verantwortlichen, Geistliche aus Polen oder der Dritten Welt zu holen. Obwohl immer mehr Menschen am religiösen Rahmenprogramm Gefallen finden – Bergmessen, Wallfahrtsprozessionen und Krippenvereine boomen, Passionsspiele und Pilgerwege erleben eine Renaissance –, werden die Kirchen immer leerer.

Aber die Suche nach Antworten auf die großen Fragen des Lebens geht auch in Tirol weiter. Wer sie in Zukunft geben wird, ist noch nicht abzusehen.

„Blutheiland“ in der Wallfahrtskirche Kaltenbrunn

◆ Wallfahrten in Tirol

Unruhig ist mein Herz

Es ist noch dunkel und frostig. Die Gruppe der Betenden wandert den frühmorgendlichen Forstweg hinan. Das rhythmische Rosenkranzgemurmel gibt den Takt der Schritte an. Wie bei einem Kranz flechten sich die Sätze des Vorbeters in die monotonen Antworten der Gruppe: „... und in der Stunde unseres Todes.“ Ein seltsamer Frieden geht von diesen Wallfahrern aus. Betende im nächtlichen Wald sind authentisch. Hier wird keine Show abgezogen, für niemanden, hier wird keiner gezwungen mitzumachen, jedenfalls nicht in unseren Tagen. Wer hier beten will, der tut dies freiwillig und aus einem tiefen Bedürfnis heraus.

„Unruhig ist unser Herz, bis es ruht in dir“, meinte der Kirchenlehrer Augustinus.

Nicht nur spirituelle Menschen spüren diese Sehnsucht, diese innere Unruhe, dieses Gefühl aufbrechen zu müssen. Das Ziel? Ein Gnadenort, eine Kapelle, eine Kirche, das Grab eines Heiligen oder ein Berggipfel, eine Quelle, ein Baum? – Plätze, an denen der Schleier zu einer anderen Welt hauchdünn ist, ein Schleier, durch den Gebete dringen und durch den Kraft zurückströmt.

Unsere Wallfahrer sind inzwischen an der Kapelle angekommen. Schon von weitem hört man das Plätschern der Quelle auf dem Vorplatz. Es ist noch düster im Inneren des Kapellenraumes und nur die Kerzen spenden matten Schein. Das Gnadenbild, das irgendein Hirte in grauer Vorzeit an einem Baum vorgefunden hat, ist zwischen vergoldeten Schnitzereien und den spiegelnden Glasscheiben kaum zu sehen. Doch plötzlich wird es hell. Die Sonne ist aufgegangen und warme Strahlen bringen das heilige Bild zum Leuchten und Funkeln: Die Wallfahrer werden zum Endglied einer langen Kette von Betenden, die durch die Jahrhunderte reicht.

Wallfahrt kommt vom mittelalterlichen Wort „wallen" und es bedeutet „in eine bestimmte Richtung ziehen", beziehungsweise vom altenglischen *weallian*, was so viel wie wandern oder herumziehen meint.

Das Wort „pilgern" hat seine Wurzeln im Lateinischen „peregrinatio". Das wiederum kommt von „per ager" was so viel wie Über-den-Acker-Wandern meint.

Während beim Wallfahren eher das Ziel denn der Weg im Zentrum steht – wallfahren kann man auch mit einem Bus – und eine kurzzeitige Ortsveränderung gemeint ist, so ist das Pilgern eine Geisteshaltung – ein Auf-dem-Weg-zu-Gott-Sein. Wird ja das Leben oft als einziger Pilgerweg verstanden. Im Mittelalter bildeten die Peregrini und die Armen eine eigene Schicht – beiden bot das Hospitium Herberge. Viele Menschen waren tage-, wochen-, monate- oder jahrelang unterwegs, wie man das etwa in den „Aufrichtigen Erzählungen eines russischen Pilgers" nachlesen kann. Das Gehen wird bei diesem Pilger zu einer meditativen Übung, sein Herzschlag betet das Jesusgebet: Herr, Jesus Christus, erbarme dich meiner. Viele erhofften sich durch das Pilgern die Vergebung ihrer Sünden, lösten ein Gelübde ein oder hofften auf Gebetserhörung bei einem wichtigen Anliegen. Trotz aller Strapazen und Gefahren – Pilgern kann zur Sucht werden, denn es stärkt Körper und Geist. Schon im Mittelalter galt es als Mittel gegen die Melancholie und den Trübsinn.

Alle Religionen pflegen ihre Pilgerreisen. Millionen strömen nach Mekka, bis zu zehn Millionen Pilger treffen sich zum „Kumbha Mela"-Fest bei Allahabad in Indien und in Tibet fluten die Pilgerströme wieder rund um den Kailash. Die großen Ziele der katholischen Christenheit: das Heilige Land, Rom, Lourdes, Fatima, Guadalupe und Santiago de Compostela. Wenigstens Letzteres erfährt eine Renaissance ungeahnten Ausmaßes. In Santiago im Nordwesten Spaniens liegen der Legende nach die Gebeine des Heiligen Apostels Jakobus d.Ä. begraben und seit Ende des 11. Jahrhunderts übt der Jakobsweg auf die Menschen in Europa immer wieder eine große Faszination aus. Doch wer glaubt, den Jakobsweg gäbe es nur in Spanien, wird in Tirol eine Überraschung erleben.

Der Tiroler Jakobsweg

Es sind vor allem drei Jakobswege, die durch Tirol nach Westen ziehen. Als „Jakobswege" gelten diese Wanderrouten, die schon in früheren Epochen als Durchzugsstrecken nach dem über 2.000 km entfernten Santiago de Compostela gewählt wurden.

Von Norden: Der Jakobsweg aus dem süddeutschen Raum zieht von Rosenheim nach Kufstein und dort weiter im Inntal nach Westen, durch Innsbruck und bis auf den Arlberg, wo er auf Vorarlberger Gebiet weiter nach Bludenz, Feldkirch und Liechtenstein ins Berner Oberland führt.

Von Osten: Durch das Kärntner Drautal führt der Jakobsweg nach Lienz und weiter im Pustertal nach Innichen, Bruneck und schließlich nördlich von Brixen ins Eisacktal. Dort mündet er in den Jakobsweg, der von Süden heraufzieht.

Von Süden: Der Jakobsweg aus Italien führt von der Salurner Klause nach Bozen und weiter nach Norden über Brixen und Sterzing ins Wipptal. Vom Brenner führt der Weg nach Norden hinunter ins Inntal, auf das er bei Innsbruck trifft.

In der ungefähr tausendjährigen Geschichte der Pilgerfahrten nach Santiago de Compostela haben die Pilger auch in Tirol viele Spuren hinterlassen: Jakobskirchen, Herbergen, Kunstwerke oder schriftliche Dokumente künden von der langen Geschichte der Pilgerroute. Der Innsbrucker Dom zu St. Jakob war ja ein bedeutendes Pilgerzentrum im europäischen Jakobswegnetz.

Die Jakobswege durch Nord-, Ost- und Südtirol wurden in einem grenzüberschreitenden Interreg-Projekt behutsam wiederbelebt, das durch die Europäische Union und das Bundesministerium für Wirtschaft und Arbeit gefördert wird. Die Wege wurden beschildert und über 100 Übernachtungsmöglichkeiten geschaffen: Privatzimmer, Bauernhöfe und Pensionen stellen Unterkünfte für die Pilger zur Verfügung, erkennbar durch ein Herbergsschild. Dort findet der Pilger, der mit dem Pilgerausweis der Jakobusgemeinschaft unterwegs ist, für 15 Euro ein einfaches Zimmer mit einem einfachen Frühstück.

Spirituell besonders dicht ist sicher der Abschnitt von Rattenberg nach Schwaz, bei dem man Maria Brettfall, die Notburgakapelle und St. Georgenberg besucht. Ein weiterer Höhepunkt ist der Besuch des Doms zu St. Jakob in Innsbruck. Auf den Weg zum Endpunkt des Tiroler Jakobsweges in St. Christoph überschreitet man den höchsten Pass des gesamten Jakobsweges zwischen Wien und Santiago de Compostela, den Arlbergpass mit 1.800 m, und stößt dabei auf das 600 Jahre alte Hospiz. Alle 90 Jakobsweg-Gemeinden haben seit 2006 neue Ortstafeln, die auf die kirchlichen, kulturellen und Natur-Reichtümer des Ortes hinweisen. Etappenziel des österreichischen Weges ist der Wallfahrtsort Maria Einsiedeln in der Schweiz mit seiner Schwarzen Madonna, seit jeher Sammelpunkt der Jakobspilger und Beginn der „Oberen Straß", einem wichtigen Zubringer zu den südlichen französischen Jakobswegen.

Pilgerbericht aus dem Jahre 2006 von Margarete Kukla

Am dritten Tag meiner Reise erreichte ich Tirol. Ich machte mich auf den Weg nach

Pilgerin Margerete Kukla mit ihrem Pilgerausweis

Santiago de Compostela an das Grab des Hl. Jakobus in Nordwestspanien und weiter bis an's Kap Finistere. Zu diesem Zeitpunkt war es für mich noch keine Pilgerreise und ich konnte mir nicht vorstellen, dass ich diesen „Weg" von mehr als 2.500 Kilometern zu Fuß und alleine schaffen konnte. Aber Tirol bot mir einen Einstieg, den Beginn unvergesslicher Erfahrungen und Erlebnisse.
Die Schönheit der Natur, die Hilfsbereitschaft der Menschen, die Kirchen, Kapellen und Klöster dieses Landes gaben mir Kraft, Schutz und Geborgenheit.
Meine Zweifel den richtigen Weg zu finden waren bald vergessen. Die Zeichen und Markierungen konnte ich nicht übersehen. Brauchte ich einmal Hilfe oder eine Information, ortskundige, aufgeschlossene Bewohner waren immer zur Stelle. Obwohl ich oft stundenlang die Ruhe und Einsamkeit genoss.
Ich bin für alles dankbar, was ich hier erleben, erfahren und lernen durfte. Diese Dankbarkeit konnte ich auch in den Pilgerbüchern vieler Kirchen aufschreiben und festhalten.
Für mich war es sehr wichtig schon am Beginn dieser Wanderschaft so viele positive Erlebnisse zu machen, um bis ans Ziel zu kommen.

Wallfahrtsorte in Tirol

In allen Wallfahrtskirchen unseres Landes ist es nicht nur der Ort, der eine besondere Anziehungskraft ausübt, sondern immer auch ein Kultobjekt, welches die Energie des Platzes gleichsam bündelt und fokussiert: Marienbilder, Madonnen oder Pietàs, Heiligenreliquien, Kreuze oder Christusstatuen.

Die am meisten verehrte **Christusstatue** ist „Unser Herr im Elend" in der Matreier Pfarrkirche: Über dem Tabernakel steht eine bekleidete Christusstatue, die ursprünglich wahrscheinlich in einem Ostergrab gelegen ist.

Votivtafeln in der Wallfahrtskirche Kaltenbrunn

Heiligen-Blut-Reliquien gibt es im Zisterzienserstift Stams, wo jedoch die Verehrung des heiligen Blutes zugunsten des Bildes „Maria vom Guten Rat" zurückgetreten ist, und in St. Georgenberg: Die Wallfahrtskirche zählt zu den bedeutendsten Tirols. Das Blutwunder soll sich im Jahre 1310 während einer hl. Messe zugetragen haben. Der Priester zweifelte an der Transsubstantiation, worauf sich der Wein in echtes Blut verwandelt haben soll. Ein ähnliches Wunder ereignete sich 1236 in Bolsena. Das Glasröhrchen mit dem Blut wird in einer Monstranz am Hochaltar der Klosterkirche in St. Georgenberg aufbewahrt.

Mariahilf-Bilder: Die wohl beliebteste und „ureigenste" Maria der Alpen und nach der Darstellung der Jungfrau von Guadalupe in Mexiko das wohl weltweit am weitesten verbreitete Marienbild malte Lucas Cranach d.Ä. 1517 in Anlehnung an ein byzantinisches Vorbild. Das Originalbild hängt im Innsbrucker Dom zu St. Jakob. Es entstanden jedoch unzählige Kopien an Hauswänden und als Ölgemälde für Stuben, Hauskapellen und auch Kirchen. Mehr zum Thema „Mariahilf" können Sie im Kapitel „Katholische Glanzlichter" lesen. In ganz Tirol gibt es kaum eine Kirche, in der nicht eine Kopie hängt. Einige von diesen „Mariahilf-Bildern" wurden beim Volk bald hoch verehrt.

Die Dom- und Propsteikirche St. Jakob in Innsbruck: Hier hängt am Hochaltar das Originalbild von Lucas Cranach. Besonders in den Zeiten des Dreißigjährigen Krieges wurde es zur Verehrung ausgesetzt. Sei 1650 befindet sich das Gnadenbild im Dom. Bei der Übertragung des Bildes von der Hofburg in die damalige Pfarrkirche waren 80 Pilgergruppen aus ganz Tirol anwesend.

Kopien werden unter anderem in folgenden Kirchen verehrt: Mariahilf auf der Kronburg bei Zams, Wallfahrtskapelle zu Mariahilf bei Strengen, Wallfahrtskirche Mariahilf in Hollbruck in Osttirol, Mariahilfkapelle in Birkenberg bei Telfs, Wallfahrt zur Kalten Herberge in Schmirn, Wallfahrtskirche Mariahilf im Sulztal, Kleinholz bei Kufstein.

Maria Schnee

So sehr der poetische Name an die langen schneereichen Winter in Tirol erinnert, stammt er doch aus dem sonnigen Süden. Der 5. August erinnert an die Weihe der römischen Patriarchalbasilika Santa Maria Maggiore anno 432. Die Legende erzählt vom Schneewunder: Im Jahre 352 erschien Papst Liberius die Muttergottes und wies ihn an, dort eine Kirche zu errichten, wo sie den Platz mit Schnee bedecken werde. Am 5. August fiel zwar kein Schnee, aber so viele Blütenblätter auf die Erde, dass der Papst die Prophezeiung als erfüllt sah und den Grundstein zur ersten Marienkirche Roms legte.

Maria Schnee-Kirchen in Tirol: Wallfahrtskirche „Maria Schnee" in Umhausen.

Die Kaplanei- und Wallfahrtskirche Maria Schnee in Bschlabs im Außerfern, Maria Schnee in Piller, Gungelgrün bei Imst, Maria Schnee in Kalkstein, Maria Schnee in Obermauern (beide in Osttirol).

Maria vom Guten Rat

Dieser Bildtypus, dessen Original in San Genazzo bei Rom hängt, wurde vor allem durch den Augustinerorden in Tirol verbreitet und wird in Hinterhornbach und im barocken Zisterzienserstift Stams verehrt.

Serfaus: Die thronende Madonna „Unsere Liebe Frau im Walde" zählt zu den ältesten Gnadenbildern Tirols

Das einzigartige Gnadenbild von Absam

Das geheimnisvollste Marienbild Tirols wird in Absam verehrt: das Haupt einer weinenden Muttergottes auf Glas. (Mehr darüber im Kapitel „Mysteriöse Bilder")

Schwarze Madonnen

In zahlreichen Wallfahrtskirchen gibt es eine Schwarze Madonna aus Granit, aus Marmor oder Ebenholz. Der Farbe Schwarz spricht man nach einem alten Wissen die Eigenschaft zu, Negatives aufzusaugen und zu transformieren.

Schwarze Madonnen sind nicht rußgeschwärzt oder vom Alter dunkel geworden. Sie waren von Anfang an schwarz, biblisch begründet mit dem Hohelied 1,5: „Ich bin schwarz, aber schön." Diese Madonnen werden hoch verehrt und um Hilfe gebeten, wie in Bayern beispielsweise in Altötting, in Medjugorje in der Nähe von Mostar, heute Bosnien-Herzegowina, oder die Schwarze Madonna in Loreto in Italien.

Dem polnischen Volk gilt die Schwarze Madonna von Tschenstochau auf dem Berg Jasna Góra als Nationalheiligtum und in der Schweiz wird im Kloster Einsiedeln eine Schwarze Madonna verehrt.

Eine Schwarze Madonna nach dem Typus von Altötting ist im Antoniuskirchlein von Quadratsch bei Pians nahe Landeck zu sehen.

Bilder nach dem Typus der Gnadenmutter von Loreto

Loreto südöstlich von Ancona ist nach dem Petersdom der zweitwichtigste Wallfahrtsort Italiens. Die Basilika beinhaltet das Heilige Haus (Casa santa), in dem Jesus mit seiner Mutter Maria in

Nazareth gelebt haben soll, und eine Schwarze Madonna. Es wurde vermutlich von einer Kaufmannsfamilie Angeli (zu Deutsch: Engel) aus Epirus im Jahre 1291/1294 nach Loreto transportiert. So könnte die Sage entstanden sein, dass es von Engeln nach Loreto gebracht worden sei.

Einige Loreto-Kirchen in Tirol: „Maria Loreto" in Ried im Oberinntal, Maria Klobenstein bei Kössen und die Loreto-Kirche an der Haller Bundesstraße.

Stehende oder sitzende Marienstatuen

Diese Statuen, die oft ein Jesukind in den Armen halten, sind meist älteren Entstehungsdatums und stammen aus der Gotik oder gar der Romanik. In der Barockzeit erhielten die schlichten Figuren oft ein prunkvolles Gewand.

Marienstatuen dieses Typus sind unter anderem in folgenden Kirchen zu finden: Kaltenbrunn im Kaunertal, Wallfahrtskirche zu „Unserer Lieben Frau im Walde" in Serfaus, „Maria unter den vier Säulen" in der Basilika in Wilten, in der Brettfallkapelle im Zillertal, in Mariastein, in der Wallfahrtskirche St. Nikolaus in Dormitz, in Maria am Bichele im Pitztal, in Maria Waldrast oberhalb von Matrei am Brenner, in der Pfarrkirche Mariä Himmelfahrt in St. Johann, in der Wallfahrtskirche Hartberg und in der St. Oswaldkirche bei Kartitsch.

Schmerzensmuttergottes

Meist durchbohren sieben Schwerter, entsprechend der Siebenzahl der Schmerzen, das Herz Marias. Darstellungen der „mater dolorosa" findet man zum Beispiel in Volders, in St. Moritzen bei Telfs, in Mentlberg bei Innsbruck oder in St. Quirin im Sellraintal.

Pietà

Eine Darstellung der Schmerzensmutter, die sitzend den Leichnam Christi auf dem Schoß hält, wird unter anderem in St. Georgenberg im Stallental, in der Pfarrkirche St. Andrä in Lienz, in Mariathal in Kramsach oder am Locherboden verehrt.

Heiligenverehrung

Im Mittelalter wurde der Reliquienverehrung eine große Bedeutung beigemessen. In der Kirche von St. Georgen ober Tösens wurde ein Reliquienschrein bewahrt, in dem sich *„anderthalb Schienbein vom hl. Georg und Haar von unserer lieben Frau"* befanden. Heute wird dieser Schrein im Tiroler Landesmuseum Ferdinandeum aufbewahrt. In Tirol waren es jedoch die Viehheiligen, wie der hl. Leonhard (Pferdepatron), der hl. Sylvester oder der hl. Valentin, die man besonders brauchte und daher hegte und pflegte. In Kundl findet seit 1963 wieder der Leonhardiritt statt, bei dem etwa 100 Reiter in den Trachten ihrer Herkunftsorte oder im Sportdress der einzelnen Vereine in Richtung Leonhardskirche reiten.

Nach den Viehpatronen steht der hl. Antonius von Padua ganz oben auf der Beliebtheitsskala. In Rietz, Pians, Anras und am Harlaßanger in Kirchberg wird der Heilige der verlorenen Dinge verehrt. Des Heiligen gegen Halsschmerzen, des hl. Blasius, wird am Blasiusberg in Völs gedacht.

Die Verehrung unserer einheimischen Heiligen ist lebendig. Die Grabeskirche der hl. Notburga in Eben am Achensee entwickelte sich rasch zu einer gut besuchten Wallfahrtstätte. Ihre Reliquien mit einer Sichel in der Hand sind auf dem Hochaltar zu sehen. Der 1996 selig gesprochene Pfarrer Otto Neururer, Märtyrer des Naziregimes, wurde in seiner Pfarrkirche in Götzens bestattet. Auch die Kaplaneikirche Maria Schnee in Piller und sein Geburtshaus am Piller werden gerne besucht.

War Maria eine Göttin?

Das Christentum kennt einen Vatergott und auch seine menschliche Gestalt Jesus ist männlich. Bei der Christianisierung nicht nur Europas passierte es immer wieder, dass die bekehrten Völker zu den alten Göttinnen wie Isis, Noreia, Lilith, Kybele oder Diana zurückkehrten. Nicht nur die feministisch geprägte Theologie geht davon aus, dass die Verehrung Marias ein Vakuum ausfüllte. Erst die Marienverehrung ermöglichte einen Durchbruch des Christentums. Auch in überseeischen Missionen verhalfen Marienerscheinungen zu einer Etablierung des Christentums, wie bei den Azteken Mexikos, die nach der Erscheinung der Jungfrau von Guadalupe scharenweise zum Christentum übertraten. Dies ist ein Grund, warum protestantische und evangelikale Christen noch heute den Kult um Maria ablehnen. Vermuten sie doch, dass Maria als Ersatz für eine Muttergottheit diente.

Auch der Volkskundler Hans Haid sieht in der Marienverehrung eine Ablöse von Fruchtbarkeitskulten. Er erwähnt vor allem die Göttin Rehtia oder Rätia, die von der rätischen Bevölkerung verehrt wurde. Laut dem österreichischen Ur- und Frühgeschichtsforscher Richard Pittoni soll das Zentrum ihrer Verehrung in der alten venetischen Hauptstadt Este gelegen haben. Die Göttin galt als Spenderin der Gesundheit und Fruchtbarkeit für Mensch, Tier und Pflanze, gleichzeitig war sie Herrin der Toten und der verborgenen Zauberkräfte der Unterwelt. Daneben zählt Hans Haid etliche Muttergottheiten auf, deren Namen noch in alten Orts- oder Bergbezeichnungen, in Sagen oder Liedern auftauchen.

Die Orte Matrei am Brenner und Matrei in Osttirol sollen auf die Matrone Matreia zurückgehen. Auch Veldidena und Silvretta dürften Muttergottheiten gewesen sein. Hans Haid erwähnt auch die legendäre Sontga Margriata, die in alten Liedern auftaucht, wie eine Salige auf einer Alm wohnt und über Felsen rutscht, um fruchtbar zu werden.

Die Marienverehrung der Bevölkerung hat schon lange nichts mehr mit Fruchtbarkeitsgöttinnen und Erdmüttern zu tun, sondern entspringt sicher auch der Sehnsucht nach der weiblichen Seite Gottes, die erst jetzt wieder von aufgeschlossenen Theologen entdeckt wird. Gott war ja nie männlich, sondern immer auch Mutter zugleich.

Quelle, Baum und Stein – Gründungslegenden von Marienwallfahrten

Die alten Legenden bilden ein unentwirrbares Geflecht aus Natur- und marianischer Mystik. Meist wird eine Statue oder ein Bild an einem Baum entdeckt. Die Finder sind einfache Hirten, Bäuerinnen oder Jäger. Niemand hat eine Ahnung, wie es dort hingekommen sein könnte. Schon bald aber wissen die Menschen, dass diese geheimnisvollen Abbildungen Trost spenden und meist auch wundertätig sind. Neben dem Baum als Bildträger tauchen oft auch Quellen und Steine in den Berichten auf.

Waren es alte Kultstätten einer Naturreligion, die hier marianisiert wurden? Dies ist durchaus anzunehmen und wird auch von der Kirche nicht bestritten. War es doch eine übliche Vorgangsweise in der christlichen Missionierung, an alte Traditionen anzuknüpfen. Dies geschah nicht, um die Menschen zu täuschen, war kein christlicher Taschenspielertrick, sondern geschah, um den Menschen den Wechsel in einen neuen Glauben so leicht wie möglich zu machen. Diese Anknüpfung fand bei so manchen Feiertagsterminen, wie bei denen von Allerheiligen, Weihnachten und Ostern, statt, fand im Brauchtum statt, wie beim Palmlattenbrauch oder dem Osterfeuer, und eben auch bei der Wahl der neuen christlichen Kultstätten.

Maria und heilige Bäume finden wir unter anderem bei Maria Waldrast, Maria im Walde auf der Hungerburg, beim Höttinger Bild, „Zu unserer Lieben Frau" in Sinnesbrunn, Maria am Bichele im Pitztal, bei der Kalten Herberge in Schmirn, in Maria Tax, Maria Larch, bei unserer „Lieben Frau unter der Linde" oberhalb von St. Georgenberg, Maria Brettfall, Mariahilf am Hechenberg und bei Maria Schnee in Kalkstein in Osttirol mit einer mächtigen Zirbe.

Marienwallfahrten in Kombination mit geheimnisvollen Steinen und Felsen gab es in Judenstein und gibt es in Maria Stampfanger in Söll, bei der Kapelle am Hohen Stein bei Oberau oder in Maria Klobenstein bei Kössen.

Heilige Quellen und Brunnen in der Nähe der Wallfahrtskirchen gibt es auf der Waldrast, bei Heilig Wasser, am Höttinger Bild, bei der Kalten Herberge, in Kaltenbrunn, bei Maria Larch, in Marienberg in Fügen und in Maria Reinigung im Zillertal.

Verbotene Wallfahrt: Judenstein und das Anderle von Rinn

„Einen Seligen kann man nicht einfach abschaffen!", meint Kaplan Gottfried Melzer kampfesfreudig. Der pensionierte Kaplan kümmert sich von seiner neuen Heimat Bad Hall aus um die Belange des „Beatus Andreas", des seligen Andreas von Rinn.

Er akzeptiert das Verbot des Anderlekultes nicht und organisiert alljährlich am Sonntag, der dem 12. Juli folgt, eine Wallfahrt zur Verehrung des kleinen Andreas.

Worum geht es?

Der Legende nach soll der zweieinhalbjährige Knabe Andreas Oxner am 12. Juli 1462 von wandernden Juden rituell ermordet worden sein. Das Motiv, wie in den Chroniken betont wird: Hass gegen Christus. Das Kind sei geschächtet und das Blut rituell verwendet worden. So glaubte man, das Blut sei in Pessachbrote eingebacken worden, der jüdische Priester habe sich die Hände damit bestrichen oder es sei mit Wein vermischt worden. Eine wahnwitzige Unterstellung: Ist doch das Menschenopfer kein Bestandteil jüdischer Religion, wie in der erschütternden Geschichte von Abraham und Isaak zu lesen ist. Als Tatort galt ein großer Gneisfindling in den Feldern vor Rinn, der vielleicht schon in früheren Zeiten Schauplatz religiöser Kulte war: der Judenstein.

Angeregt durch die Ermordung des Simon von Trient, die ebenfalls den Mitgliedern der jüdischen Gemeinde zugeschoben worden war, wurden 1475 die Gebeine des Anderle exhumiert und in der Pfarrkirche von Rinn ausgesetzt. Eine gewichtige Rolle an der Entstehung der Ritualmordlegende hatte Hippolyt Guarinoni, Leibarzt am adeligen Damenstift in Hall – ein großer Gelehrter, aber fanatischer Judenhasser. Er verfasste 1642 eine Abhandlung über den Vorfall unter dem Titel „Triumph Cron Marter Vnd Grabschrift des Heilig Unschuldigen Kinds". Auf welch wackeligen Beinen die Aussagen des Buches stehen, zeigt alleine die Tatsache, dass Guarinoni das Datum des Mordes geträumt hatte. Der Judenstein wurde zum Wallfahrtsort, das Anderle zum christlichen Märtyrer und die Verehrung offiziell erlaubt und gefördert. Papst Benedikt XIV. nannte ihn 1752 in seiner päpstliche Bulle „Beatus Andreas" selig und gab die Erlaubnis zum Kult. Auf das bischöfliche Ersuchen um die Heiligsprechung erwiderte der Papst dem damaligen Glaubensanwalt Benedetto Veterani in der erweiterten Apostolischen Konstitution „Beatus Andreas" vom 22.2.1755, dass die Gründe für eine Heiligsprechung nicht ausreichten.

Sechs Jahre nach Guarinonis Tod wurde mit dem Bau einer Kirche am Tatort begonnen und 1671 übertrug man die Reliquien auf den Hochaltar.

Die detaillierte Darstellung des Mordes durch Hippolyt Guarinoni lieferte den Stoff für Volksschauspiele. Das „Judenspiel" und ein „Triumphlied" verfestigten die Legende. Sogar die Brüder Grimm veröffentlichten 1816 die blutrünstige Legende in ihrer Sagensammlung.

Der Erste, der einen Schritt in die Gegenrichtung unternahm, war der Innsbrucker Bischof Paulus Rusch. Er tilgte 1953 den Festtag des „Anderl von Rinn" aus dem kirchlichen Kalender und degradierte ihn zum Ortsfeiertag. Endgültig Schluss mit dem Kult um den Judenstein machte der beliebte, volksnahe Bischof Reinhold Stecher. Er erwirkte 1988 ein Verbot der kultischen Verehrung, ließ die Kirche in „Mariä Heimsuchung" umbenennen und versteckte das Fresko mit der Darstellung des Ritualmordes hinter Platten, auf denen Jesus umringt von Kindern als „Göttlicher Kinderfreund" zu sehen ist. Die Reliquien des Anderl wurden vom Hochaltar entfernt und in die Seitenwand der Kirche eingefügt. Bischof Stecher versuchte aus dem polarisierenden Judenstein einen Ort gegen Gewalt, insbesondere gegen Gewalt an Kindern,

Auf dem „Judenstein" in Rinn lagert nun eine Ölberggruppe

zu machen. „Das Kind Anderl ruht hier zwar nicht als Märtyrer der Kirche, aber als mahnende Erinnerung an die vielen Kinder, die bis zum heutigen Tag Opfer der Gewalt und der Missachtung des Lebens wurden“, lautet die Inschrift über dem Grab Anderls. Auf einer Wandtafel über dem Kultstein ist zu lesen: „Dieser Stein erinnert an eine dunkle Bluttat. Aber auch durch seinen Namen an manches Unrecht, das von Christen an Juden begangen wurde. Er soll in alle Zukunft ein Zeichen der Versöhnung mit jenem Volk sein, aus dem uns der Erlöser erstand.“

Es sei ruhig um den Anderlkult geworden, betont Pfarrer Augustinus von Rinn. Nur wenige Gemeindemitglieder würden an der alljährlichen Wallfahrt teilnehmen – dafür aber Anderlverehrer aus anderen Bundesländern. Als lebendigen Kult stellt Kaplan Melzer die Anderleverehrung in seinem Anderl-Boten dar. Die kleine Broschüre erscheint alljährlich, ruft zur Teilnahme an der Wallfahrt zum Geburtshaus auf und veröffentlicht Gebetserhörungen: Volksfrömmigkeit kümmert sich eben nicht um offizielle Regeln und Verbote. Als „schulmeisterlich“ bezeichnet Pater Resch die Entfernung der Reliquienstatue vom Hochaltar und die Umwidmung der Kirche in „Maria Heimsuchung“. „Ein Wallfahrtsort lebt von der Konkretheit (Anderl) und nicht von der Allgemeinheit (unschuldige Kinder)“, meint der Spezialist für Paranormales. Trotzdem erregt der Fall „Judenstein“ nur mehr wenige Gemüter. Zu unwichtig erscheinen den meisten Menschen religiöse Fragen – noch dazu solche, die nicht das Zentrum des Glaubenslebens betreffen.

Blutstropfen auf der Hand – die Mutter des „Anderl“ ahnt Schreckliches (Wallfahrtskirche Judenstein)

Klosterburg St. Petersberg

◆ Streng katholisch

Landeplatz der Engel – Petersberg

Geheimnisvoll und skandalumwittert

Das Opus Angelorum, kurz OA oder auch Engelwerk genannt, kämpft um seinen Ruf. Immer wieder kam es in die Medien, weil angeblich Menschen von der katholischen „Sekte" vereinnahmt, gegen ihren Willen festgehalten und der Kontakt mit den Angehörigen unterbunden worden seien. Auch die Lehre wirkte dubios. Sie basierte auf den Privatoffenbarungen von Gabriele Bitterlich, die schon als Kind die Gabe besessen haben soll, ihren Schutzengel zu sehen. Frau Bitterlich, meist kurz Mutter genannt, wurde 1896 in Wien geboren und lebte mit ihrem Mann und sechs Kindern in Innsbruck. Sie schrieb ihre Botschaften nieder und veröffentlichte sie unter anderem in dem Werk „Das Reich der Engel, Teil A". In ihren Werken dringt sie in das Zwischenreich der Engel und Dämonen vor und listet über 400 Engel und über 200 Dämonen auf, alle mit Namen. Diese Geistwesen würden das Geschick und die Geschichte der Menschen beeinflussen.

Ihre Lehre breitete sich aus. Sitz wurde die Burg Petersberg bei Silz. Der Hauptstützpunkt liegt heute jedoch im brasilianischen Anapolis, wo Priester ausgebildet und die Schriften und Briefe gedruckt werden. In letzter Zeit wurde es ruhig um die Gemeinschaft und auch fortschrittliche Theologen bringen neuerdings mehr Verständnis für die Ordensgemeinschaft auf. Der Grund liegt darin, dass sich das OA einer reinigenden Katharsis unterziehen musste. Altbischof Stecher meinte noch 1990 zum Engelwerk: „Man fühlt sich mit Recht in die tiefsten Abgründe des Aberglaubens versetzt. Hier braucht es nicht einmal mehr theologische Bildung, sondern nur den schlichten Hausverstand, um die Unsinnigkeit solcher Behauptungen zu durchschauen." Auch der Vatikan beschäftigte sich mit den Lehren der Frau Bitterlich und kam offenbar zu einem ähnlichen Schluss. 1983 schränkte die Glaubenskongregation die Lehre stark ein. 1992 schien es mit dem Engelwerk ein Ende zu haben, denn in Rom wurde ein neuerliches Dekret erlassen, das unter anderem folgende Anweisung enthielt:

Die aus den angeblichen Offenbarungen Gabriele Bitterlichs stammenden Theorien über die Welt der Engel, deren persönliche Namen, Einteilungen und Funktionen dürfen in der Organisation und im Baugerüst des Engelwerks sowie im Kult, in den Gebeten, in der geistlichen Bildung, in der öffentlichen und privaten Spiritualität, im Seelsorgedienst oder im Apostolat weder gelehrt noch in irgendeiner Weise explizit oder implizit verwendet werden.

Die verschiedenen Formen der „Engelweihe", die im Engelwerk geübt worden sind, sind verboten.

Dieser vermeintliche Todesstoß war in Wirklichkeit die Rettung des Ordens, der nun offiziell versucht, sich wieder ausschließlich auf die Lehre der katholischen Kirche und die Grundlagen der Heiligen Schrift zu beschränken.

Klosterburg Petersberg

Sagen- und nebelumwoben ragt die Klosterburg St. Petersberg über dem Inntal bei Silz in den Tiroler Himmel. In einer südlichen Senke eingebettet ein Weiher, in dem sich die aufwändig renovierte Anlage spiegelt. Zinnengekrönt streckt sich ein Burgfried in die Höhe. Turmfalken ziehen ihre Kreise um das alte Gemäuer. 1228 ließ Graf Meinhard II. von Tirol die Burg Petersberg ausbauen und erhob sie zum Gerichtssitz. Nachdem mehrmals die Besitzer gewechselt hatten, diente die Burg 1893 als Erholungsheim für Offizierstöchter. Graf Stolenberg verkaufte die Anlage an die Schutzengelbruderschaft, die Petersberg 1965 zu einem Ordenshaus ausbauten. Heute leben hier 24 Mitglieder der Regularkanoniker vom Heiligen Kreuz, wie der männliche Zweig des Engelwerkes offiziell heißt. Für die Schwestern vom Heiligen Kreuz wurde ein eigenes Ordenshaus unterhalb von Petersberg gebaut. Derzeit befinden sich dort 40 Schwestern.

Pater Philippus Seeanner OCR, seit 1994 Prior am Petersberg, erklärt sich bereit, uns durch Petersberg zu führen. Pater Philippus stammt aus Landshut in Niederbayern. 1979 trat er in den Orden in St. Petersberg ein. Es ist still in den alten Gemäuern, nur im Innenhof arbeiten zwei Brüder an der Umgestaltung des Rosengartens. Wir besichtigen die Kirche mit seinem monumentalen Fresko von der „Himmlischen Liturgie" aus der geheimen Offenbarung nach Johannes, die wir leider nicht fotografieren dürfen. Wir besteigen den Burgfried, blicken zwischen seinen Zinnen auf das Inntal und auf den zweiten Turm, der abseits aus dem Wald ragt. Pater Philippus führt uns in den Klausurtrakt, wo sich die Zellen der Mönche befinden. Auch hier ist es still, die Gänge sind wie ausgestorben. So gar nichts Bedrohliches oder Unheimliches geht von diesem Ort aus. Ein Kloster, in dem gebetet wird. Und was mehr? Wir bitten Pater Philippus, uns einige Fragen zu beantworten.

Engel sind in Mode. Freut Sie dieses verstärkte Interesse?
Dieser Modetrend ist nicht in jeder Hinsicht positiv. Die meisten Engelbücher stammen aus dem esoterischen Bereich. Die Engel werden nicht so dargestellt, wie sie unser christlicher Glaube beschreibt, also nicht in Verbindung mit Jesus Christus. Wenn die heiligen Engel nur als Wesen gesehen werden, die mir kosmische Kraft vermitteln, dann geht das an dem Wesen der Engel vorbei. Wir haben den Auftrag die Engelslehre der katholischen Kirche zu vermitteln.

Eine schwierige Aufgabe. Einerseits agieren sie sehr vorsichtig, anderseits müssten Sie dafür nach außen wirken.
Zuerst müsste man einmal akzeptieren, dass wir wirklich eine kirchliche Gemeinschaft sind. Von Seiten der kirchlichen Hierarchie gibt es diesbezüglich ja keine Probleme mehr. Wir machen zum Beispiel einmal im Jahr einen Tag der offenen Tür.

Sie sagen, es gäbe keine Probleme mit der Hierarchie. Altbischof Stecher war Ihnen gegenüber sehr kritisch. Wie ist das Verhältnis zu unserem jetzigen Bischof Manfred Scheuer?

Prior am Petersberg: Pater Philippus Seeanner OCR

Unter Bischof Stecher gab es eine große Diskussion um die Schriften Gabrielle Bitterlichs und die darin enthaltenen Namen und Aufgaben der Engel. Diese Schriften mussten aber erst vom Vatikan geprüft werden. Die Kirche hat 1992 ein Dekret herausgegeben, in dem vieles eingeschränkt wurde. Die Schriften waren aber noch im Umlauf und Bischof Stecher musste sich diesbezüglich äußern. Persönlich bin ich ein guter Freund von Altbischof Stecher. Wir halten uns natürlich an die Richtlinien, die von Rom herausgegeben wurden, und seitdem gab es mit den Bischöfen unserer Diözese kein Problem mehr.

Wie hat alles begonnen?
Es begann mit einer geistlichen Bewegung rund um Mutter Bitterlich. Frau Bitterlich war eine fromme, christlich engagierte Frau. Sie hat zu ihren drei Kindern noch einmal drei Flüchtlingskinder aufgenommen. Von den alten Innsbruckern, die Frau Bitterlich noch kannten, werden Sie nur Gutes hören. Es bildete sich ein Kreis von Laien, Priestern und Ordensleuten, die sich spirituelle Anregungen von ihr holten. In dieser Zeit, Anfang der 1960er Jahre, fand ein großer Aufbruch in der Kirche statt. Manche fühlten sich jedoch durch das zweite Vatikanische Konzil verunsichert und suchten bei Frau Bitterlich Orientierung. Bald entstand der Wunsch, dass diese Bewegung kirchlich anerkannt würde, und so wurde 1961 die Schutzengelbruderschaft gegründet.

Und wie ging es weiter?
Dann kamen die Schwestern vom Heiligen Kreuz, zuerst als fromme Vereinigung. Sie wurden aber erst unter Bischof Kothgasser zu einem kirchlichen Institut des geweihten Lebens erhoben. Zuletzt entstand die Brüdergemeinschaft der Regularkanoniker vom Heiligen Kreuz. Bei uns ging es schneller, weil wir auf Anraten der Kirche den Orden vom Heiligen Kreuz in Portugal, der ausgestorben war, wiederbelebten. Glücklicherweise stellte sich heraus, dass die Spiritualität des Ordens mit der des Engelwerkes übereinstimmte. Die Spiritualität des Opus Angelorum ist Grundlage für die beiden Orden und die Schutzengelbruderschaft, der auch Laien angehören können.

Welche Gelübde müssen abgelegt werden?
Wir haben drei Gelübde: Gehorsam, Keuschheit und Armut.

Im Orden gibt es Brüder, Priester und seit 2. Juni 2006 auch einen Bischof – den Bischof von Kasachstan. Aber es gibt natürlich auch Bischöfe, die mit uns sympathisieren.

Wie viele Mitglieder gibt es in Österreich?
In Österreich gibt es etwa 3.000 Mitglieder. Der eigentliche Orden hat aber weltweit nur 140 Brüder und Schwestern. Petersberg ist unser Mutterhaus, aber zahlenmäßig größer ist Anapolis in der Nähe von Brasilia. Dort ist eine Hochschule angeschlossen, an der ich auch studiert habe. An dieser Theologischen Hochschule darf aber jeder studieren, nicht nur Mitglieder des Engelwerkes.

Worin liegt der Schwerpunkt Ihres Ordenslebens?
Wir haben eine kontemplative Ausrichtung, eine starke eucharistische Frömmigkeit, aber zugleich sehen wir uns ins Apostolat gesendet. Wir sind ja ein Kanonikerorden so wie die Augustiner Chorherren und die Prämonstratenser und befolgen die Regeln des hl. Augustinus. Wir betreuen sechs Pfarreien: Haiming, Haimingerberg,

drei Pfarreien im Ötztal und teilweise auch Ischgl, das aber jetzt einen eigenen Pfarrer hat.

Sind in den Schriften Bitterlichs nicht auch kabbalistische Einflüsse bemerkbar?
Die Kabbala ist ja auch hebräischen Ursprungs. Aber Frau Bitterlich hat sicher nicht von der Kabbala abgeschrieben. Sie ist unter der persönlichen Führung von Bischof Rusch gestanden und hatte die Auflage, nur den Schott, also das kirchliche Messbuch, und die Bibel zu lesen.

Sie hat sich auch von der esoterischen Literatur ihres Gatten abgegrenzt. Sie war nicht glücklich darüber, dass er solche Verbindungen hatte. Ihre Rundbriefe wurden alle von Bischof Rusch abgesegnet. Die ganze Bewegung war eine offene und offizielle Sache, bis dann in den 80er Jahren Räubergeschichten über uns erfunden wurden und unseren Ruf ruiniert haben.

Apropos Räubergeschichten! Was sagen Sie zu den Vorwürfen, dass Menschen beim OA einer Gehirnwäsche unterzogen wurden und der Kontakt zu den Eltern unterbunden wurde?
Sie spielen auf den Fall der Eleonore Berger aus Oberösterreich an. Sie war zuerst Diplomkrankenschwester in Wien, dann in Zams und wollte bei unseren Schwestern eintreten. Ihre Eltern waren dagegen. 1990 war sie in der Gastzeit bei uns. Bei einem Besuch zu Hause wurde sie von der Familie so beschimpft, dass sie beschloss, den Kontakt abzubrechen. Die Eltern behaupteten daraufhin, ihr sei der Kontakt verboten worden, was natürlich nicht der Fall war. Die Sache eskalierte, als die Familie in die Medien ging und die Gerüchte verbreitete, Eleonore dürfe nicht mehr heraus – vielleicht wäre sie gar nicht mehr am Leben. Als ich 1994 hierher kam, drängte ich darauf, die Sache zu klären. Es war auch der Ruf unserer Gemeinschaft gefährdet. Damals stand fast jede Woche ein Kamerateam vor der Schwelle – von Pro 7, von RTL und anderen Privatsendern. Ich nahm Kontakt zu den Eltern auf und bat Eleonore, vor die Kameras zu treten und zu sagen, dass sie freiwillig hier sei. Aber da war nichts zu machen. Sie hat mir nicht geholfen und mir hat natürlich niemand geglaubt. Eleonore ist jetzt nicht mehr in unserem Orden. Mit dieser Last hätte sie nicht das Gelübde machen können. Unsere Wege haben sich getrennt.

Im September 1991 ging der Fall der 26-jährigen Elisabeth H. durch die Medien. Was hat sich zugetragen?
Die junge Frau kam zu unseren Exerzitien. Der Pater, der den Kurs leitete, er ist jetzt nicht mehr bei uns, handelte sehr unvorsichtig. Es wurde bekannt, dass Elisabeth unter Einfluss von schweren Psychopharmaka stand.
Sie setzte im Laufe der Exerzitien die Medikamente ab und drehte dann durch, sagte die unsinnigsten Dinge. Sie behauptete, wir hätten Düsen in den Wänden, aus denen duftender Dampf käme, sie hätte unheimliche Schreie gehört, und schließlich hatte sie sich sogar eingegraben aus Angst vor den Dämonen. Anschließend wurde behauptet, wir hätten sie verrückt gemacht. Aber Patienten in diesem Zustand reagieren oft so.

Wie nehmen Dämonen Einfluss auf das Leben der Menschen? Sind Dämonen für das OA Realität? Gibt es einen Kampf zwischen Engeln und Dämonen?
Sicher nicht in dieser dualistischen Art, dass ein gutes Prinzip gegen ein böses kämpft und der Mensch dazwischen

steht. Dies ist nicht Lehre der Kirche und auch nicht Lehre von Frau Bitterlich. Das ginge an Christus vorbei. Aber dass es Engel gibt, dass die guten Engel den Menschen helfen und dass die gestürzten Engel dem Werk Gottes Schaden wollen, das ist Lehre der Kirche.

In dem inzwischen verbotenen Handbuch des OA stehen seltsam magische und rassistische Behauptungen. Zigeuner und Juden hätten spezielle Dämonen und gefleckte Hühner und schwarze Katzen fungieren als Diener der Dämonen. Was halten sie von solch einem Unsinn?
Diese Dinge gehören in den Bereich der Magie und wir wurden ja gerade von der Kirche beauftragt, die reine Engellehre zu verkünden. Diese Dinge werden von uns nicht ernst genommen. Wir haben ja selber gefleckte Hühner am Bauernhof und auch eine schwarze Katze.

Opus Dei – der steinige Weg

Auch das Opus Dei hat keine guten Erfahrungen mit den Medien. Kaum eine Gruppierung fühlt sich von der Öffentlichkeit so unverstanden und fehlinterpretiert wie das „Werk Gottes“, die Praelatura Sancta Crucis et Opus Dei (Prälatur vom heiligen Kreuz und Werk Gottes). Meist wird die konservative Organisation mit einer streng hierarchisch gegliederten, männlich dominierten Kirche aus alten Tagen assoziiert, die nicht in unsere Zeit passt.

Seit dem Erscheinen des Buches „Sakrileg“ von Dan Brown und dessen Verfilmung gibt es viel Aufregung in den Opus-Dei-Zentren der Welt.

Der Roman zeichnet ein düsteres, schauerliches Bild einer mafiosen Sekte, einer verschworenen Elitegruppe im innersten Kreis der Kirche, die ihren Einfluss mit allen Mitteln geltend macht und an den wichtigen Hebeln der kirchlichen Macht sitzt.

Was ist Opus Dei nun wirklich?

Dr. Christoph Tölg wird uns informieren. Er ist Opus-Dei-Priester in Wien, betreut dort zwei Studentenheime und ist für die Öffentlichkeitsarbeit zuständig. Tirol kennt er aus den Jahren 1988 bis 1991, als er das Opus-Dei-Zentrum in Innsbruck mitbetreute und sein Probejahr als Deutsch- und Geschichtelehrer am Reithmanngymnasium absolvierte.

Er kann sich die Kritik und die Vorurteile, die gegenüber dem Opus Dei herrschen, nicht erklären: „Ich habe von vielen Dingen, die da kritisiert werden, noch nie gehört. Da ist viel Phantasie dabei und auch viel Unwissenheit.“

Zu Dan Browns Buch meint Tölg: „Dass der reale Name einer Organisation dazu verwendet wurde, eine fiktive Geschichte zu schreiben, war schon ein starkes Stück des Autors. Er betrieb ein Spiel mit der Wahrheit unter dem Motto: Es könnte ja doch etwas dran sein.“

Wie alles begann

Josemaría Escrivá de Balaguer wurde am 9. Januar 1902 in Barbastro (Provinz Huesca, Spanien) geboren. Er wuchs in einer tiefreligiösen Familie auf. Schon bald fühlte er sich zum Priester berufen.

Die Fußspur, die ein unbeschuhter Karmelit im Schnee hinterlassen hatte, ließ ihn verstehen, dass Gott etwas Bestimmtes von ihm wollte. Er besuchte ein Priesterseminar und studierte Rechtswissenschaften.

Während Escrivá 1928 Besinnungstage abhielt, wurde ihm seine eigentliche Berufung klar. Nicht nur Priester und Ordensleute sind zu einem heiligmäßigen Leben berufen, sondern jeder

Christ. Er wollte Hilfestellung geben, diesen Weg der Heiligung im Alltag zu gehen. Opus Dei war geboren. Den Namen erhielt es aber erst in den 1930er Jahren. 1934 veröffentlichte er seine Aphorismensammlung „Der Weg", in denen er Anleitungen zu einem heiligmäßigen Leben gibt. 999 Paragraphen, die Spruchweisheiten, biblisches Wissen und persönliche Erfahrungen des Gründers vermischen, wie zum Beispiel: „Urteile nie, ohne Dein Urteil durch das Gebet zu läutern." Beim Ausbruch des Spanischen Bürgerkriegs im Jahr 1936 befand er sich in Madrid. Schließlich gelang es ihm, über die Pyrenäen nach Südfrankreich zu entkommen. Nach Kriegsende 1939 kehrte Escrivá nach Madrid zurück. 1946 verlegte er seinen Wohnsitz nach Rom. Von dort aus bereiste er häufig verschiedene Länder Europas, um die beginnende bzw. sich entwickelnde apostolische Arbeit des Opus Dei an Ort und Stelle zu unterstützen. Mit demselben Ziel unternahm er zwischen 1970 und 1975 ausgedehnte Reisen nach Mexiko, auf die iberische Halbinsel, nach Südamerika und Guatemala. Josemaría Escrivá starb am 26. Juni 1975 in Rom. Am 17. Mai 1992 erhob Johannes Paul II. den Gründer des Opus Dei zum Seligen. Zehn Jahre später, am 6. Oktober 2002, sprach er ihn auf dem Petersplatz in Rom vor einer großen Menschenmenge heilig.

Organisation

Opus Dei ist in über 60 Ländern tätig. Gegenwärtig gehören der Personalprälatur etwa 85.000 Menschen an. An der Spitze steht der Prälat des Opus Dei. Seit 1994 ist das der Spanier Javier Echevarria. Er war enger Mitarbeiter Escrivás. Der Prälat wird vom männlichen „Generalrat" und vom weiblichen „Beirat" unterstützt. Die Laien unterstehen dem regionalen Bischof, sie sind jedoch durch einen Vertrag, der ihr religiöses Leben betrifft, an das Werk gebunden.

Josemaría Escrivá und sein späterer Nachfoger Alvaro del Portillo vor einem Wegkreuz am Seefelder Plateau (1949; Foto: Opus Dei)

Die Mitglieder sind überwiegend Laien. Etwa die Hälfte davon ist verheiratet und lebt in ihren Familien. Man nennt sie Supernumerarier. Ein Fünftel der Mitglieder sind Numerarier, also unverheiratete Mitglieder (Laien und Priester), die in den Opus Dei-Bildungszentren leben. Assoziierte sind Mitglieder, die sich zwar zur Ehelosigkeit verpflichtet haben, aber in privaten Unterkünften wohnen. Schließlich gibt es noch Unterstützer und die Auxiliarnumerarierinnen – Frauen, die die Hauswirtschaft in den Zentren der Prälatur übernommen haben.

Heiligkeit für alle

Die Zielsetzung des Werkes klingt schlicht und unverfänglich. Sie möchte bei Laien durch religiöse Bildung und seelsorgerliche Hilfe ein heiligmäßiges Leben in Beruf und Familie fördern. „Inmitten der durch und durch materiellen irdischen Dinge müssen wir uns bemühen, heilig zu werden, indem wir Gott und allen Menschen dienen", schrieb der Gründer des Opus Dei Josemaría Escrivá. Seine Botschaft: Heiligkeit ist kein Privileg für einige Auserwählte, sondern Berufung jedes Christen. Er wollte aus der „Prosa des Alltags epische Dichtung" machen. „Himmel und Erde scheinen sich am Horizont zu vereinigen; aber nein, in euren Herzen ist es, wo sie eins werden, wenn ihr heiligmäßig euren Alltag lebt ...", erklärt Josemaría Escrivá poetisch.

Er vergleicht Opus Dei mit den ersten Christengemeinden: „Sie lebten ihre christliche Berufung mit uneingeschränkter Hingabe; sie suchten ernsthaft jene Vollkommenheit, zu der sie durch die einfache und erhabene Tatsache der Taufe gerufen waren. Äußerlich unterschieden sie sich nicht von den anderen Leuten. Die Mitglieder des Opus Dei sind normale Menschen, die einer normalen Arbeit nachgehen und in der Welt als das leben, was sie sind: als christliche Staatsbürger, die

Am 26. Juni, dem Todestag des Gründers von Opus Dei, wird eine Messe in der Spitalskirche gelesen

den Forderungen ihres Glaubens ganz entsprechen wollen."

Wichtig ist es den Opus Dei-Mitgliedern, dass sie kein Doppelleben führen, sondern ihren Glauben in allen Bereichen des Alltags leben – in der Familie, am Arbeitsplatz, in der Freizeit.

Schmerz adelt

Im „Werk" begegnet uns ein Katholizismus, markant und streng, der alles auf Christus bezieht, auch Opfer und Schmerz, ein Katholizismus, den die älteren Leser vielleicht noch aus Kindestagen kennen, die jüngeren bestenfalls aus der Literatur über Mystiker, eher aber aus der seichten Thrillerbelletristik der letzten Jahre, à la „Da Vinci Code". Schaudernd entrüsten wir uns, wenn sich der bleiche Mördermönch Silas den stachelbesetzten Bußgürtel um den Oberschenkel schnallt und sich mit der 5-schwänzigen Geißel züchtigt, um Buße zu tun und seine Morde zu sühnen. „Schmerz adelt" waren seine Worte, als er den Direktor des Pariser Louvre tötete. Von solchen Darstellungen, die dem Horrorgenre entstammen, distanziert sich Christoph Tölg freilich. Das Opus Dei bestreitet die Praxis von körperlichen Bußübungen aber nicht. Tatsächlich tragen Numerarier und Assoziierte täglich außer an Sonn- und Feiertagen zwei Stunden einen Bußgürtel und führen eine wöchentliche Selbstgeißelung durch.

Dr. Christoph Tölg schränkt ein: „Nur einem kleinen Teil der Mitglieder werden diese Bußübungen nahe gelegt. Es geht darum, sich auf symbolische Weise mit Christus zu verbinden, der für uns gelitten hat."

Man führe eine Form der Askese weiter, die Tradition der Kirche sei und schon von vielen religiösen Lichtgestalten, wie von Franziskus oder Thomas Morus, von Paul VI., Oskar Romero, Pater Pio oder Mutter Teresa praktiziert wurde. Verständlich sei das nur aus einer geistigen Haltung heraus, die entdeckt, dass uns Gott durch Leiden erlöst hat, erklärt Tölg.

Der Aspekt der körperlichen Selbstabtötung und der Askese ist unserem Denken mehr als fremd geworden.

Auch im Opus Dei spiele er, so Tölg, nicht die Rolle, die man ihm immer wieder zuweise. Schon im Jahr 1930 habe der Gründer des Opus Dei betont: „Derjenige hat den Geist der Buße, der es versteht sich alle Tage zu überwinden, und dem Herrn ohne Spektakel tausend kleine Dinge aufopfert. Das ist die opferbereite Liebe, die Gott von uns erwartet."

Ein persönliches Zeugnis

Die oben erwähnten Bußübungen betreffen nur zölibatär lebende Mitglieder. Für verheiratete Supernumerarier gibt es Selbstüberwindung in kleinen Dosierungen.

Medizinalrat Dr. Markus Pokorny ist Facharzt für Chirurgie am Sanatorium Kettenbrücke der Barmherzigen Schwestern in Innsbruck und Opus Dei-Mitglied. Pokorny ist ein Chirurg, unter dessen Messer man sich zwar nicht gerne, aber doch voller Vertrauen zu legen bereit ist. Er wirkt sportlich und durchtrainiert, sein Auftreten nicht frömmelnd oder engstirnig, sondern gelassen und weltmännisch.

Der jetzt 64-jährige Arzt wuchs in der vorkonziliaren Zeit auf und lebte in dem Bewusstsein: „Christ sein ist gut, aber wenn du ein besonderer Christ sein willst, musst du Priester oder Ordensmann werden." Zuerst durch die Bewegung der Fokulare und später durch das Opus Dei erkannte er, dass man sehr wohl Familie haben und seinem Beruf nachgehen kann und es trotzdem möglich ist, Christus nachzufolgen. „Ich habe natürlich in dieser Hinsicht einen privilegierten Beruf, weil ich ständig mit kranken und Hilfe suchenden Menschen zu tun habe, bei denen ich christliche Gesinnung umsetzen kann", meint er.

Er könne den Aufgaben gelassener entgegengehen, wenn er sie nicht nur aus seinem eigenen Blickwinkel, sondern aus der Überlegung „Was will Gott von mir?" heraus in Angriff nehme.

Ein Priester des Opus Dei ist geistlicher Begleiter und Beichtvater. „Wirkliche Ergebnisse erziele ich, wie beim Sport, nur, wenn ich etwas regelmäßig mache und mit einer gewissen Ordnung und Disziplin." Das Opus Dei bietet seinen Mitgliedern einen Ordnungsrahmen an, den man in sein Alltagsleben integrieren kann: regelmäßige Beichte, morgendliche und nachmittägliche Andacht, Lesung des Evangeliums und Messbesuch. Tatsächlich gelingt es dem viel beschäftigten Arzt, täglich die hl. Messe zu besuchen und den Rosenkranz zu beten.

Trotz seiner Begeisterung lässt er jedem und natürlich auch seinen Kindern und seiner Frau die Freiheit, ihren Glauben so zu leben, wie sie es für richtig halten. Der Glaube kann nur in Freiheit gelebt werden.

„Ich war Ministrant und später bei der MK (Marianische Kongregation), aber in der Jugend glaubte ich, mein Christentum ohne feste Ordnung leben zu können. Ich habe Verständnis für diese Entwicklungsphasen", zeigt sich Pokorny tolerant.

„Aber die Nachfolge Christi erfolgt nicht auf einer Prachtstraße, sondern auf einem schmalen Weg. Wenn ich auf einen Gipfel kommen will, muss ich manchmal auch über steiniges und ödes Gelände gehen", fasst Pokorny zusammen.

Opus Dei in Tirol

Opus Dei-Gründer Josemaría Escrivá besuchte Tirol im Jahre 1949 und im Jahre 1955 jeweils auf der Durchreise von Rom nach Deutschland. Er übernachtete in Innsbruck und feierte in der Spitalskirche die Messe. Dort wird auch heute noch am 26. Juni, seinem Todestag, eine Messe zu seinem Andenken gelesen. Bei einem alten Holzkreuz am Seefelder Plateau entstand ein Foto.

Seit 50 Jahren gibt es das „Werk" in Österreich. Seine Mitgliederzahl nimmt sich mit 400 bescheiden aus. In Tirol leben etwa 25 Mitglieder. Der Kreis der „Sympathisanten und Freunde" umfasst etwa 300 Personen. Das Bildungszentrum Sillgraben in der Museumstraße 22 in Innsbruck wurde erst 1987 gegründet. Derzeit wird es von dem aus Spanien stammenden Philosophen Johannes Rosado geleitet. Von Innsbruck aus wird der westösterreichische Raum betreut. Vorarlberg hat kein eigenes Bildungszentrum, dafür entsteht in der Tiroler Landeshauptstadt eine zweite Lokalität. Am Rennweg wird ein Bildungshaus gebaut, das nicht nur der Seelsorge dient, sondern in dem es auch Platz für etwa 15 Studenten gibt. Die jungen Mitbewohner müssen weder Theologie studieren noch Opus Dei-Mitglieder sein. Sie sollten jedoch die Bereitschaft haben, am geistlichen Leben im Haus teilzunehmen. „Wir wollen die Gelegenheit bieten, durch das Mitleben christliches Leben kennen zu lernen. Es soll eine familiäre Atmosphäre herrschen", erklärt Tölg. Die Trägerschaft ist zivil, die geistliche Betreuung erfolgt durch Opus Dei – streng katholisch natürlich.

◆ Ritterorden in Tirol: edel, hilfreich und gut

Die Grabesritter

Der „Ritterorden vom Heiligen Grab zu Jerusalem" und der „Souveräne Malteser Ritter-Orden" sind die einzigen vom Vatikan anerkannten Ritterorden, die bis heute überdauert haben.

Das Wort Ritter klingt nach Schwert, blutverschmierten Blechrüstungen und wehrhaften Burgen. Mit all dem hat das heutige Rittertum nichts mehr zu tun. Vielmehr soll eine „ritterliche" Gesinnung im ganz normalen Alltag gelebt werden.

Das Ritterideal der Kreuzzüge sei nur aus seiner Zeit heraus zu verstehen. Heute müsse das Rittertum so gelebt werden, dass es keine Wunden schlägt, sondern heilt, heißt es im Leitbild des Ordens.

Das fünffache Jerusalemkreuz ist das Zeichen der Ordensgemeinschaft. Es symbolisiert die fünf Wundmale Christi.

Die Wurzeln

Tod und Auferstehung Jesu spielen eine zentrale Rolle im Selbstverständnis der Gemeinschaft. Die ersten Zeugen der Auferstehung am heiligen Grab waren jene Engel, gekleidet in glänzend weiße Gewänder, die die Botschaft verkündeten: „Was sucht ihr den Lebenden bei den Toten?" (Lukas 24,5) „Ihre Botschaft ist den Damen und Rittern vom Heiligen Grab Erbe und Auftrag zum Zeugnis, ihr Glanz ist tröstliches Vermächtnis", heißt es auf der Homepage des Ritterordens.

Tatsächlich gehen die historischen Wurzeln der Grabesritter auf ein Geflecht historischer Ereignisse und Bewegungen zurück.

Pilgerfahrten in das Heilige Land waren schon vor den Kreuzzügen, noch in den Zeiten des „christlich-islamischen Dialogs" üblich. Erst als türkische Seldschuken eine kriegerische Herrschaft errichteten, rief Papst Urban II. 1095 zum Kreuzzug auf, um die Heiligen Stätten zu befreien. Das Unternehmen scheiterte zwar, das Rittertum bestand aber weiter – ein neues Ritterethos bildete sich heraus. Aus „Knechten irdischer Machthaber" wurden „Dienstleute Christi". Man kämpfte für den Glauben und zum Schutz der „Ohnmächtigen und Bedürftigen". Es entstanden der Orden der Tempelritter, die Johanniter (später Malteser) und 1191 der Deutsche Orden von Sankt Marien. Erst im Spätmittelalter nahm die Ritterschaft vom Heiligen Grab zu Jerusalem ihren Anfang. Der Kenner des Ordens Dr. Heinrich Schneider schreibt: „Unser Orden hat weder Kreuzzüge geführt noch mittelalterliche Spitäler in Jerusalem errichtet, er hat weder einen Ordensstaat geschaffen, noch die Gottesfriedensbewegung mitgetragen. Er ist auch nicht unmittelbar auf die Chorherrengenossenschaft vom Heiligen Grab zurückzuführen, deren Anfänge in der Epoche Gottfrieds von Bouillon liegen. Sondern unsere Gemeinschaft ist daraus entstanden, dass nach alldem ein neuer Aufbruch zur geläuterten Nachfolge stattgefunden hat."

Gottfried von Bouillon gründete 1099 an der Grabeskirche ein Domkapitel mit einem Bischof, dem so genannten Lateinischen Patriarchen, an seiner Spitze. Das Kapitel vom Heiligen Grab wurde von weltlichen Rittern geschützt. Das Ende des christlichen Königreiches von Jerusalem bedeutete auch das Aus für das Lateinische Patriarchat. Franziskanermönche vertraten nunmehr die päpstliche Autorität im Lande und betreuten die Pilger. Es entstand der seit 1333 bezeugte Brauch adeliger Pilger, sich in der Grabeskirche zum Ritter schlagen zu lassen. 1496 erhielt der Franziskaner-Guardian in Jerusalem vom Papst das Privileg verliehen, dass nur mehr er Ritter vom Heiligen Grabe ernennen dürfe. Diese Regelung wurde erst 1847 aufgehoben, als Papst Pius IX. das Lateinische Patriarchat wieder einführte und das Recht der Rinterernennung wieder an den Patriarchen überging. Heute ist der Kardinal-Großmeister in Rom dafür verantwortlich. Der Ritterorden vom Heiligen Grab zu Jerusalem gilt seither als eigenständige juristische Person des Kirchenrechts unter der Oberhoheit des Heiligen Stuhls.

Was will der Orden?

Die Zielsetzungen des modernen Ritterordens liegen in einem praktizierten

Christentum, das über Pflichterfüllung hinausgehen und leuchtendes Beispiel geben muss, und in der Unterstützung der Christen im Heiligen Land. Der Ritterorden vom Heiligen Grab zu Jerusalem ist über die ganze Welt verbreitet und zählt heute ca. 25.000 Mitglieder.

Sein Engagement besteht einerseits in der finanziellen Unterstützung des Lateinischen Patriarchats – es erhält jährlich vom Orden ca. 6 Millionen Euro. Das Geld wird von den Ordensmitgliedern gespendet.

Anderseits pflegt man die persönliche Beziehung zum Heiligen Land. Eine Pilgerfahrt zum Heiligen Grab sei eine moralische Pflicht für jedes Mitglied. „Der Ordensauftrag besteht auch in der Stärkung des christlichen Lebens seiner Mitglieder, der gemeinsamen Eucharistiefeier und im besonderen Gebet für die Christen im Heiligen Land“, heißt es in den Richtlinien des Ordens.

Ein besonderes Anliegen der österreichischen Statthalterei sind Pfarre und Schule in Gaza, die im 19. Jahrhundert vom Tiroler Pfarrer Georg Gatt gegründet wurde. Sie unterstützt auch seit Jahren regelmäßig Not leidende Familien in Gaza, Bethlehem und Rafidia.

Grabesritter in Tirol

An der Spitze des Ritterordens, der seinen Sitz in Rom hat, steht ein Kurienkardinal als „Kardinal-Großmeister“. Derzeit ist das Carlo Kardinal Furno. In den einzelnen Ländern sind Statthaltereien eingerichtet, an deren Spitze ein Statthalter und ein Großprior stehen. Die Statthaltereien sind wiederum in Komtureien als kleine Gemeinschaften unterteilt.

Die Statthalterei in Österreich zählt etwa 380 Mitglieder: Ritter, Damen und Geistliche.

1968 kam es zur Gründung der Komturei in Innsbruck.

Die Treffen der Ordensmitglieder finden seit damals monatlich im Stift Wilten statt. Nach einem gemeinsamen Gottesdienst in der Stiftskirche und

Ing. Engelbert Pfurtscheller ist leitender Komtur der Grabesritter in Tirol. Die geistliche Leitung hat Prälat Raimund Schreier, Abt des Stiftes Wilten, inne

einem Imbiss gibt es Referate und Fortbildungen. Leitender Komtur in Tirol ist seit 2006 Baumeister Ing. Engelbert Pfurtscheller aus Völs. „Ich bin das beste Beispiel dafür, dass bei uns nicht nur Akademiker aufgenommen werden", meint der ehemalige Gewer beschüler. Die geistliche Leitung hat Prälat Raimund Schreier, Abt des Stiftes Wilten, inne. „Nicht Einfluss, Macht und Vermögen sind wichtig, um aufgenommen zu werden, sondern ein vorbildliches christliches Leben", erklärt er.

Da der Orden keine Geheimniskrämerei betreibt, sind die Mitgliederlisten offen zugänglich.

Derzeit gehören eine Dame (Renate Prior) und 56 Ritter der Komturei an. Im Gegensatz zum Malteserorden ist es nicht notwendig, von adeliger Herkunft zu sein. Die Mitglieder sind meist Persönlichkeiten der Wissenschaft, der Kunst, der Wirtschaft und des öffentlichen Lebens, wie Herwig van Staa und Altbischof Reinhold Stecher.

„So wie Ordensleute versuchen auch die Grabesritter, obwohl meist Laien, das Christentum zu leben: Wunden jeder Art zu heilen und standhaft seinen Glauben zu vertreten", fokussiert Abt Schreier die Gesinnung der Grabesritter.

Wer die Grabesritter in vollem Ornat sehen will, hat dazu bei der Fronleichnamprozession in Wilten Gelegenheit.

Der Malteser-Orden

Unsere Bruderschaft wird unvergänglich sein, weil der Boden, auf dem diese Pflanze wurzelt, das Elend der Welt ist, und weil – so Gott will – es immer Menschen geben wird, die daran arbeiten, dieses Leid geringer, dieses Elend erträglicher zu machen.

So lauteten die Worte des Seligen Ordensgründers Frá Gèrard und er hat bis heute Recht damit.

Viele Leser kennen die Malteser und ihr achtspitziges Kreuz auf rotem Grund aus persönlicher Erfahrung. Ähnlich dem Roten Kreuz bilden sie eine unabhängige Hilfsorganisation im Dienst am Nächsten. Der Malteser Hospitaldienst Austria besteht aus rund 1.200 ausschließlich ehrenamtlichen Mitgliedern, die vor allem im Bereich der Sozialarbeit und Behindertenbetreuung, der Sanitäts- und Rettungsdienste und der Katastrophenhilfe arbeiten – und das seit 60 Jahren.

Aber natürlich sind nicht alle Malteserhelfer auch zugleich Ritter. Der Kern der Malteser ist ein religiöser Orden. Die Mitglieder sind Ritter und Damen, keine Mönche und Nonnen.

Oberster Malteser für Tirol und Vorarlberg ist Dr. Ulrich Paumgartten. Er betont, dass die Malteser alles andere als ein Geheimbund seien und nichts zu verbergen hätten. Dementsprechend offen und informativ verläuft das Gespräch in seinem Büro im Innsbrucker Oberlandesgericht. Paumgartten ist dort Senatspräsident.

Wer kann Malteserritter werden?

Der Orden ist in drei Stände unterteilt. Der innerste Kreis sind die „Professen", welche die Gelübde Armut, Keuschheit und Gehorsam ablegen. Durch diese kleine Gruppe wird der Malteserorden zum einzigen echten Ritterorden. In Österreich gibt es nur einen echten Professritter: Ludwig Hoffmann von Rumerstein.

Der zweite Stand der Obedienz-Ritter muss nur das Gehorsamsgelübde ablegen. Auch sie können alle Ämter im Orden ausfüllen.

Mitglieder des Malteser-Ordens beim Fronleichnamsgottesdienst

Die Mitglieder des dritten Standes legen kein Gelübde oder Versprechen ab, sind aber bereit, gemäß den Normen der Kirche zu leben und im Geiste des Ordens gegen das achtfache Elend (Krankheit, Verlassenheit, Heimatlosigkeit, Lieblosigkeit, Hunger, Schuld, Unglaube und Gleichgültigkeit) zu kämpfen. Zu diesem Stand zählen die Ehren- und Devotionsritter. Sie müssen 300 Jahre adelige Ahnen auf der Seite des Vaters nachweisen. Bei so genannten Gratialsrittern genügen 150 Jahre Blaublütigkeit.

Aber auch die Malteser öffnen sich dem Zeitgeist und wollen das Image eines elitären Aristokratenvereines hinter sich lassen. Mit ein Grund ist, dass es seit 1918 keine Nobilitierungen mehr gibt. Ohne Kaiser keinen Adel. „Entscheidend ist letztlich der Adel des Geistes und der Gesinnung", erklärt Paumgartten. Als Normalbürger hat man also die Chance, Ritter des dritten Standes, und zwar „Magistralritter" zu werden.

Ein persönliches Streben nach der Ritterehre genügt aber nicht. Man muss warten, bis man angesprochen wird. Die Aufnahme selbst erfolgt nach Ablegung einer Noviziatszeit im Rahmen einer hl. Messe, meist um den 24. Juni, dem Tag des hl. Johannes des Täufers, des Schutzpatrons des Ordens.

Die Geschichte des Ordens

Der Orden der Malteser wurde 1099 gegründet und hieß ursprünglich „Orden vom Spital des heiligen Johannes zu Jerusalem" – kurz als Johanniter bezeichnet. Das Pilgerspital existierte bereits vor dem ersten Kreuzzug und konnte an die 2.000 Pilger aufnehmen.

Die Johanniter trugen zuerst einen schwarzen, später einen roten Übermantel mit dem berühmten achtzackigen Malteserkreuz darauf. Während der Kreuzzüge wurde aus dem Pflegeorden eine kämpfende Truppe. Nach dem Scheitern der Kreuzzüge mussten die Christen Palästina verlassen und die Johanniter verlegten ihren Ordenssitz nach Zypern, 1309 nach Rhodos und 1530 nach Malta. Von da an nannten sie sich Malteser. (Die heutigen Johanniter sind der erst im 16. Jahrhundert entstandene protestantische Zweig der Malteser.) Damals entstand der offizielle, etwas aufgeplusterte Name „Souveräner Ritter- und Hospitalorden vom Hl. Johannes zu Jerusalem, genannt von Rhodos, genannt von Malta".

Aber auch von Malta wurden sie vertrieben. Napoleon okkupierte die strategisch wichtige Insel auf seinem Weg nach Ägypten. Die Malteserritter emigrierten nach Russland. Zar Paul I. wurde ihr Großmeister und überließ ihnen ausgedehnte Ländereien. Dafür wurde in Deutschland, Spanien, Italien und Russland der gesamte Ordensbesitz eingezogen. Das Großpriorat Böhmen-Österreich blieb jedoch bestehen. 1834 ließ sich der Orden in Rom nieder. Hier hat der Orden noch heute seinen exterritorialen Sitz in der Villa Malta, wo der Großmeister des Malteserordens residiert.

Da der Malteser-Orden das nationalsozialistische Regime nicht anerkannte, wurden seine Besitzungen unter Protektorat gestellt. Nach 1945 begann der Wiederaufbau – erfolgreich.

Mit insgesamt mehr als 11.500 Mitgliedern, rund 10.000 hauptamtlichen und über 80.000 freiwilligen Helfern unterstützt der Orden heute über 15 Millionen Menschen.

Der Malteser Orden gilt als „Völkerrechtssubjekt", quasi als eigener Staat, aber ohne Territorium. Er unterhält diplomatische Beziehungen zu 93 Ländern, dem Europarat und der Europäischen Kommission. Er vertreibt eigene Briefmarken, hat ein eigenes Autokennzeichen (SMOM) und besitzt Beobachterstatus bei der UNO. In Österreich sind die Malteser durch eine Botschaft vertreten. Dem Großpriorat von Österreich steht der Fürstgroßprior vor.

Situation in Tirol

Der Sitz der Delegation Tirol und Vorarlberg ist in den Räumlichkeiten des Malteser Hospitaldienstes in der Leopoldstraße 41. Dem Ritterorden gehören etwa 30 Mitglieder an. Davon sind zwei Damen. Dr. Paumgartten ist seit 1970 Ordensmitglied und seit 1989 Delegat. „Man trifft sich etwa alle 6 Wochen. Meist werden geistliche Themen erörtert, auf die sich jedes Mitglied vorbereitet", erklärt er. Der Hospitaldienst, den aufzubauen er geholfen hat, zählt in Tirol 160 Mitglieder. Davon sind etwa 50 aktiv. „Die meisten neuen Ordensmitglieder fallen uns zuerst beim Hospitaldienst als besonders engagiert auf", weiß Paumgartten.

Neben den medizinischen und Pflege-Tätigkeiten helfen die Malteser auch bei Katastrophen – und zwar weltweit.

Ein Schwerpunkt in Tirol ist die Organisation von Wallfahrten für Kranke und Behinderte. Jedes Jahr gibt es eine Wallfahrt nach Lourdes und alle 5 Jahre fahren etwa 400 Kranke mit ihren Betreuern nach Rom.

„Selbstverständlich arbeiten wir alle ehrenamtlich", betont Paumgartten. „Wir legen auch großen Wert darauf, dass Ordensmitglieder auch im Hospitaldienst tätig sind", erklärt er weiter. Es kann also durchaus sein, dass man von einem richtigen Ritter gerettet, betreut oder gepflegt wird.

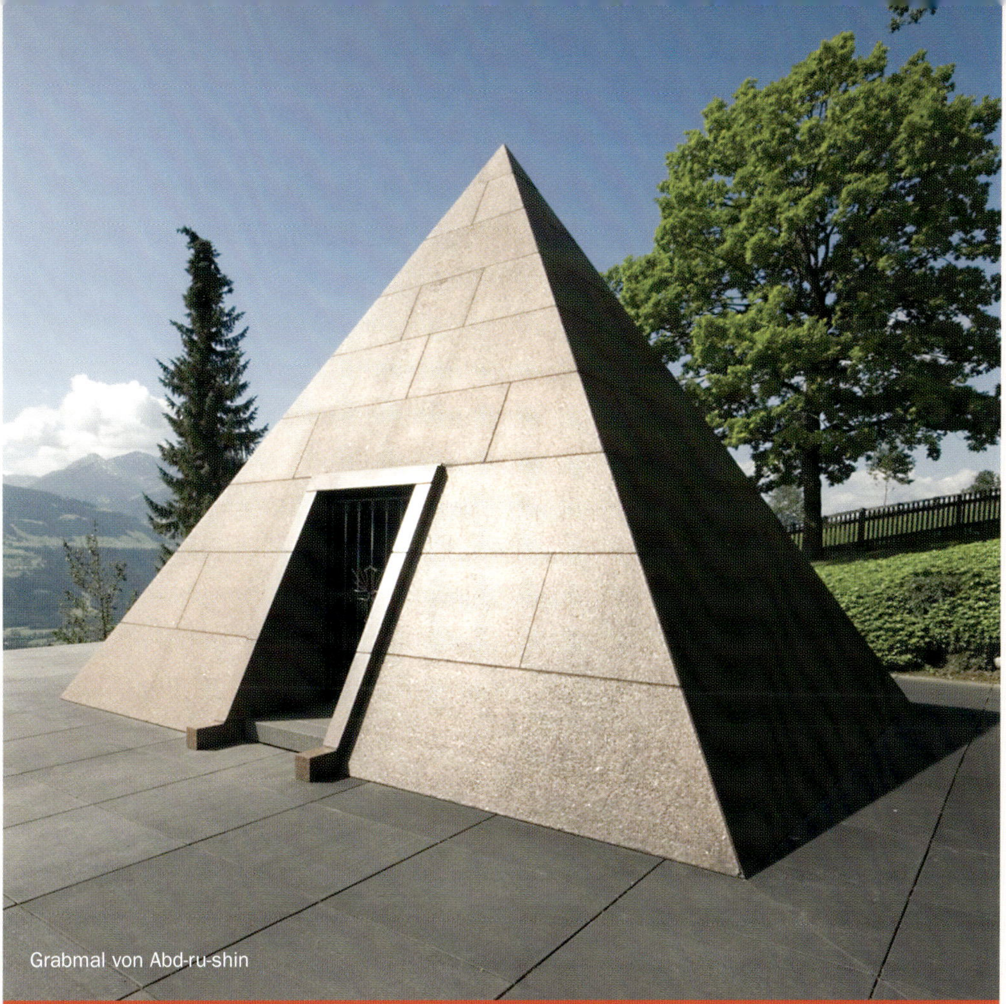

Grabmal von Abd-ru-shin

◆ Geheimnisvolle Gemeinschaften

Der Heilige Gral vom Vomperberg

Die Legende vom Heiligen Gral taucht in der Erzählliteratur des Spätmittelalters rund um die Artussage auf und vermischt keltische, christliche und orientalische Elemente. Der Gral ist eine Schale, ein Stein, meist aber ein Kelch. In dem Kelch, der beim letzten Abendmahl verwendet wurde, soll später durch Josef von Arimathäa das Blut aus der Seitenwunde Christi aufgefangen worden sein. Der Kelch befindet sich in der Gralsburg und wird vom Gralskönig und den Gralsrittern bewacht. Doch die Gemeinschaft leidet und siecht, das Land rundherum ist wüst. Es braucht einen Helden, um die Gemeinschaft zu erlösen. In den Erzählungen gelingt es dem Helden nach vielen Gefahren und Abenteuern zum Gral zu gelangen, neuer Hüter des Grals zu werden – die Gemeinschaft gesundet, das zer-

Große Andachtshalle am Vomperberg

störte Land blüht neu auf. Synonym für diesen Helden ist in der Literatur Parzival, der durch seine Suche nach dem Gral geläutert wird.

Zwar sind die Gebäude der Gralsverwaltung am Vomperberg, Zentrum der Internationalen Gralsbewegung, nicht die Gralsburg und in ihren Räumlichkeiten befindet sich kein geheimnisvoller Kelch, aber immerhin finden wir das Grabmal Parzivals. Parzival, also der Gralshüter, das war Oskar Ernst Bernhardt, der 1928 nach Tirol zog, um seinen Auftrag zu erfüllen und den Menschen die Gralsbotschaft zu bringen. Schon seit 1923 veröffentlichte der sächsische Kaufmann unter dem Namen Abd-ru-shin (Sohn des Lichtes) seine „Gralsblätter". Später erschien sein Standardwerk „Im Lichte der Wahrheit – Gralsbotschaft", das keinen geringeren Anspruch stellt, als alle Fragen im „ganzen Sein" zu beantworten.

Was aber ist der Gral wirklich und worin besteht seine Botschaft? Siegfried Bernhardt, der Leiter der Gralsverwaltung, traf sich mit dem Autor zu einem Gespräch.

In welchem Verwandtschaftsverhältnis stehen Sie zum Gründer Oskar Bernhardt?
Abd-ru-shin selbst hatte keine Nachfahren. Seine zweite Frau Maria brachte drei Kinder mit in die Ehe. Tochter Irmingard führte das Erbe weiter. Sie adoptierte zwei Kinder. Eines davon war meine verstorbene Frau. Bei der Heirat durfte ich den Namen Bernhardt annehmen, damit der Familienname erhalten bleibt. Seit 1990 führe ich die Gralsverwaltung.

Durch das Buch von Dan Brown „The Da Vinci Code", zu Deutsch „Sakrileg", ist das Interesse am Gral wieder gestiegen. Freut Sie das?

Eigentlich nicht, weil es den Begriff des Grals abwertet. Ich halte auch nichts von der Theorie, dass mit dem Gral eigentlich Maria Magdalena, als Kelch der Weiblichkeit, gemeint sei. Der Gral ist nichts, was auf dieser Erde zu finden war oder ist. Er ist die Kraftzentrale, von der das ganze Universum seinen Antrieb zur Bewegung bekommt. Als ewiges Gefäß nimmt der Gral die Gottesstrahlung auf, um sie in umgewandelter Form der Schöpfung zugänglich zu machen. Der Gral ist die Kraftquelle, die das Universum zusammenhält und die Naturgesetze vorgibt. Er ist etwas aus Gott, das die Schöpfung ermöglicht, aber er ist nicht Gott selbst.

Oskar Ernst Bernhardt nannte sich selbst Abd-ru-shin. Aus welcher Sprache stammt der Name?
Der Name stammt aus einer Rückerinnerung. Oskar Bernhardt lebte schon früher einmal zur Zeit Mose im arabischen Raum. Der Name stammt demnach aus dem alten Arabien oder Persien und heißt so viel wie Sohn des Lichtes oder Sohn des Heiligen Geistes.

Es gab Abspaltungen von der Bewegung. Worin liegen die Gründe?
Ende der neunziger Jahre des letzten Jahrhunderts gab es innere Differenzen, die zu Spaltungen führten. Man wollte die Gralsbewegung zu einer sehr engen Vereinigung machen. Dem habe ich nicht zugestimmt, denn sie soll keine Organisation werden. Die Gralsbewegung ist aus meiner Sicht ein Zusammenschluss von Lesern der Gralsbotschaft, die zwei Ziele anstreben: das Bekanntmachen der Gralsbotschaft und gemeinsame Andachten und Gralsfeiern zu ermöglichen. Eine Gruppe hat ihren Sitz in Schwaz, um in der Nähe der Grabstätte Abd-ru-shins wirken zu können und auf unserem Trittbrett mitfahren zu können. In Innsbruck agiert eine kleine Teilgruppe der Schwazer Gemeinschaft. Es gibt auch in Deutschland eine eigene Gralsverwaltung in Form eines Vereins. Weltweit gibt es weitere Abspaltungen. Der Grund liegt darin, dass es immer wieder Personen gibt, die einen Führungsanspruch stellen, der dann zwangsläufig mit Konflikten verbunden ist. Aber es war nie unser Bestreben, eine einheitliche Organisation zu sein. Wir sehen uns zwar nicht in Konkurrenz zu den abgespaltenen Gruppen, aber auch nicht in Harmonie.

Die Gralsverwaltung ist etwas Selbständiges und hat nur insofern mit der Gralsbewegung zu tun, als sie ihr helfend und lenkend zur Seite steht.

Was findet in der Gralssiedlung am Vomperberg statt?
An die Gebäude der Gralsverwaltung schließen sich Wohnhäuser, Werkstätten, Garagen und eine Reitschule mit Reithalle an. Derzeit leben etwa 60 Personen in der Siedlung. Das Gebäude der Gralsverwaltung und das pyramiden-

Siegfried Bernhardt, der Leiter der Gralsverwaltung

artige Grabmal von Abd-ru-shin bilden das Zentrum der Siedlung. Wichtig ist auch die große Andachtshalle. Hier finden unsere sonntäglichen Andachten und drei Mal im Jahr die großen Gralsfeiern statt, zu denen hunderte Menschen aus aller Welt kommen, dic wir zum größten Teil in unseren Häusern unterbringen müssen. Wir haben über 250 Betten zur Verfügung, die natürlich während der restlichen Zeit nicht genutzt werden. Die großen Gralsfeiern finden am 29., 30. und 31. Mai, am 6., 7. und 8. September und am 28., 29. und 30. Dezember statt.

Wie schauen die sonntäglichen Andachtsstunden aus?
20 Minuten vor neun Uhr beginnen die Glocken zu läuten. Dann kommen die Menschen zur Andachtshalle. Dort gibt es zuerst einen Garderobenbereich, dann eine Vorhalle, wo die Leute ruhig verweilen, denn sie sollen sich sammeln. Dann begibt man sich in den Hauptraum und setzt sich auf die Plätze, die zugewiesen werden. Zu Beginn wird ein klassisches Musikstück gespielt, dann geht der eingeteilte Sprecher zum Altarbereich und liest am Sprechpult einen Vortrag aus der Gralsbotschaft und spricht ein Gebet von Abd-ru-shin. Abschließend gibt es noch einmal ein Musikstück und dann beginnt der geordnete Auslass. Wichtig ist, dass alles in Ruhe und Stille vor sich geht. Es gibt bei uns keine Priester. Ich teile die Personen ein, die vorlesen.

Wie finanziert sich die Gralsbewegung?
Da es keine Mitgliedschaft gibt, gibt es auch keinen Mitgliedsbeitrag. Es gibt nur Spenden. Auch wir am Vomperberg können das Ganze nur durch Spenden erhalten. Die Gralssiedlung gehört meiner Familie. Ich habe sechs Kinder – vier von meiner verstorbenen Frau und zwei mit meiner zweiten Frau. Die älteste Tochter ist 21 Jahre und die jüngste drei Jahre alt. Bei der letzten Vererbung konnte ich die Pflichtteile an die Kinder nicht ausbezahlen, deshalb stehen sie heute mit im Grundbuch und bekommen eine Pachtablösung.

Worin besteht die Kernaussage der Gralsbotschaft?
Die Gralsbotschaft ist ein Werk, das keine Frage offen lässt. Aber der Leser muss sich hineinarbeiten, denn es ist kein leichtes Werk. Es bedingt einen aufgeschlossenen und mutigen Menschen, der gewillt ist, sich mit den Aussagen auseinander zu setzen. Die Gralsbotschaft gibt Auskunft über das, was Jesus der Gottessohn, die Liebe Gottes, der Menschheit brachte und was sein Ziel war. Sie gibt auch Auskunft über die Natur und ihre Gesetze, damit der Mensch seinen Stellenwert erkennen kann, den er in der Schöpfung hat.

Ist Jesus die zentrale Gestalt der Gralsbotschaft?
Die zentralste Rolle hat der Schöpfer selbst. Jesus ist ein Teil des Schöpfers. Er ist die Liebe Gottes. Der Heilige Geist ist der Wille Gottes: Immanuel, der ausgeborene Sohn. Gott ist der Ausgangspunkt allen Seins. Seiner Liebe durften wir begegnen, indem Jesus zu den Menschen kam, um unter ihnen zu leben und den rechten Weg zu weisen. Jesus ist zurückgegangen zum Vater. Er blieb nicht bei den Menschen – er ist der eingeborene Sohn. Aber mit dem Willen Gottes, dem Heiligen Geist, ist die Menschheit ständig konfrontiert. Von ihm geht auch das Naturgesetz aus.

Welche Rolle spielt Parzival in Ihrer Botschaft?
Parzival ist der Heilige Geist, von dem die Naturgesetze ausgehen. Er steht am

Anfang der Schöpfung. Er ist der König des Grals. Was wir in der Literatur über Parzival lesen, entspricht nicht dem, was Parzival wirklich ist.

Ist dann Abd-ru-shin das dritte Glied in der Kette nach Jesus und Parzival?
Er ist Teil Parzivals, der verheißene Lichtträger. Aus meiner Sicht ist Abd-ru-shin, mit dem, was er an Wissen der Menschheit brachte, vergleichbar mit Jesus.

Ist Ihre Bewegung christlich?
Wir selbst sehen uns schon als Christen. Die Kirche spricht uns das aber ab, weil wir eine differenziertere Meinung von der Kreuzigung Jesu haben. Die Kirche betrachtet die Kreuzigung als Sühneopfer, durch das der Menschheit die Sünden vergeben worden sind. Wir glauben, dass die Kreuzigung Mord am Gottessohn war, der den Machthabern lästig geworden war. Jesus nahm aber die Kreuzigung auf sich, weil er seine Lehre damit bestätigen wollte. Die Sünden der Menschheit sind dadurch aber nicht vergeben worden. Jesus sagte ja, er könne die Sünden vergeben, nicht aber die Sünden gegen den Heiligen Geist, also gegen den Willen Gottes, das Schöpfungsgesetz. Sie vollziehen sich nach dem Grundsatz: Was der Mensch sät, das wird er ernten.

Oskar Ernst Bernhardt nannte sich Abd-ru-shin (Sohn des Lichtes)

Sie glauben an Reinkarnation?
Das Eigentliche im Menschen ist Geist. Der Geist kann nicht in einem Tier, sondern nur in einem Menschen reinkarnieren. Der Mensch ist geistiger Art. Er kommt auf diese Erde, um sich zu entwickeln. Aber dafür braucht es mehrere Erdenleben. Das heißt, die Menschen früherer Zeiten waren wir selbst. Wir waren in verschiedenen Kulturen schon inkarniert, nur wir wissen es Gott sei Dank nicht.

Der Geheimbund der Freimaurer

Wer wüsste nicht gern, „was die Welt im Innersten zusammenhält", meinte schon der Freimaurer und Illuminat Johann Wolfgang von Goethe. In einer immer schwerer durchschaubaren Welt, deren Fachbereiche in immer schmälere Wissenssegmente zergliedert werden, die nur mehr von hochqualifizierten Spezialisten bearbeitet und erfasst werden können, vermisst so manch Durchschnittsverbraucher eine Gesamtschau – Antworten auf die großen Fragen des Lebens: Woher komme ich? Wohin gehe ich? Warum bin ich da? Schnell vermutet man, manch Gruppierung, Bund oder Gemeinschaft hätte die ersehnten Antworten und damit den Schlüssel zur Macht – aber eben nur für seine eingeweihten Mitglieder, die sich hinter geheimen Ritualen und Symbolen verschanzen.

Die Folge: Missgunst, Unterstellungen und Verdächtigungen.

Gerade in Zeiten, in denen Feindbilder willkommen waren, wurde geheimen Gesellschaften oft unterstellt, Einfluss auf die Geschicke eines Staates auszuüben – ja vielleicht sogar die Weltherrschaft anzustreben.

Dieses Schicksal teilten sich die Freimaurer mit den Juden und den Jesuiten, seit einigen Jahren abgelöst von den Mitgliedern des Opus Dei – allesamt verdächtig, Betreiber einer angeblichen Weltverschwörung zu sein.

Verschwörung „zum Guten"

Weltverschwörung – eine unsinnige Unterstellung? „Tatsächlich waren die Freimaurer an der Französischen Revolution nicht ganz unbeteiligt", erklärt der Großmeister von Österreich, Michael Kraus. Auch die Mehrzahl der US-Präsidenten waren Freimaurer, ihr Gedankengut floss in die amerikanische Verfassung ein. Nach George Washington traten in den USA viele weitere Präsidenten wie James Monroe, Theodore Roosevelt und Harry S. Truman öffentlich für die Prinzipien der Freimaurerei ein. Viele Revolutionäre in Lateinamerika, wie etwa Simón Bolivar, waren ebenfalls Mitglieder, und auch im Englischen Königshaus sitzt zumindest ein Freimaurer – derzeit Prinz Edward, der Herzog von Kent.

Ein Netzwerk der Macht also? Jedenfalls waren die Gegenreaktionen, Verbote und Verfolgungen heftig.

Vor allem die katholische Kirche sah in der Freimaurerei eine Gefahr und stufte die Mitgliedschaft als schwere Sünde ein, die mit Exkommunikation bestraft werden müsste. Auch in Österreich wurde die Freimaurerei immer wieder eingeschränkt oder gar verboten. So glaubte Kaiser Franz II. an ein „Freimaurerkomplott" und verbot die Maurerei. Auch während des Nationalsozialismus war die Freimaurerei verboten, weil angeblich Teil des jüdischen Weltkomplotts: Ihre Mitglieder wurden brutal verfolgt.

Inzwischen bekennt sich Michael Kraus offen zu einer „Weltverschwörung", wenn auch nur „zum Guten" und meint in seinem neuen Buch „Die Freimaurer": „Denn nicht die Welle wollen wir sein, sondern der Unterstrom, der in seiner Wirkung alles andere übertrifft."

„Alle Menschen werden Brüder …"

Die Ode „An die Freude" des Freimaurers Friedrich Schiller war eine Auftragsarbeit von Christian Gottfried Körner für eine Loge und beschreibt das freimaurerische Ideal gleichberechtigter Menschen, geprägt vom Bestreben nach „allgemeiner Menschenliebe". Ein Großteil der freimaurerischen Werte entstammt dem England der frühen Neuzeit und erlebte eine Blüte im Zeitalter der Aufklärung. Ihre Grundpfeiler lauten: Humanität, Freiheit, Religiosität, Toleranz und freimaurerische Brüderlichkeit (als Bindemittel zwischen den Brüdern). Humanität soll sowohl in der Loge als auch im Alltag gelebt werden. „Wir wollen lediglich den Einzelnen in die Lage versetzen, in seinem Umfeld richtig, also menschlich zu handeln", meint Michael Kraus. Zu den „Alten Pflichten" zählt es, „gute und redliche Männer zu sein, Männer von Ehre und Rechtschaffenheit, durch welche Glaubensbekenntnisse und -anschauungen sie auch unterschieden sein mögen". Viele Freimaurer bekennen sich zu einem Schöpfungsprinzip, das sie „Allmächtiger Baumeister aller Welten" nennen und unter dem man auch einen persönlichen Gott verstehen darf: „Brüder, überm Sternenzelt muss ein guter Vater wohnen …“ (Friedrich Schiller). Den Freimaurern ist es wichtig, offen für Menschen aller Religionen zu sein. Deshalb will man keine „christliche Sekte“ werden, auch wenn man in Logen, die von England anhängig sind (wie Österreich), das masonische Gelöbnis vor dem „Heiligen Buch“, also der Bibel abgelegt wird. In anderen Systemen erfolgt das Gelöbnis vor einem Buch mit leeren Seiten – Symbol dafür, dass man sich auf keine Religion festlegen will.

Die Verschwiegenheit, die zum Wesen der österreichischen Freimaurerei gehört, soll Diskretion und Schutz der Privatsphäre garantieren. Zu viele Verfolgungen zwangen die Mitglieder zur Vorsicht.

Dunkle Schatten

Aber die Freimaurerei wird nicht nur mit den hell leuchtenden Tugenden der Humanität in Verbindung gebracht, sondern auch mit den dunklen Abgründen der Hermetik, der Alchemie, des Okkulten, der Magie, der Kabbala und des Suffismus. Zwielichtige Gestalten im Dunstkreis der Freimaurerei gab es immer wieder.

Der Franzose Leo Taxil behauptete 1885, er habe an Schwarzen Messen, an Satanskult, Orgien und Zaubereien in Freimaurerlogen teilgenommen, und sorgte mit seinen Enthüllungen für großes Aufsehen in der Öffentlichkeit, insbesondere in katholischen Kreisen. Papst Leo XIII. gewährte ihm sogar eine Privataudienz, um die Schauergeschichten aus erster Hand hören zu können. Erst nach etlichen Jahren gab Taxil zu, alles erfunden zu haben.

Giacomo Casanova wurde in Venedig wegen „freimaurerischer Umtriebe und wegen Gotteslästerung“ verhaftet.

Einer der größten Hochstapler des 18. Jahrhunderts war Alexander Graf von Cagliostro, der eigentlich Joseph Balsamo hieß. Er gründete einen Freimaurerzweig nach „ägyptischem Ritus“, mit dem er den Leichtgläubigen neue Jugend für Geist und Körper versprach. 1789 besuchte Cagliostro die Bozner Loge und unterwies deren Mitglieder in der Kunst der Alchemie und Magie. Er landete schließlich in einem päpstlichen Gefängnis.

Rituale und Grade

Viele Bezeichnungen, Symbole und Rituale stammen aus der mittelalterlichen Welt der Bauhütten, die mit der Errichtung der Dome und Kathedralen beauftragt waren. So heißen die drei Grade der persönlichen Weiterentwicklung Lehrling, Geselle und Meister. Ein unbehauener Stein, „der raue Stein“, symbolisiert die Stufe der Selbsterkenntnis. Nach einem Jahr wird man zum „kubischen Stein“, also zum Gesellen. Erst der glatt behauene Baustein, also der fortgeschrittene Freimaurer, eignet sich für den „Tempel der Menschlichkeit“. Der Meistergrad hat das „Reißbrett“ zum Symbol. Zusätzlich gibt es „Hochgradsysteme“, bei denen die jeweils vorhandene Stufe vertieft wird. Die sondersprachlichen Regelungen umfassen auch die „Arbeit“ an den maurerischen Logenabenden, bei der „Baupläne“ oder „Zeichnungen“ in Form von Impulsreferaten zu philosophischen, gesellschaftlichen und historischen Themen geliefert werden. Tagespolitik und konfessionelles Geplänkel sind verpönt. Ein demokratisch gewählter Vorsitzender leitet die Sitzung, die mit einem gemeinsamen Mahl beschlossen wird.

Wer in die rätselhafte Symbolwelt der Freimaurer eintauchen will, kann dies auch als Uneingeweihter im Schloss

Rosenau bei Zwettl im Waldviertel tun. Alle Gemälde, Fresken und Gegenstände, die im Barockschloss zu besichtigen sind, haben ihre Bedeutung in der masonischen Ideenwelt.

Das Dreieck mit dem Auge darin, das sich auf jeder Dollarnote findet, ist genauso zu sehen wie Zirkel und Winkelmaß, die Muschel als Zeichen der Verschwiegenheit oder der Bienenstock, als Zeichen der gemeinsamen Arbeit.

Freimaurer in Österreich

Obwohl in älteren freimaurerischen Historiographien direkte Linien zwischen der modernen Freimaurerei und antiken Mysterienbünden und Ritterorden vermutet wurden, so gelten heute als eigentliche Vorläufer die mittelalterlichen Bauhütten.

Am 24. Juni 1717, dem Tag von Johannes dem Täufer, des Schutzpatrons der Maurer, schlossen sich in London vier Logen zu einer Großloge zusammen. Bald fasste der Freimaurerbund auch im restlichen Europa Fuß. Die erste Wiener Loge wurde 1742 gegründet. „Aux Trois Canons" bestand nur wenige Monate und wurde durch Polizeigewalt auf Befehl Kaiserin Maria Theresias aufgehoben. Ihr Gatte Franz Stephan von Lothringen war selbst Freimaurer und erwirkte als römisch-deutscher Kaiser Franz I., dass die Bannbulle „In Eminenti", in der Papst Clemens XII. den Freimaurern die Exkommunikation androhte, in Österreich wirkungslos blieb. Sein Sohn, Joseph II., selbst Reformer im Sinne der Aufklärung, verhielt sich gegenüber den Freimaurern distanziert, aber vorurteilsfrei und griff erst durch das Freimaurerpatent in die innere Struktur ein. 1780 bestanden in Wien sechs Freimaurerlogen und 1784 konnte die erste Großloge installiert werden.

Kaiser Franz II. vermutete im Freimaurertum die treibende Kraft, die zur Französischen Revolution geführt hatte, und verbot es 1795 in den habsburgischen Ländern durch das

Der Freimaurerforscher Dr. Helmut Reinalter mit dem Bestseller des Großmeisters Michael Kraus „Die Freimaurer"

Kriminalpatent. Es wurde still um die maurerische Bewegung. Erst mit dem Ende der österreichisch-ungarischen Monarchie 1918 kam es zu einem erneuten Aufleben der Logen. Mit der nationalsozialistischen Bewegung kam das Freimaurertum schon allein deshalb in Konflikt, weil es ja Menschen aller Rassen als gleichwertig ansah. Die Freimaurer wurden zusammen mit den Juden besonders gefährliche Feindbilder. Die nationalsozialistische Machtübernahme bedeutete wieder einmal das Ende der österreichischen Freimaurerei. Nach Ende des Krieges kam es zur Reaktivierung mehrerer Logen unter Bedachtnahme, keine Personen aus dem Dunstkreis des Nationalsozialismus aufzunehmen.

Die „Großloge von Österreich" wurde ein voll berechtigtes Mitglied der Weltfreimaurerei.

Seit 2002 ist Michael Kraus Großmeister der österreichischen Freimaurer. Im Jahr 2007 gibt es in Österreich rund 2.800 Freimaurer und 67 Logen. Nachwuchsprobleme gibt es keine. Und dass das so bleibt, dafür wird sicher der neue Thriller „The Solomon Key" von Dan Brown sorgen, der sich direkt um die Machenschaften der Freimaurer dreht.

Freimaurerei in Tirol

Die Freimaurerei wurde durch den Josephinismus von Wien importiert. Die erste Innsbrucker Freimaurerloge wurde 1777 gegründet. Sie hieß „Berg Moria" und wurde später auf den Namen „Zu den drei Bergen" umbenannt. 1783 entstanden zwei weitere Logen: „Symbolischer Zylinder" und „Zu den drei Flammen". In Bozen gründete 1780 der einflussreiche Kaufmann Franz von Gumer eine Freimaurerloge.

Nach 1945 wurde in Tirol keine Loge wiederbelebt, sondern es wurde 1953 ein Zirkel gegründet und erst aus diesem heraus dann die Loge „Zu den drei Bergen" wieder gegründet. Aufgrund der steigenden Mitgliederzahlen hat man die Loge geteilt. Das führte zur Gründung der Loge „Einigkeit in Freiheit". Beide Logen befinden sich in der Claudiastraße. Es gibt etwa 140 Mitglieder. Die Treffen finden wöchentlich statt. Weibliche Freimaurer gibt es in Tirol keine. Der pensionierte Mittelschulprofessor Mag. Günther Kopp aus Völs ist seit 37 Jahren Mitglied der Loge „Einigkeit in Freiheit", der etwa 50 Mitglieder angehören. Er freut sich, dass es in Tirol keine Nachwuchsprobleme gibt. Besonders junge Mediziner hätten in letzter Zeit den Anschluss gesucht. Kopp sei aus der Kirche ausgetreten, aber die meisten Mitglieder seien katholisch, einige protestantisch. Der Anteil an Akademikern, insbesondere von Universitätsprofessoren, sei groß, erklärt der begeisterte Freimauerer. Kopp nennt einige verstorbene Mitglieder, wie etwa Univ.Prof. Dr. Wolfgang Göttinger, Lungenfacharzt Dr. Alexander Frank oder Landesrat Dr. Fritz Greiderer.

Der Freimaurerforscher und Herausgeber einer Freimaurerzeitschrift, Dr. Helmut Reinalter, gibt sich dagegen bedeckt: „Ich kann Ihnen zur gegenwärtigen Situation der Innsbrucker Logen gar nichts sagen – keine Namen, keine Aktivitäten. Ich bin an die Verschwiegenheitsverpflichtung gebunden." Endlich ein Geheimbund, der seinem Namen alle Ehre macht.

Sarah Hofer

◆ Verfolgt und vertrieben

Die Geschichte der Hutterer

In den letzten 480 Jahren wurden die Hutterer wegen ihres Glaubens immer wieder verfolgt und vertrieben. Heute leben sie inmitten der weiten Prärien Kanadas und der USA und inmitten „eines Meeres der Sünde“. Sie kennen kein Privateigentum und das Evangelium ist ihr Gesetz.

Jakob Hutter stammte aus Tirol. Er wurde am 25. Februar 1536 vor dem Goldenen Dachl verbrannt. Noch immer sprechen die immerhin etwa 45.000 Hutterer ein altertümliches Tirolerisch vermischt mit Wörtern aus anderen Dialekten und Sprachen.

Erst seit kurzem wird in Tirol eine intensive Aufarbeitung dieses dunklen und jahrhundertelang verdrängten Kapitels angegangen. Das Interesse der Tiroler Bevölkerung am Schicksal dieser Volksgruppe wurde durch ein Theaterstück von Felix Mitterer, Filme und Bücher gesteigert. So wurde am Todestag Jakob Hutters im Jahr 2007 in

Innsbruck mit hutterischen Vertretern ein erster offizieller Schritt in Richtung Versöhnung gesetzt: Nach einer Gedenkandacht an die Märtyrer vor dem Goldenen Dachl predigten Hutterer im Alten Rathaus vor zahlreichen Teilnehmern. Die katholischen Bischöfe von Innsbruck und Brixen-Bozen sowie der Südtiroler Landeshauptmann, Medien und Schulklassen erkundigten sich nach der Lebensweise und dem Glauben der Hutterer. Diese Begegnungen sollen zu einem offiziellen Akt führen, um Frieden mit dieser Vergangenheit schließen zu können. Der „Hutterer-Arbeitskreis Versöhnungszeichen" bemüht sich, diesen geistlichen Aufarbeitungsprozess voranzutreiben.

Besuch in Seville Colonie

Der Himmel ist alles in diesem Winkel von Montana. Flaches Land, so weit das Auge reicht. Goldgelb wogende Weizenfelder im Wind, der die trockene Erde aufwirbelt und Staubfahnen vor sich hertreibt. Die endlos gerade Straße verliert sich am Horizont. Endlich das unscheinbare Schild „Seville Colonie". Eine schotterige Stichstraße führt in das Abseits vom Abseits. Vor uns liegt das Dorf der Hutterer.

Bin ein Tiroler Bub, hab immer frohen Mut, stamm aus dem schönen Land, das Land man kennt es wohl, es ist mein Heimatland, und heißt Tirol, Tirol, Tirol, wir sehn uns nimmermehr ...

Wo aber sind die Holzhäuser, die Balkonblumen und Bauerngärtchen, die karierten Vorhänge? Vor uns ducken sich in eine Mulde flache, rationelle Bauten, fast Baracken, mit Blechdächern und schotterigen Vorplätzen – kein Baum, keine Blume, die das Auge „gluschtig" machen könnte. In seiner kühlen Schmucklosigkeit erinnert uns der Bruderhof eher an ein Straflager. Das Dorf scheint menschenleer – versteckte Gesichter hinter dunklen Fenstern. Besucher verirren sich selten in dieses Dorf.

Da kommt eine Frau auf uns zu – 50-jährig, das Gesicht einer Bergbäuerin, das Haar streng gescheitelt, aber Lachfältchen um die Augen, in der strengen Tracht der Hutterer mit dem gepunkteten „Tiachl" und dem bodenlangen Rock – Sarah Hofer.

Wir tasten einander sprachlich ab – zuerst englisch, dann hochdeutsch und schließlich im Tiroler Dialekt. Von da an wird alles anders. Einen Besuch aus Tirol hatte die Kolonie noch nie. Und es ist nach wie vor Tirol, das sie als ihre Urheimat sehen und dem ihr weltliches Interesse gilt. Obwohl die Sprache inzwischen vermischt wurde mit Wörtern aus dem Kärntnerischen, einzelnen Lehnwörtern aus dem Tschechischen, Russischen und natürlich Englischen, glaube ich doch mit einer Bäuerin aus der Heimat zu plaudern. Wir bekommen auch prompt das von einem Tiroler wohl selten gehörte Kompliment: „Von olle Leit, de uns bsucht hobn, kennts es am beschten deitsch." Und Sarahs zwanzigjährige Tochter erzählt aufgeregt ihren Freundinnen: „Mit de kennts normal reden, de reden so wia mir."

Sarah zeigt uns freudig den Bruderhof. Das Dorf ist dreigeteilt. In der Mitte liegen die Gebäude mit den Gemeinschaftsräumen Schule, Kirche, Speisesaal, Küche und Wäscherei, westlich liegen die Wohngebäude und östlich die Stallungen. Wir schauen uns den computergesteuerten Kuhstall an, der nach dem Motto programmiert ist: „A jede Kua kriagt so viel, wia sie gibt." Dann geht's zu „di Säu", „di Gäns" und zu „di Hennen". Anders als die ihnen nahe stehenden Alt-Mennoniten und Amischen, die ihre Felder wie vor der industriellen Revolution bewirtschaften, hat bei den Hutterern das 21. Jahrhundert Einzug gehalten. Auch in der Eiersortierabteilung ist alles auf dem neuesten Stand der Technik. Das Weltbild jedoch ist fest im 16. Jahrhundert verankert. Der „Hiahnermensch" erklärt uns freundlich die Maschinen.

Jeder Hutterer ist für einen bestimmten Arbeitsbereich zuständig – dementsprechend gibt es dann eben auch den Saumenschen, den Viechmensch usw. Bei den Frauen verläuft diese Arbeitsteilung ganz anders, erzählt uns Sarah, während sie uns Speisesaal und Küche zeigt. Von 16 bis 45 arbeitet jede Frau in der „Kuchel", aber alle 12 Wochen wird gewechselt. Daneben gibt es Dienste wie den Wäschereidienst oder das Versorgen der Kleinkinder. Über 45 werden die Frauen zur Kranken- und Altenpflege herangezogen, sie helfen den Schwangeren und den jungen Müttern.

Zu den Mahlzeiten wird man mit der Glocke gerufen. Zuerst essen die Kleinkinder, dann die Jugendlichen und zuletzt die Erwachsenen, streng getrennt nach Geschlecht.

Die Kirche hat die Ausstrahlung einer Bahnhofswartehalle – schmucklos ohne Kompromiss, nicht einmal Blumen oder ein schlichtes Kreuz, an der Decke kaltes Neonlicht. Als Wartezimmer im Jammertal des Diesseits wird das Leben ja auch gesehen.

Für die Kinder gibt es drei Bildungssysteme: die „Kleine Schule" (der Kindergarten), ab sechs die „Englische Schule", parallel dazu die deutsche „Große Schule" in der der „Deitschlehrer" die Kinder Hochdeutsch lesen und schreiben (in Kurrent!) lehrt und in den hutterischen Glauben einweist.

Wenn ich ein Vöglein wär, flög übers weite Meer, flög in das schöne Land, das Land ihr kennt es wohl, es ist mein Heimatland, ist mein Tirol, Tirol, Tirol, wir sehn uns nimmermehr …

Dieses Tiroler Land aus dem Lied ist für die Hutterer heute ein verschwommener Begriff. „Wie schauts denn dort aus?", werden wir gefragt. Um so erstaunlicher ist dieser tief verwurzelte Tirolbezug, wenn man die Geschichte dieser Gemeinschaft kennt, die mit Blut und Tränen geschrieben wurde und davon weiß, was ihre Vorfahren in unserer Heimat mitmachen mussten.

Das beginnende 16. Jahrhundert war die Zeit eines Luthers und eines Zwinglis, die alte kirchliche und weltliche Strukturen ins Wanken brachten. In Tirol war es die Zeit des Bauernrebellen Michael Gaismair, der Geistlichen und Adeligen zeigte, wie frei die Tiroler Bauern wirklich waren, und eine christliche Republik einführen wollte. Und dann gab es da welche, denen das Ganze noch immer zu wenig radikal war, die faule Kompromisse ahnten, die die Lehre des wahren Evangeliums verwässert sahen. Und einer dieser Heiligen oder Sturschädel, Unbeugsamen oder Fanatiker (oder alles zusammen) war Jakob Hutter. Aufgewachsen in Moos im Südtiroler Pustertal, von Beruf Hutmacher (daher der Name). Unweit davon ragte die Michelsburg auf einem Felsklotz, mit der blutigen Aufgabe betraut, das Land von „Ketzern und Verführern" zu befreien. Und als solche wurden die „Wiedertäufer" angesehen. Hutter hatte das Gedankengut von den Schweizer Wiedertäufern Felix Mantz und Jörg Blaurock übernommen. Er trug es als Hutmacher weiter von Hof zu Hof und schon bald hatte er eine Gemeinde, wurde einer der Anführer der sich in Tirol flächendeckend verbreitenden Volksbewegung. Wie Freiwild wurden sie ab 1527 gehetzt und nur auf den unwegsamsten Bergen, in den tiefsten Schluchten und den dunkelsten Wäldern konnte man es wagen, sich zu treffen. Denn wer erwischt wurde, dem drohten die Folter und der Tod.

Was war es denn nun, was diese entschlossenen Menschen für sich forderten? Eigentlich bloß die Wiederherstellung der neutestamentlichen Gemeinde nach Vorbild der Bergpredigt. Dazu zählten unter anderem folgende Punkte:

Sie lehnten die Kindertaufe als unnützes Kopfwaschen ab. Nur wer sich bewusst für Gott entscheiden kann, soll getauft werden. Sie lehnten den Kriegsdienst ab – „du sollst dich nit wehren, nicht einmal wann der Türk ins Land kommt" –, sie lehnten das Privateigentum ab in Anlehnung an die urchristlichen Gemeinden und traten für die Gütergemeinschaft ein – 300 Jahre vor Karl Marx.

Wenn nicht einmal im weiten Europa, wie sollte da in den engen Tälern Tirols Platz sein für verschiedene Weltanschauungen. Die Mächtigen des 16. Jahrhunderts entschieden sich für eine Wahrheit und töteten dafür – wie es die Machtverhältnisse gerade zuließen.

Jakob Hutter musste bei Nacht und Nebel nach Mähren fliehen, wo er sich einer gütergemeinschaftlich lebenden Täufergemeinde anschloss und von dort ausgesandt in Tirol missionierte, in Mähren eigene Bruderhöfe gründete und die Flucht seiner Glaubensgeschwister nach Mähren organisierte. Es gab dort aber auch nur eine kurze Verschnaufpause, denn schon nach zwei Jahren begann die Ketzerjagd auch dort. Hutter kehrte nach Tirol zurück, wurde in Klausen gefangen genommen und in Innsbruck vor dem Goldenen Dachl verbrannt.

In Nordtirol und im Eisack- und Pustertal starben die Täufer zu Dutzenden. Der hutterische Märtyrerspiegel liest sich stellenweise wie ein Frontbericht. So berichtet die Chronik von 71 Märtyrern in Rattenberg, von 68 in Kitzbühel, 20 in Schwaz, 8 in Innsbruck, von 30 Märtyrern in Sterzing, von den 16 Täufern, die in der Brixner Folterkammer lieber das Todesurteil wählten statt zu widerrufen, berichtet von den 19 Brüdern, die in Gufidaun an jener Stelle hingerichtet wurden, wo heute der Kinderspielplatz steht, und vom Burgverlies, in dem einst der täuferische Missionar Jörg Blaurock in Ketten lag.

Seville Colonie ist eine Hutterersiedlung in Montana

Nach dem Tod Hutters flohen weitere Täufer nach Mähren, zu den anderen Brüdern. Von dort begann eine Odyssee, die erst nach dem Ersten Weltkrieg ein Ende haben sollte.

Von Mähren ging es infolge der Gegenreformation in dic Slowakei und nach Siebenbürgen, in die Walachei, dann in die Ukraine und letztlich nach den USA und dann nach Kanada. Heute leben etwa 30.000 Hutterer in den Prärien Kanadas und 20.000 in den Bruderkolonien der USA.

Das alles jedoch ist Geschichte. Ihren Verfolgern und in erster Linie den Tirolern haben die Hutterer längst vergeben, und zwar jeder Einzelne wie auch die ganze Gemeinde.

Wenn ich gestorben bin, tragt mich zum Friedhof hin. Wenn ich gestorben bin, tragt mich dort hin.
Tragt mich ins schöne Land, das Land ihr kennt es wohl ...

Mit hellen, klagenden Tönen singen uns Sarah, ihre Tochter und ihre Nichte dieses Lied vom „Tiroler Bub" vor. Trotzdem habe ich plötzlich das Gefühl, dass nicht diese Leute auf der Suche nach Identität sind. Für sie ist dieses Tirol, das Land der Märtyrer, das Land der Sehnsucht, etwas Unerreichbares geworden. Sind es nicht vielmehr die Tiroler, die befürchten, ihre Kultur könne sich in einem EU-Einheitsbrei auflösen, und interessiert und ein wenig sehnsüchtig nach Übersee schauen – zu den Auswanderern in Südamerika und eben zu den Hutterern?

Sarah führt uns durch ihr Haus. Nachdem ich gedroht habe, dass „i jetzt nachschaugn kiam, ob sie eh aufgramt hat", haben wir auch die Wellenlänge des Humors aufeinander abgestimmt. „Wenns ma nit alles einschweints", lautet lachend ihre Einladung.

Von den Böden könnte man essen. In den Kästen herrscht pedantische Ordnung, in den Vorratskellern sterile Sauberkeit. Nur in Annas Zimmer wuchert grell-bunter Schnickschnack, als würde hier die zurückgehaltene Freude am Schmücken explodieren.

Bei den Nachbarn gibt es einen Polterabend. Die Nachbarstochter Rachel wird von ihrem Bräutigam abgeholt, zur Hochzeit nach Alberta. Selbstverständlich zieht die Frau ins Dorf des Mannes. Eine Wagenladung Aussteuer wird mitgegeben. Wir sind eingeladen. Kein ausgelassenes Abschiedsfest, vielmehr ein besinnliches Absingen von Liedern, dazu werden kleine Knabbereien und Erfrischungsgetränke gereicht.

Als uns Sarah zum Auto begleitet, schenkt sie mir ihr handgeschriebenes Liederbuch und überhäuft uns mit Gläsern voll Marmeladen und Eingemachtem. Ich habe Freunde gefunden, auch wenn man einander wahrscheinlich nie wieder im Leben sehen wird. Spontan umarme ich Sarah Hofer zum Abschied, denn anders kann ich mein Gefühlschaos nicht ausdrücken – tiefe Verbundenheit, Bewunderung für ein verfolgtes Volk und das Gefühl, ein Stück Heimat gespürt zu haben.

Ist die Hutterische Arche nun ein Prototyp für menschliches Zusammenleben ohne Privateigentum, ohne Kriminalität, ohne Ausgrenzung von Alten, Behinderten und Kranken?

Oder sind die Hutterer eine engstirnige Gruppe, in der sich das Individuum nicht entfalten kann, in der Freude am Schönen, fragendes Suchen nach dem Funktionieren der Welt unterdrückt wird? „Die große Abrechnung wird nit auf der Erd gmacht. De gibt's beim Weltengricht. Des is so gwiss wies Amen in der Lehr", würde Sarah dazu sagen.

◆ Teuflische Nächte

In den Nächten vor dem Nikolausfest ziehen unheimliche Scharen wilder Teufel, Krampusse oder Klaubäufe durch die Dörfer Tirols. Die einen freut es, die anderen fürchten sich.

Eigentlich sind ja der 5. und 6. Dezember die Festtage des hl. Nikolaus. Der würdige Mann im Bischofsornat soll an den Bischof Nikolaus von Myra erinnern. Über den heiligmäßigen Mann gibt es viele Wunderberichte. So errettete er drei Jungfrauen vor der Prostitution, indem er ihnen heimlich drei goldene Kugeln schenkte. Davon kommt der Brauch des „Einlegens“ von kleinen Geschenken. Ein anderes Mal erweckte er drei zerstückelte Schüler wieder zum Leben. Der Nikolaus gilt deshalb auch als „Schülerpatron“, der die Kinder überprüfen darf. Unser Nikolaus ist aber eine Mischung aus dem erwähnten Bischof Nikolaus von Myra, der wahrscheinlich im 4. Jahrhundert gelebt hat, und dem gleichnamigen Abt von Sion, der am 10. Dezember 564 in Lykien starb. Als die Gebeine des Nikolaus von Myra nach Bari in Italien gebracht und dort in einer eigens dafür erbauten Nikolauskirche bestattet wurden, verbreitete sich seine Verehrung auch bei uns. Bald gab es mehr als 2.000 Nikolauskirchen in Nord- und Mitteleuropa. Heute steht der hl. Mann oft recht verloren mit seinen roten Säckchen auf dem Dorfplatz. Eigentliche Attraktion sind Wesen mit furchtbaren Masken und langen Hörnern, von bengalischen Feuern in rotes Licht getaucht – die Hölle hat ihr Tor geöffnet und die Zuschauer kreischen vor Angst und Vergnügen. Stiehlt der Teufel dem Nikolaus die Show?

Der dunkle Schatten des Nikolaus

Wir sprechen mit dem Volkskundler Mag. Karl Christoph Berger vom Institut für Europäische Ethnologie/Volkskunde. Der Osttiroler Wissenschaftler ist Spezialist für das Phänomen des Klaubauf- und Krampuslaufens und arbeitet an einem Buch darüber.

In den 1960er und 1970er Jahren war man oft froh, einen einzigen, armseligen Krampus neben dem Nikolaus erspähen zu können. Jetzt treiben sich Legionen von Höllengeistern durch die Dörfer. Ist das Krampuslaufen ein neuer Brauch?
Berger: Das Krampus- und Klaubauflaufen, und eigentlich gehört hier auch das Perchtenlaufen aus dem Unterland dazu, hat historische Wurzeln und es gibt Täler, wo dieses Treiben eine zwar nicht ungebrochene, aber eine längere Tradition hat. In Osttirol und im Unterland kann man den Brauch seit dem 18. Jahrhundert nachweisen. Aber es stimmt, dass die Bräuche in weiten Teilen Tirols neu belebt oder gar neu eingeführt werden. Im Oberland etwa hat man das Krampuslaufen früher nicht gekannt. Man könnte sagen, es sind „erfundene Traditionen". Auch das Perchtenlaufen im Unterland wurde neu belebt, während es im Zillertal ältere Formen gibt. Die historischen Wurzeln reichen zwar weit zurück, aber keineswegs ins Heidnische, wie dies immer noch oft behauptet wird. Sehr wohl aber ins Mittelalter, wo sie eng mit dem Kirchlichen verflochten waren.

Ist der Krampus der Teufel?
Krampus kommt von „Krampen" und heißt Kralle. In ganz Europa wurden dem Nikolaus dunkle Gestalten zur Seite gestellt, wie zum Beispiel in Frankreich, Slowenien, Kroatien oder Deutschland. Es gibt auch ganz unterschiedliche Namen für diese Gesellen: Krampus, Beelzebub, Klaubauf, Knecht Ruprecht, Bartl, Butz, Leutfresser oder Percht. Man erkennt die Perchten an den mächtigen Kostümen aus Maisflitschen. Der Krampus wird oft mit dem Teufel gleichgesetzt, ist er aber nicht. Die Figur des Teufels verkörpert ja das Dämonische, das Böse an sich. Der Krampus ist zwar der wilde Begleiter des Nikolaus, aber auch dessen Diener. Er gehorcht dem Heiligen. Der Nikolaus steht über dem Krampus. Man sieht

das ganz deutlich bei den Nikolausspielen. Sie waren ursprünglich von den Jesuiten initiierte Theateraufführungen, die belehrenden Inhalt hatten. Der Nikolaus war meist nur Randfigur in diesen „Jedermannspielen". Hier trat der „Kettenteufel" auf. Der richtige Teufel wurde von zwei Krampussen an der Kette gehalten. Die Verschmelzung und Vermischung passierte erst, als diese Spiele verboten wurden.

Wie wurde aus dem Nikolausspiel das Krampuslaufen?
Das Nikolausspiel wurde sowohl während der Aufklärung als auch dann von der Kirche selbst verboten. Man wollte den wilden Exzessen während der Adventzeit in den Stuben Einhalt gebieten. Man gestattete aber das Treiben auf der Straße. Dadurch kam es zum Umzugsbrauch. Viele Figuren, die vorher bei den Spielen dabei waren, gingen nun auf der Straße mit. Man sieht das noch heute in einigen Tälern Osttirols, wo die Figur des Sensenmannes, des Arztes oder des Bajazzos noch heute dabei sind – durch die Dominanz des Klaubaufs aber nur in Nebenrollen.

In den 1960er und 1970er Jahren verbannte eine liberale Erziehungswelle den Krampus. Man wollte die Kinder nicht schrecken und stellte den dunklen Gesellen ins Abseits. Kommt er jetzt mächtiger denn je zurück?
Er kehrt mit massiver Präsenz zurück, aber die Gründe sind vielfältig. Es gibt eine Art Gegenbewegung zu Globalisierung und Europäisierung. Die Verankerung mit der Region wird betont.

Der Krampusbrauch ist nur ein Teil davon. Auch die Fasnachten, die Feuerbräuche und verschiedene Prozessionen erfahren eine Neubelebung. Die Figuren der Fastenkrippen und Ostergräber, in den 60er Jahren in den Dachboden geräumt, werden wieder hervorgeholt, restauriert und wieder aufgestellt. Bräuche, welche die regionale Identität unterstreichen, boomen. Ein Grund dafür ist auch ein bewusster Versuch, die Dorfgemeinschaft zu stärken. Viele Dorfbewohner sind zugezogen, andere sind gezwungen, zur Arbeits-

stelle zu pendeln. Bräuche bilden Gemeinschaften. Zudem suchen viele Menschen, denen die Kirche zu farblos geworden ist, wieder die spannende, geheimnisvolle, schillernde Seite der Religion. Neben der Sehnsucht nach Mystischem gibt es auch die Suche nach Archaischem. Bräuche, die dieses Flair vermitteln, auch wenn ihre Wurzeln keinesfalls so weit zurückreichen, flammen auf – im wahrsten Sinne des Wortes.

Es gibt sanfte und wilde Krampusläufe. Gibt es allgemeingültige Reglementierungen?
Es gibt Orte mit strengen Regeln, wo man bei einem Verein sein muss und sich dem Verhaltenskodex unterwerfen muss, wie in Igls, St. Anton oder Landeck. Es gibt aber auch Regionen, wo man das zu umgehen versucht. In Osttirol, wo ja das Raufen mit den Zuschauern Teil des Brauches ist, versucht man Registrierungen zu vermeiden. Man stellt zwar Ordner ein, die ein Ausarten verhindern sollen, aber das Raufen ist eben wesentlicher Bestandteil des Brauches. Man gründet dort auch keine offiziellen Vereine, um bei Haftungsfragen nicht greifbar zu sein. Ich selbst wurde auch schon ins Krankenhaus eingeliefert. Es gibt eine Entscheidung des Obersten Gerichtshofes, nach der eine „Bestrafung“ im Brauchtum gedeckt ist, wenn es sich nur um eine unerhebliche Verletzung handelt. Blaue Flecken und Rutenstriemen sind also erlaubt.

Es gibt heute Krampusumzüge mit Heavy-Metal-Musik und höllischen Shows. Rückt das Brauchtum in den Bereich des Satanismus?
Es gibt schon Gruppen, die versuchen, sich bewusst in diese Nähe zu rücken und sich etwa stolz auf einen Drudenfuß beziehen, der immer mitgetragen wird. Aber obwohl schon früher von den Kanzeln das teuflische Treiben verurteilt wurde, spürt man, dass die Krampustradition keine höllischen Wurzeln hat.

Wenn der Krampus nun kein Winterdämon und auch kein Teufel ist, was ist er dann?
Wenn man heute von Dämonen redet, denkt man an dunkle Mächte. Früher waren Dämonen gut und böse. Man denke nur an unsere Sagengestalten, die Licht- und Schattenseiten in sich hatten. Der Nikolaus verkörperte aber nur das Gute. Deshalb brauchte es schon bei den Nikolausspielen eine böse Gegenperson. Der Nikolaus belohnt, der Krampus bestraft. Beide Bereiche gehören zusammen.

Der Krampus ist der dunkle Schatten des hellen Nikolaus.

Satanismus in Tirol

Ein einsamer Waldfriedhof. Der Vollmond schimmert durch die Fichtenzweige. Ein Käuzchen ruft. Dunkel gekleidete Gestalten stehen um ein Feuer. Sie beginnen alte Choräle zu singen. Einer tritt vor. Er hebt seine Hände beschwörend in den nächtlichen Himmel. Unheilvolle Gebete und Beschwörungen ertönen. Plötzlich Stille. Die Stunde des Teufels hat geschlagen.

Es ist Zeit für ein Opfer.

Gibt es satanische Zusammenkünfte im heiligen Land? Pater Resch, Spezialist für Grenzfragen der Wissenschaft, übt in der Beurteilung der Situation Zurückhaltung: „Ich habe mit einem Fall zu tun gehabt, bei dem ein Selbstmord mit einer satanischen Gruppe in Verbindung gesetzt wurde. Die Untersuchung hat aber dann ergeben, dass von satanistischer Tätigkeit nichts da war.“

Es bestehe die Gefahr, dass die Presse vorschnell irgendeinen Selbstmord oder Vandalenakt einer solchen Gruppe zuschreibt. Dadurch werde Satanismus als medienträchtig aufgewertet. Gewisse Leute hätten dann eine Freude, irgendetwas zu inszenieren, um sich Geltung zu verschaffen, meint der Geistliche.

Den eigentlichen Satanismus gebe es heute nicht mehr. Bei einer richtigen Schwarzen Messe müsste ein abgefallener Priester dabei sein, meint Pater Resch, während Mag. Wolfgang Mischitz, Diözesanbeauftragter für Weltanschauungsfragen, Schwarze Messen als literarische Produkte sieht, bei denen es um Geschlechtsverkehr in einer Kirche mit einer Jungfrau geht.

„Es kann natürlich sein, dass sich Gruppen zusammenfinden, die alte Rituale durchführen. Dies geht meist in den Bereich von Orgien hinein, wo es sogar so sein kann, dass Leute, die sonst nicht an ein Mädchen herankommen, sich hier austoben können, weil man oft Masken trägt", weiß Pater Resch.

Auch Mag. Wolfgang Mischitz beurteilt Berichte über Satanskulte vorsichtig. Er sieht im Begriff „Satanismus" ein sehr unscharfes Klischee, das leichtfertig für Bereiche wie Krampusbrauchtum, schwarzer Grufti-Kultur, Hexentreffen oder nächtliche Beschwörungszusammenkünfte verwendet wird.
Im Satanismus sieht Mischitz einen

„Stärkekult". „Man will Stärke zeigen, angesichts des Bösen, das uns auch in unserer aufgeklärten, fortschrittlichen Zeit bedroht. Deshalb boomt auch das Krampuslaufen, als ein Spiel, in dem man in die Rolle des Teufels schlüpft, um dem Bösen seine Stärke zeigen zu können", meint er.

Zwar sei das Interesse am Satanismus gestiegen, die Ausübung habe aber in der Praxis nicht zugenommen. „Je weniger in den Medien darüber berichtet wird, desto weniger wird nachgeahmt", stimmt Mischitz mit Pater Resch überein. Es gäbe zwar Einzelpersonen, die sich auf diese Praktiken einlassen würden, es gäbe auch spontane Zusammenkünfte von Jugendlichen, nicht aber organisierten Satanskult in Tirol.

Sehr wohl würden die Brennpunkte des „heidnischen" Kalenders – die Walpurgisnacht und Halloween – von vielen Gruppierungen gefeiert, aber es sei schwer zu sagen, wie viele Rituale davon ernsthaft und wie viele aus Nachahmung heraus begangen würden.

Aber auch in der Nachahmung wurden und werden kriminelle Handlungen gesetzt: „Manche meinen, für die Feier einer Schwarzen Messe brauche man unbedingt Blut. Es kommt zu Kleintierschächtungen oder man verletzt einen Menschen", weiß Mischitz und warnt vor den Folgen: „Die Jugendlichen bekommen dann Vorstrafen wegen Körperverletzung und verbauen sich viele Chancen."

Exorzismus

Zur Existenz des Teufels meint Pater Resch: „Biblisch gesehen können wir den Teufel einfach nicht wegleugnen. Es ist jedoch gefährlich, jemanden vorschnell als besessen zu bezeichnen und den Exorzismus durchzuführen. Die große Gefahr in diesem Zusammenhang besteht darin, dass eine Person, die persönlich die volle Überzeugung hat, von einem bösen Geist gesteuert zu werden, in Wirklichkeit aber an einer Spaltpersönlichkeit leidet und durch einen Exorzismus in ihrer Überzeugung bestärkt werden kann, dass sie besessen ist."

Das Wort Exorzismus bedeutet so viel wie „Hinausbeschwören" und soll das Austreiben von Dämonen beziehungsweise des Teufels bewirken. Der Vollzug des so genannten „Großen Exorzismus" braucht die Genehmigung des Bischofs. Der Ritus ist im neu überarbeiteten Teil des Rituale Romanum *De exorcismis et supplicationibus quibusdam* von 1999 geregelt.

Unter Papst Benedikt XVI. und seinem Vorgänger Johannes Paul II. wurden und werden Exorzisten ausgebildet. Im Jahre 2003 wurden in Italien um die 200 Priester als Exorzisten gesegnet.

Aber in der Diözese Innsbruck gibt es keinen bestimmten Geistlichen, der für dieses Amt vorgesehen ist. Im Bedarfsfall würde ein Priester dafür bestimmt werden, heißt es. Leider wenden sich Menschen, die glauben, sich in solchen Nöten zu befinden, nicht mehr an Psychiater oder Geistliche, weil sie ausgelacht würden. Sie wenden sich an selbsternannte Exorzisten in der Schweiz oder Italien, beklagt Pater Resch. „Wenn ich noch jünger und kräftiger wäre, würde ich gerne Exorzist unserer Diözese sein", erklärt er.

Zwar habe es seit dem umstrittenen Fall dämonischer Besessenheit in Gries am Brenner in den Anfängen der 1970er Jahre keinen offiziellen Fall mehr gegeben, aber die Zahl der Menschen, die das Gefühl haben, von einer fremden Macht gesteuert zu werden, nehme stetig zu, weiß der Geistliche: „Ich bekomme fast täglich diesbezüglich Anrufe."

◆ Mysteriöse Bilder

Das Wunder an der Fensterscheibe – das Gnadenbild von Absam

Man schreibt den 17. Jänner 1797. Es ist still in der Stube des Hauses Nr. 41 in Absam. Die 18-jährige Rosina Puecher ist in ihre Näharbeiten vertieft. Die Mutter arbeitet in der Küche und der Vater und der Bruder sind wie immer während der Woche im Salzstollen im Halltal beschäftigt. Obwohl es erst 16 Uhr ist, steht die kraftlose Wintersonne schon tief und ihre schrägen Strahlen fallen auf den Tisch, an dem Rosina näht. Sie sieht von ihren Arbeiten auf und ihr Blick fällt auf das Stubenfenster. Aber was sind das für seltsame Schatten auf der Scheibe des inneren Winterfensters? Sie schaut genauer. Erschrocken springt sie auf. Auf dem Glas ist ganz deutlich ein Bild zu erkennen – das Abbild eines Frauengesichtes. „Mutter, Mutter. Am Fenster! Ein Muttergottes-Bild!", ruft sie verwundert. Die erste Reaktion: Angst. „Ein Zeichen? Gab es ein Unglück? Es wird wohl unseren Männern nichts passiert sein", jammert die Mutter.

Zugleich beginnen sie zu beten. Die Mutter steht auf, prüft das Bild genau, nimmt ein nasses Tuch und wischt über das Glas. Kurz verschwindet das Gesicht, doch sobald die Feuchtigkeit aufgetrocknet ist, taucht es wieder auf. Man informiert die Nachbarn und den Ortspfarrer, Ignaz Johann Waginger. Sie alle stehen voll Staunen und Ehrfurcht vor dem geheimnisvollen Abbild.
Zwei Tage später kehren Vater und Sohn Johann gesund und ahnungslos von ihrer Arbeit nach Hause zurück. Noch kann man nicht ganz an ein Wunder glauben und der Vater will dem Geheimnis auf den Grund gehen.

Das Bild wird geprüft

Zuerst wird der Glasermeister von Hall befragt, der die Fensterscheibe vor mehreren Jahren eingesetzt und vor wenigen Wochen eine andere Scheibe des unterteilten Fensters gewechselt hatte. Er habe bei seinen Arbeiten kein Bild gesehen, beteuert er. Da es das innere Winterfenster ist, kann man eine Manipulation von der Straßenseite her ausschließen. Sofort setzt ein Zulauf von Neugierigen und Gläubigen ein und der Gerichtspfleger Romedius Schandl von Thaur und Dekan Johann Meßmer aus Innsbruck werden hinzugezogen. Sie kommen nach Absam und im Beisein des Ortspfarrers, eines Glasermeisters, des Dorfmeisters von Absam und der Familie Puecher wird das Bild geprüft. Man versucht es abzuwaschen. Wieder verschwindet das Bild, um dann von selbst wieder aufzutauchen. Man untersucht die Bleifassung der Scheibe. Keinerlei Hinweis auf einen Austausch des Glases ist zu entdecken. Danach beschließt Dekan Meßmer, den Fensterflügel mit nach Innsbruck zu nehmen, um ihn von Wissenschaftlern untersuchen zu lassen. Es werden das Gubernium in Innsbruck, also die weltliche Behörde, und das diözesane Konsistorium von Brixen von dem Phänomen unterrichtet. Das Landes-Gubernium ordnet eine Untersuchung unter dem Vorsitz des Dekans Meßmer an. Immerhin befinden wir uns in der Zeit der Aufklärung und ein Marienwunder ist das Letzte, was sich die Behörden wünschen. Der Kommission gehören an: Jesuitenpater Dr. Franz von Zallinger, Priester und Professor der Mathematik und Physik, Dr. Matthäus Schöpfer, Professor der Chemie und Botanik, der bekannte Maler Josef Schöpf aus Telfs und zwei Glasermeister. Der Bürgermeister von Innsbruck, der Dekan, der Statthaltereisekretär, der Pfarrer von Absam und Johann Puecher, der Besitzer des Bildes, fungieren als Zeugen.

Die so genannten Experten dürften ziemlich ratlos vor dem wundersamen Bild gestanden sein, denn es fällt ihnen nichts anderes ein, als mit feinem Trippel, einem Schleifmittel, einige Stelle zu polieren. An den Versuchsstellen erscheint reines Glas und das Bild bleibt dort verschwunden.

Im Abschlussprotokoll heißt es:

Durch Versuch zeigte sich, dass die Zeichnung des Bildes in jenen Teilen, an welchen es mit der Glaspolitur gerieben wurde, verschwunden ist. Ungeachtet man nicht anzugeben wisse, auf welche Weise dies Ereignis entstanden sein möchte, scheine doch, dass einst auf dieser Glasscheibe ein Farbengemälde angebracht gewesen sein dürfte, in welchem die schärferen weißen Farben das Glas abstehen machten, wo aber die Schattierung angebracht war, das Glas durchsichtig geblieben sei.

Das Gnadenbild

Das Absamer Gnadenbild zählt zu den so genannten Acheiropoieta, also zu den nicht von Menschenhand geschaffenen Bildern. Zu den bekanntesten Wunderbildern dieser Art zählen das Turiner Grabtuch, der Schleier der Veronika von Manopello und das Bildnis der Jungfrau von Guadalupe in Mexiko. Die Fensterscheibe des Absamer Gnadenbildes hat die Maße 13 mal 18 cm. Es zeigt das Haupt Mariens, leicht geneigt. Ein Schleier bedeckt ihr Haar und aus den Augenwinkeln scheinen Tränen zu rinnen, was auf eine Darstellung der schmerzhaften Mutter hinweist. Der Pfarrer von Thaur, Paul Haider, der sich eingehend mit dem Abbild beschäftigte, beschreibt den Zustand des Glases als völlig glatt. Es sind keinerlei Ätzungen oder Erhabenheiten zu fühlen. Besonders merkwürdig sei, dass das Gesicht in feuchtem Zustand verschwindet. Kunsthistorisch ist das Bild laut Expertenmeinung keiner Kunstepoche zuzuordnen. Dass das Bild auf das Poliermittel der Prüfungskommission reagierte, kläre nicht dessen Entstehung auf, meint der Geistliche. Wünschenswert wäre es, wenn das Glasbild mit den heutigen Mitteln der Technik einer neuerlichen Untersuchung unterzogen werden könnte.

Nach dem Wunder von Absam gibt es eine richtiggehende Glasbilderhysterie. An mehreren Stellen im Großraum Innsbruck tauchen wundersame Bilder an Fensterscheiben auf. In Innsbruck erscheint ein Bild des Guten Hirten (1806) und ein zweites mit dem dornengekrönten Haupt Christi (1807), in Hall erscheint 1810 ein weiteres Marienbild und in Hötting entdeckt man 1812 ein Marienbild von der Unbefleckten Empfängnis. 1815 schließlich entdeckt man das letzte Wunderbild im alten Magdalenakirchlein im Halltal. Ein Marienbild aus Flaurling und ein Josefsbild aus Thaur sind bis heute erhalten. Letzteres steht seit 1963 nach einer Odyssee auf dem rechten Seitenalter der Thaurer Pfarrkirche.

Wunder über Wunder

Unmittelbar nach dem 17. Jänner 1797 setzt die Verehrung des Bildes ein und auch das unbefriedigende Ergebnis der Untersuchungskommission kann dem kein Ende bereiten. Über Tirol ballen sich in jenen Jahren dunkle Wolken zusammen. Es gibt eine Seuche und zugleich dringen die französischen Truppen ins Land und erreichen Brixen, Mühlbach und Sterzing. Nach der Schlacht bei Spinges oberhalb von Brixen kann Tirol am 13. April 1797 seine Freiheit wiedererlangen. Man schreibt diesen Triumph dem Herz-Jesu-Gelöbnis und der Gnadenmutter von Absam zu. Nach Rückkehr der Freiheitskämpfer in ihre Dörfer überträgt man das Marienbild vom Wohnhaus der Familie Puecher in die Pfarrkirche. „Nicht einmal der Kaiser hätte es gewagt, durch ein Verbot diese vom Krieg heimgekehrten Männer von ihrem Entschluss abzubringen“, ist Pfarrer Haider überzeugt. Absam wird zur Tiroler Landeswallfahrt. Der Zustrom der Menschen und die Anzahl der Berichte über Gebetserhörungen sind enorm. Zehntausende Menschen finden sich bei den verschiedenen Jubiläumsfeiern ein. Erst in unserer Zeit erlahmt die Wallfahrt und beim 200-Jahre-Jubiläum 1997 haben alle Gläubigen in der Kirche Platz.

Die drei heiligen Madln

Im kleinen Weiler Obsaurs steil oberhalb von Schönwies im Bezirk Landeck steht die alte Vigil-Kapelle, ein spätgotischer Bau romanischen Ursprungs. 1602 heißt es in einer Urkunde: „S. Vigil zu Saurs in monte volgo bei S. Anbett, Vilbett und Querbetten." Wer sind diese drei Frauen, nach denen das Kirchlein immer wieder benannt wurde?

Im Inneren der Kapelle oberhalb des Eingangstores hängt ein Gemälde der Brüder Kürle, das diese drei heiligen Frauen zeigt. Ambett und Wilbett halten einen Rosenzweig in den Händen, Gwerbett trägt einen goldenen Stab mit einer leuchtenden Sonne an der Spitze als Attribut. Solche Sonnenzepter kennen wir von Darstellungen des Jupiters als Sol Invictus. Zusätzlich hält jede der drei Jungfrauen ein aufgeschlagenes Buch in Händen.

Im Hintergrund der barocken Jungfrauen sieht man eine Stadtansicht. Am oberen rechten Bildrand ballt sich eine dunkle Gewitterwolke zusammen.

Schon im 17. Jahrhundert gab es den Kult um diese drei legendären Jungfrauen, die auch in Meransen im Pustertal und in einigen Orten Bayerns (Schlehdorf, Leutstetten, Schildthurn) sowie in Worms und Straßburg verehrt wurden.

Es wird vermutet, dass es sich bei den drei Frauen um vorchristliche Kultfiguren handelt. Sie wurden als Fruchtbarkeitsspender und als Wetterfrauen angesehen und tauchen auch in den Sagen um die saligen Frauen auf, die oft zu dritt auftreten. Der christlichen Missionierungstaktik gemäß wurden die Wettermacherinnen in Obsaurs durch einen Heiligen überlagert, der ebenfalls als Wetterpatron gilt – den hl. Vigilius. Es gibt aber auch ein christliches Pendant zu den drei „-bets", und zwar die „Heiligen Drei Madln" Katharina, Margaretha und Barbara.

Es ist eher unwahrscheinlich, dass es sich bei der Kultstätte in Obsaurs um ein Quellheiligtum gehandelt hat, da das Brunnenwasser vor der Friedhofsmauer durch Rohre hergeleitet wird.

Obsaurs: Die drei heiligen Madln Ambett, Wilbett und Gwerbett

Bilder in der Wunderkammer des Schlosses Ambras

Im Schloss Ambras bei Innsbruck befindet sich eine weltberühmte manieristische Wunderkammer, vollgestopft mit Mirabilien und Mirakeln, die seit dem 15. Jahrhundert von Fürsten und gebildeten Bürgern zusammengetragen worden waren und deren heutiger Reiz hauptsächlich darin besteht, das Erstaunen des Betrachters früherer Jahrhunderte nachzuempfinden, in sich die Gefühle hervorzurufen, die wohl einmal Fürstenkinder beim Anblick des bedrohlichen Meeresmonsters, des Hai-Präparates gehabt haben, die Aufregung zu erspüren, in die gepuderte Damen in kostbaren Gewändern durch den Anblick der unheimlichen Alraune oder des rätselhaften Bezoars, dem Entgiftungsstein aus dem Magen exotischer Tiere, versetzt wurden, oder das bewundernde Erstaunen mutiger, kriegserprobter Männer zu fühlen beim Anblick des Gemäldes Gregor Bacis, eines ungarischen Edelmannes, durch dessen Schädel eine Lanze gestoßen wurde – der Schaft dringt durch das rechte Auge ein und ragt aus dem Nacken wieder heraus – und der mit dieser Verletzung noch ein Jahr überlebt haben soll. Wie anders sollte man dem Horn eines Einhornes etwas abgewinnen können, von dem man heute weiß, dass es vom Narwal stammte, wie den Korallenstöcken, den angeblich versteinerten Blutspritzern vom abgeschlagenen Kopf der Medusa, die man jetzt um billiges Geld in jedem mittelklassigen Souvenirgeschäft der oberen Adria erstehen kann, wie dem aus einem Baumstamm ragenden Hirschgeweih, mit dem Wissen, dass Geweihe von Jägern oft zur Revierabgrenzung an Bäume gebunden wurden und dieses offenbar im Laufe der Zeit vom Holz umschlossen worden war, wie den Gemälden vom Zwerg Thomerle und dem Riesen Anthoni Francopan, den Gemälden von behaarten Wolfsmenschen und kuriosen Monstern, wenn man heute weiß, dass es sich dabei nicht um Märchenwesen, sondern um tragische Krankheitssymptome und bemitleidenswerte Missgeburten handelte, die man heute in trashigen Talkshows ins grelle Licht der TV-Scheinwerfer zerren würde. Vertiefen wir uns respektvoll, ohne Sensationsgier, in die Geschichte einiger besonders geheimnisvoller Bilder der Kunst- und Wunderkammer auf Schloss Ambras.

Das Portrait Draculas

Offenbar war Dracula schon vor seiner Entdeckung durch den irischen Schriftsteller Bram Stoker legendär gewesen. Wie sonst könnte man sein Portrait in der Wunderkammer Erzherzog Ferdinands II. über 400 Jahre vor dem Erscheinen des Romans „Dracula" erklären? Zwar galt Vlad III. Tepes (sprich Tzepesch) Draculea als grausamer Feldherr, aber keineswegs als untoter Vampir, als Blutsauger, der sich durch das Blut der Lebenden sein unheiliges Dasein als Wiedergänger verlängert.

Das Gemälde in der Wunderkammer stammt aus dem 16. Jahrhundert und ist eine Kopie eines nach dem Leben gemalten Portraits. Das Originalbild ist verschollen.

Die schmale Nase gibt dem Gesicht etwas Vornehmes. Ein dichter, buschiger Schnurrbart bedeckt die Oberlippe. Das Kinn springt dynamisch hervor, wie bei jemandem, der es gewohnt

Schloss Ambras: Vlad III. Tepes Draculea

ist zu befehlen und Entscheidungen zu treffen. Über der Stirn prangt ein goldener Stern mit einem großen viereckigen Rubin auf einer turbanähnlichen Kopfbedeckung aus rotem Samt mit perlenbesetztem Saum. Darunter quellen lange, schwarze Locken hervor. Graf Vlad trägt ein Wams aus rotem Samt mit Pelz verbrämt. Die Erscheinung wirkt nicht bedrohlich, hat so gar nichts von einem Herrscher, der für seine Grausamkeiten in die Geschichte eingegangen ist zu einer Zeit, in der Grausamkeiten an der Tagesordnung standen.

Zur Enttäuschung vieler Besucher hat Vlad Tepes auch keinerlei Ähnlichkeiten mit den Dracula-Darstellern Bela Lugosi oder Christopher Lee, aber die Geschichte zeigt uns, dass die Gestalt des historischen Draculas in mindestens ebenso viel Blut getaucht ist wie die der Romanfigur.

Vlad III. Tepes Draculea war Sohn des walachischen Bojaren Vlad Dracul. Er wurde 1431 in Sighisoara (Schäßburg) in Transsilvanien (Siebenbürgen) geboren. Seinen Beinamen Draculea (Sohn des Drachens) verdankte er seiner Mitgliedschaft im Drachenorden. Die Walachei war Spielball zwischen Türken und Ungarn. Der Vater, Vlad Dracul, konnte trotz türkischer Übermacht seinem Land eine gewisse Unabhängigkeit bewahren. 1441 gab er seine zwei jüngeren Söhne als Geißeln an den Hof des türkischen Sultans. Dort lernte Vlad III. Grausamkeit als Mittel der Politik kennen. Nach dem Tod seines Vaters gelang es Vlad Draculea 1456 den Thron zurückzuerobern. In den sechs Jahren seiner Herrschaft agierte er mit extremer Grausamkeit. Er ließ Gesandten die Hüte am Kopf festnageln und tausende Menschen pfählen, was ihm den Beinamen Tepes, also der Pfähler, eintrug. Man spießte die Gegner auf einem eingefetteten senkrechten Pfahl auf, der durch den After getrieben wurde. Angeblich liebte er es, unter einem Wald von Gepfählten seine Mahlzeiten einzunehmen. Er ließ Arme verbrennen und zwang die Zigeuner zum Kriegsdienst, indem er sie vor die Wahl stellte, gegen die Türken zu kämpfen oder ihre eigenen Kinder zu verspeisen. Vielleicht inspirierten Bram Stoker die Berichte darüber, dass er das Blut seiner Opfer trank, aus ihm einen Vampir zu machen. 1462 wurde Vlad gestürzt und in Budapest eingekerkert. 1476 wurde er wieder zum Woiwoden ernannt, doch schon bald wurde er von den Türken ermordet, sein Kopf in Honig konserviert und an den Sultan gesandt. Vor allem die Ceauçescu-Ära feierte Vlad Tepes als großen Patrioten. Erst jetzt setzt in Rumänien eine Diskussion um das Geschichtsbild des Pfählers ein und damit einhergehend eine touristische Vermarktung.

Der Wolfsmensch

Pedro Gonzalez, der Haarmensch, stammte aus Teneriffa und war von den Spaniern wegen seiner ungewöhnlichen Behaarung nach Europa verschleppt worden, wo er als Kuriosum 1494 auf einem spanischen Sklavenmarkt auftauchte. Dieses vermeintliche Grenzwesen zwischen Tier und Mensch erregte bald das Interesse fürstlicher Kreise, und so landete der „Wilde“ als Geschenk am Hofe des französischen Königs Heinrich II. Der nannte ihn nach seiner Lieblingshunderasse „Barbet“ und sorgte dafür, dass das Biest seine Schöne bekam. Er verheiratete ihn mit einer bildhübschen Frau, die ihm fünf haarige Kinder schenkte. Sie alle litten, wie ihr Vater, an einem seltenen genetischen Defekt, den man Hypertrichosis

Schloss Ambras: Der Wolfsmensch Pedro Gonzalez

universalis congenita nennt, und der heute auch kurz als Ambras-Syndrom bezeichnet wird. Befinden sich ja in der Wunderkammer die Originalgemälde der Familie Gonzalez.

Pedro bekam eine humanistische Ausbildung und ein Hofamt. Das zottelige Haarwesen in höfischer Kleidung, die amüsante Vereinigung von Wildheit und Kultur, übte sicher eine zusätzliche Faszination auf die höfische Gesellschaft aus. Nach dem frühen Tod König Heinrichs II. kam die Familie Gonzalez an den Hof des Herzogs Alessandro Farnese in Parma. Erst seinem ältesten Sohn Enrico gelang es, seinen Eltern und Geschwistern in einem abgelegenen Dorf am Bolsenasee ein Leben in „Normalität" zu verschaffen.

Die auffallende Ähnlichkeit des „rauch mannes", wie er in frühneuhochdeutschen Quellen genannt wurde, mit den Werwolfdarstellungen in diversen klassischen Horrorfilmen rührt daher, dass sich der Maskenbildner von Lon Chaney jun., des bekanntesten Werwolfdarstellers, einen Artisten, der an eben diesem Ambras-Syndrom litt, zum Vorbild genommen hatte. Aber natürlich stand Pedro Gonzalez nie im Verdacht ein Werwolf zu sein, obwohl dieser Aberglaube damals in Europa verbreitet war.

Die bärtige Dame am Kreuz

Ein seltsames Heiligenbild hängt in so mancher Kirche Tirols. Es zeigt eine Dame mit Bart an ein Kreuz gebunden oder genagelt. Sie trägt ein weites Kleid und an den Füßen goldene Schuhe. Auf vielen Abbildungen kauert der Gekreuzigten zu Füßen ein kleines „Geigerlein", in dessen Richtung ein goldener Schuh fällt.

Diese gekreuzigte Heilige wurde seit dem Mittelalter in vielen Ländern Europas unter verschiedenen Namen verehrt: Wilgefortis (virgo fortis = starke Jungfrau), Liberata (die Befreite), Uncumber (die Befreiende).

In Österreich heißt sie Kummernus oder Kümmernis und galt als zuständig für Liebeskummer, Familienkonflikte und Frauenkrankheiten.

Die Legende erzählt, dass Kümmernis eine schöne Prinzessin aus frühchristlicher Zeit war. Ihr heidnischer Vater zeigte sich nicht erfreut über die Begeisterung seiner Tochter für das Christentum und wollte sie verheiraten. Kümmernis flehte zu Gott, sie doch so zu verwandeln, dass sie nicht mehr begehrenswert für einen Mann wäre. Die himmlische Lösung: ein dichter Vollbart. Der tobende Vater ließ daraufhin seine trotzige Tochter kreuzigen.

Um den Stamm dieser Heiligenlegende rankt sich wie Efeu die mittelalterliche Geschichte vom „Geigerlein". Es spielte zu Füßen der Gekreuzigten, um ihr den Todeskampf zu erleichtern. Plötzlich löste sich ein goldener Schuh und fiel vor dem Geigerspieler auf den Boden. Der Schuh, altes Symbol für Reichtum, war seine Belohnung.

Den Ursprung der Legende finden wir im italienischen Städtchen Lucca, in dessen Kirche ein frühmittelalterliches Kruzifix verehrt wird. Es zeigt Christus am Kreuz in langem königlichem Gewand. Der Typus des bekleideten Christus am Kreuz stammt aus einer syrisch-byzantinischen Tradition. Das Gewand war Symbol für Christi Weltherrschaft. Die Darstellung der Kümmernis beruht also auf einem Missverständnis. Bevor man sich Jesus in „Weibergwand" vorstellen wollte, glaubte man lieber an eine Frau mit Bart. Einige Orte in Tirol, in denen ein Bild oder eine Skulptur der Kümmernis zu finden ist: im Museum des Stiftes Stams, in der Kunstsammlung des Stiftes Wilten, im Kufsteiner Heimatmuseum und im Tiroler Volkskunstmuseum, in der Axamer Pfarrkirche, in der Pfarrkirche zu Uderns, in der St. Veitskirche zu Telfs, im Augustiner Museum in Rattenberg und als Fresko in Prutz.

Bärtige Dame in Axams: Die Kummernus ist zuständig für Familienkonflikte, Liebeskummer und Frauenkrankheiten

Antrische Menschen

„Antrisch“ bedeutet „jenseitig“. Antrische Menschen sind also Personen, die ein Naheverhältnis zu einer jenseitigen Welt haben.

◆ Kontemplative Orden

Kontemplation heißt, mit den Augen des Herzens auf den Herrn zu schauen.
Sr. Maria Carmen vom Heiligsten Herzen Jesu

Kontemplation (von lat. *contemplare* „Anschauung, Betrachtung“) bedeutet beschauliche Betrachtung. Kontemplation ist auch als mystischer Weg der westlichen Tradition bekannt und unterscheidet sich von Meditation durch die angestrebte Leere des Geistes.

Während in den Zeiten der Aufklärung kontemplativen Orden der scharfe Wind der Ratio entgegenwehte, erfahren sie heute einen neuen Stellenwert.

Gerade die neuesten Erkenntnisse der Wissenschaft zeigen die enorme Kraft des Geistes und damit auch des Gebetes auf. Kontemplative Orden sind spirituelle Kraftzentralen, heiße Brüter, in einer kalten Zeit des Materialismus: Selbstaufgabe statt Selbstfindung.

In einer Zeit des wissenschaftlichen Umbruchs stellt sich immer häufiger die Frage: Wird das Schicksal der Menschen von den Machern der Weltgeschichte bestimmt oder kann es durch Gebete und gelebte Hingabe an Gott beeinflusst werden?

In diesem Kapitel besuchen wir drei kontemplative Orden in Tirol und tauchen ein in eine Parallelwelt, abseits hektischen Getriebes und lärmenden Alltags.

Karmel St. Josef in Innsbruck

Der Karmel ist ein Winkel des Himmels:
Im Schweigen und in der Einsamkeit
lebt man darin für Gott allein.
(Elisabeth v. d. Dreifaltigkeit)

Weiß und strahlend, als hätten Engel das Kloster am Waldrand oberhalb von Mühlau in Innsbruck abgesetzt, steht das neue Kloster der Karmelitinnen in idyllischer Natur. Andächtig still ist es um das Kloster und still ist es auch innerhalb der Mauern. Die Priorin, Sr. Maria Carmen vom Heiligsten Herzen Jesu, zeigt uns das Kloster und erzählt über dessen Geschichte. Die 36-jährige Schwester kommt aus der Hauptstadt Sloweniens, Ljubljana.

Sie ist sehr glücklich über den neuen Standort. Erst seit 2003 steht der neue Karmel in solch idealer Lage. Vorher brauste der Stadtverkehr um das zum Kloster umgebaute „Memminger Schlössl" in Wilten. Der Karmel St. Josef wurde 1846 gegründet und stand ursprünglich isoliert am Sillkanal. Als aber bereits zwanzig Jahre später in unmittelbarer Nähe der Bahnhof gebaut wurde und sich der Stadtteil Wilten um das Kloster schloss, bedeutete dies das Ende der Beschaulichkeit. Während des Zweiten Weltkrieges wurde das Kloster mehrmals bombardiert, Kirche und Schwesternchor wurden völlig zerstört. Der Wiederaufbau wurde erst 1979 abgeschlossen. Doch der Wunsch nach einer Verlegung des Klosters an einen ruhigeren Ort war aufgetaucht. Mit Hilfe des damaligen Bürgermeisters der Stadt, DDr. Herwig van Staa, des Abtes von Wilten, Raimund Schreier, und des damaligen Bischofs – jetzt Erzbischof von Salzburg, Dr. Kothgasser – gelang es, einen neuen, idealen Standort in Mühlau zu finden. 13 Schwestern beten und arbeiten in herrlicher Waldrandlage. Die jüngste Schwester stammt aus Lettland und ist 28 Jahre alt.

Die Entstehungsgeschichte der Karmeliten

Als Karmeliten bezeichnet man den „Orden der seligsten Jungfrau vom Berge Karmel", der 1150 am Karmelgebirge im heutigen Israel gegründet wurde. Der Berg Karmel war der Aufenthaltsort des alttestamentlichen Propheten Elia und seiner Jünger. Den ersten Christen galt er deshalb als heiliger Ort. Schon früh hatten sich dort Eremiten niedergelassen, und schließlich gründete der französische Einsiedler Berthold den Orden der Karmeliten. Die Einsiedler bauten ihre Zellen um eine Marienkapelle, in der sie sich zum Gebet und zur Eucharistiefeier trafen. Inspirationsquelle war das schlichte Leben der Gottesmutter Maria nach dem Motto „Mir geschehe nach deinem Wort".

Während der Kreuzzüge nahm die monastische Bewegung einen Aufschwung und man erbat sich vom Patriarchen von Jerusalem, Albert von Jerusalem, eine Ordensregel. Mittelpunkt der neuen Regel: „Jeder bleibe in seiner Zelle, Tag und Nacht das Gesetz des Herrn betrachtend und im Gebet wachend."

Im 13. Jahrhundert wurden die Mönche von den vorrückenden Sarazenen gezwungen, Palästina zu verlassen. Der Orden siedelte sich in Europa, vor allem in Süditalien, aber auch in Eng-

Gemeinsames Gebet im Gotteshaus des Karmels St. Josef

land an. 1452 schlossen sich die ersten Frauengemeinschaften dem Karmel an. Die politischen und kirchlichen Umstände zwangen den Orden dazu, die strengen Regeln des abgeschiedenen Lebens zu mildern und sich zu einem Bettelorden umzustrukturieren. Während des 16. Jahrhunderts gründete Teresa von Ávila den Zweig der Unbeschuhten Karmeliten, der zu den strengen ursprünglichen Ordensregeln zurückkehrte. Zusammen mit dem Mystiker Johannes vom Kreuz gründete Teresa 32 Reformklöster für Frauen und Männer.

Die Karmelitinnen von Innsbruck

Die 13 Karmelitinnen vom Karmel St. Josef in Mühlau widmen ihr Leben völlig der Kontemplation, der Buße, der Arbeit, der Stille und dem Gebet. Hauptanliegen sind das Wohl der Kirche, seiner Priester und das von Menschen, die in Nöten sind und selbst nicht mehr beten können oder wollen. Die Nonnen leben in strenger klösterlicher Abgeschiedenheit und Stille und essen kein Fleisch.

„Wir versuchen im Schweigen mit dem Herzen beim Herrn zu sein, mit ihm zu sprechen, auf ihn zu schauen. Kontemplation heißt, mit den Augen des Herzens auf den Herrn zu schauen", erklärt die Priorin.

Zwei Mal am Tag wird die Stille gebrochen. Die Schwestern kommen zur Rekreation, also zur Erholungsstunde zusammen. „Dann sitzen wir beisammen, handarbeiten, plaudern und machen Späße", schildert Sr. Maria Carmen.

Will man sich für eine Weile ganz von der Gemeinschaft zurückziehen, steht eine kleine Einsiedelei im Wald zur Verfügung. Den Lebensunterhalt verdienen sich die Schwestern hauptsächlich durch Hostienbacken. Zusätzlich werden Kerzen verziert, Skapuliere und kirchliche Stickereien angefertigt. Die Schwestern bearbeiten einen Gemüse- und Obstgarten und stellen die gesamte Ordenskleidung selbst her.

Eine junge Karmelitin beim Backen von Hostien

Karmel St. Josef in Mühlau oberhalb von Innsbruck

Schwester Maria Carmen ist zuversichtlich. Es gibt wieder Nachwuchs. Zwar niemanden aus Österreich, aber dafür aus Polen und Lettland. Weltweit ist sogar ein neuer Aufbruch zu spüren. Gerade in Afrika und Indien gibt es wieder viele Berufungen.

Wie ein Fisch im Wasser

Sr. Maria Carmen wurde für drei Jahre zur Oberin gewählt. Auch für sie war die Berufung ein Abenteuer und kam überraschend. „Ich habe das nie gewollt. Ich wollte auf einem Bauernhof leben, mit einem netten Mann und vielen Kindern", gesteht sie. Schritt für Schritt näherte sie sich ihrem Ziel, doch der innere Frieden blieb aus. „Obwohl ich normalerweise nicht mehr die Messe besuchte, so nahm ich zufällig an einem Gottesdienst teil und plötzlich spürte ich diesen ersehnten Frieden. Meine erste Reaktion war: Bitte nicht!" Von da an nahm das junge Mädchen regelmäßig an den Eucharistiefeiern teil. In einem Buch über Ordensgemeinschaften entdeckte sie ein Bild von Karmelitinnen und sofort wusste sie: „Das ist es, was ich suche."

Bei Sr. Maria Carmen drehten sich die Gedanken um die Überlegung: „Wo kann ich mehr geben?" Obwohl die Frau in der Familie für den Mann und die Kinder da sein kann, bleibt dieses Geben auf eine kleine Gruppe beschränkt. Sr. Maria Carmen wollte mehr: „Gebet kennt keine Grenzen und hat eine gewaltige Macht. Gebete können viel mehr bewegen als zwei Hände", erklärt sie ihre weit reichende Lebensentscheidung.

Als der Karmel in Innsbruck Hilfe suchte – eine gebrechliche Schwester musste gepflegt werden –, meldete sie sich. „Ich hatte keine Ahnung von

Krankenpflege. Aber die Liebe zu der Schwester hat dies alles überwunden und ich durfte sie noch drei Jahre bis zu ihrem Tod pflegen.“ Aus den geplanten drei Monaten sind inzwischen fünf Jahre geworden und Sr. Maria Carmen hat sich entschlossen, endgültig in Innsbruck zu bleiben. Sie ist über ihre Entscheidung, ein Leben im Karmel zu führen, glücklich: „Ich lebe wie ein Fisch im Wasser“, meint sie freudig und ihr Gesicht strahlt vor Glück. „Wenn junge Menschen wüssten, wie es ist, mit Gott in der Stille zu leben und sich dem Herrn ganz hinzugeben, hätten sie keine Angst, sich Gott ganz zu schenken.“ (Die Leitung des Ordens wechselte nach Redaktionsschluss: Die neue Priorin heißt Sr. Maria Johanna)

Die Töchter des Herzens Jesu

Schon der Stiftsplatz im kleinen Tiroler Städtchen Hall entführt in eine andere Zeit. Wer aber dann durch die Tür das Gebäude des ehemaligen Damenstiftes, das heutige Kloster der Töchter des Herzens Jesu betritt, taucht endgültig in eine Welt der Stille, der Abgeschiedenheit und des Friedens ein, eine Welt, in der Begriffe wie Sühne, Reue oder Opfer keine peinliche Betroffenheit auslösen. Die Priorin des Klosters, Schwester Josefa, sitzt hinter dem hölzernen Gesprächsgitter und erklärt uns diese, ihre Welt. Sie ist 67, aber ihre Augen leuchten wie die eines jungen Mädchens. In ihrer weißen Ordenstracht mit den zwei roten Herzen, den Herzen von Jesus und Maria, verbunden durch ein Schwert, das beide durchbohrt, wirkt die Priorin wie ein Mensch, dessen inneres Gesicht schon eine zukünftige Heimat schaut. Wir betreten das Innere des Klostergebäudes. Stille Gänge, Hallen, Gärten, Innenhöfe. Das Damenstift ist weitläufig und es ist ihm anzusehen, dass die fünf Schwestern es kaum schaffen, die gewaltige Anlage in Schuss zu halten. Zwischen den Rosen wuchert das Unkraut und das Gras steht

Die Priorin des Ordens der Töchter Jesu, Schwester Josefa und Schwester Karola im Garten des Klosters

Schwester Josefa, die Priorin des Ordens der Töchter Jesu

hoch im Apfelbaumgarten, obwohl Schwester Karola, die Gärtnerin, unermüdlich tätig ist. „Zweitausend Blüten konnte ich letztes Jahr in unserem Rosengarten zählen", berichtet sie stolz. Als die Priorin in das Kloster eintrat, waren es noch 24 Schwestern, die sich um die Anlage kümmerten, doch seit vielen Jahrzehnten beklagen die Schwestern Nachwuchsmangel. „Als müsste dieser Geist der Herz-Jesu-Verehrung verschwinden. Wir leben in einer Zeit, in der alles vom Weltgeist bestimmt wird", bedauert Schwester Josefa.

Die stille Vereinigung mit dem Bräutigam

„Ein jeder unserer Pulsschläge müsste eine Aufopferung Jesu sein, eine Vereinigung mit seiner fortwährenden Opferhingabe auf dem Altar zur Ehre seines Vaters. Wir sollten verborgen, ganz in Christus eingetaucht sein, von ihm überkleidet, so dass sein Leben unser Leben werde", schreibt die Ordensgründerin, die Selige Mutter Maria von Jesus Deluil-Martiny. Die „Weißen Tauben", wie die Töchter des Herzens Jesu in Hall liebevoll genannt werden, sind Anbetungsschwestern der Heiligen Eucharistie. In ihren Kirchen ist das Allerheiligste während des ganzen Tages zur Anbetung ausgesetzt. Ein Hauptanliegen der unablässigen Gebete ist die Einheit der Kirche, die Seelsorgearbeit der Priester und das Wohl der Heimat. Ihr Leben ist dem Herzen Jesu geweiht und soll eine demütige Antwort sein auf die Liebe Christi. Die Schwestern haben einen streng geregelten Rhythmus von Gebet und Arbeit. Während des Tages herrscht Stille, einzig nach dem Essen werden die wichtigsten Dinge des Alltags besprochen. Das Leben in der Klausur erfolgt nach den Konstitutionen des heiligen Ignatius. Unterhaltung, Ausgehen oder Treffen mit Freunden gibt es nicht. Selbst wenn sich die Schwestern eine Fernsehübertragung einer Papstfeier ansehen wollen, müssen sie dafür bei der Generaloberin um Erlaubnis ansuchen. Einzige Zeitung, die gelesen wird, ist das L'Osservatore Romano, die offizielle Zeitung der Katholischen Kirche. Die Schwestern sühnen für die Beleidigungen, die Gott zugefügt werden. „Die tägliche Selbstverleugnung, die bedingungslose Nächstenliebe und das Sich-ganz-auf-Gott-Ausrichten sind unsere Sühneübungen. Sie fallen oft schwerer als äußere Bußwerke. Auch die Arbeit innerhalb der immer gleichen Mauern mit immer den gleichen Menschen verlangt sehr viel Opfer", meint Schwester Josefa, der jedoch keinerlei asketische Verbitterung anzumerken ist. Vielmehr wirkt sie befreiter als viele Menschen außerhalb der Klostermauern.

Das Leben als Opfer – die Gründungsgeschichte

Die Kongregation der Töchter des Herzens Jesu wurde am 20. Juni 1873 von Mutter Maria von Jesus Deluil-Martiny gegründet. Sie wurde 1841 in Marseille geboren und wurde schon als Kind eine begeisterte Anhängerin der Herz-Jesu-Verehrung. Nach vielen Schicksalsschlägen, alle ihre Geschwister starben und es herrschte Krieg in Frankreich, schrieb Maria: „Mein Kreuz und mein Leid ist die Folge meiner Aufopferung, zu der mich Gott immer wieder aufgefordert hatte." Sie gründete schließlich die Kongregation der „Töchter des Herzens Jesu". Das erste Ordenshaus stand in Berchem bei Antwerpen. 1878 übersiedelte die Ordensgemeinschaft in die neu erbaute Herz-Jesu-Basilika, dem Nationalheiligtum Belgiens. Es folgten bald weitere Klostergründungen in Frankreich. 1884 wurde Mutter Maria von Jesus von einem Anarchisten erschossen. Er hatte sich als Gärtner in das Kloster eingeschlichen, um sein Attentat ausüben zu können. 1989 wurde die Ordensgründerin von Papst Johannes Paul II. selig gesprochen.

Das Herz Jesu schlägt in Hall

Die Schwestern sind im ehemaligen königlichen Damenstift in Hall in Tirol untergebracht. Bis zur Aufhebung unter Kaiser Josef II., 1783, war es eine der wichtigsten kulturgeschichtlichen Institutionen des Landes. Gegründet wurde es 1567 von Erzherzogin Magdalena, einer Tochter Kaiser Ferdinands I. Magdalena und ihre Schwestern Helena und Margaretha beschlossen, dem höfischen Leben am Innsbrucker Hof zu entsagen und sich in ein Kloster zurückzuziehen. Ihr Bruder, der Landesfürst von Tirol Erzherzog Ferdinand II., unterstützte diesen Wunsch. Die Münzstätte wurde in die Burg Hasegg verlegt. Dadurch wurde der Ansitz Sparberegg für das neue Damenstift frei. 1570 wurde die prachtvolle Stiftskirche eingeweiht. Um die wirtschaftliche Lage der Stiftsdamen war es gut bestellt. Neben zahlreichen Besitzungen in Hall und im Inntal gehörten ihnen auch die Osttiroler Herrschaften Heinfels und Lienz. Über zweihundert Jahre erlebte das Haller Damenstift eine Blüte und diente hauptsächlich aristokratischen Frauen als Rückzugsort. 1783 beendete der Geist der Aufklärung dem Stift ein abruptes Ende. Es wurde unter Kaiser Josef II. gesperrt, 42 adelige Schwestern wurden an die Luft gesetzt und das Gebäude wurde für profane Zwecke verwendet. Das wertvolle Inventar wurde verkauft, die Kirche wurde zum Pferdestall. 1845 wurde das Krankenhaus in die Räumlichkeiten des Stiftes verlegt. Erst 1912 ließen Kaiser Franz Joseph I. und Thronfolger Erzherzog Franz Ferdinand die Gebäude sanieren und dem Orden der Töchter des Herzens Jesu übergeben. Die Stiftskirche erhielt den Ehrentitel einer Basilica Minor. Das Landesheiligtum ist zugleich das größte Herz-Jesu-Heiligtum Österreichs. Alljährlich finden hierher Wallfahrten statt, bei der Pilger aus ganz Österreich teilnehmen und gemeinsam mit den Schwestern die Eucharistie feiern.

„Nach dem Ersten Weltkrieg gab es sehr viele Berufungen. Aber seit dem Zweiten Vatikanischen Konzil gab es bei uns keine Eintritte mehr", erzählt die Priorin. Wie schwer es vor allem für die Eltern ist, ein Kind einem so strengen Orden zu überlassen, kann man ermessen, wenn Schwester Josefa von ihren eigenen Erfahrungen berichtet. Sie stammt aus der Schweiz, aus der Nähe von St. Gallen, und hatte acht Geschwister. Kurz füllen sich ihre Augen mit Tränen: „ Obwohl mich die Berufung mit Glück erfüllte, war es für meine Eltern, als wenn man ein Stück aus dem Herzen reißen würde. Aber dieses Opfer brachte meiner ganzen Familie überreichen Segen." Hat sie je diese Entscheidung bereut? Schwester Josefa lächelt: „Nein, bereut habe ich es nie, diese Lebensform gewählt zu haben. Man wird immer glücklicher, wenn man sich mit Gott verbunden fühlt. Gott anzubeten ist das Wichtigste. Es ist das, was wir in der Ewigkeit machen werden. Ich lebe also schon in einem Vorhimmel." (Die Leitung des Ordens wechselte nach Redaktionsschluss: Die neue Priorin heißt Sr. Maria Theresia)

Das Geheimnis der anbetenden Liebe

Das Kloster der Ewigen Anbetung steht im ruhigen Innsbrucker Stadtteil Saggen zwischen dem Hofgarten und dem internationalen Priesterstudienhaus Canisianum.

Die zehn Schwestern leben in strenger Klausur ein Gott geweihtes, kontemplatives Leben, in dessen Mitte die „ewige Anbetung" vor dem Allerheiligsten Altarssakrament steht.

Oberin Sr. Josefa Monika Rusch, mit ihren 45 Jahren jüngstes Mitglied der Gemeinschaft, erzählt von der Gründung des Ordens und vom spirituellen Leben der Anbetungsschwestern in Innsbruck.

Das Kloster der Ewigen Anbetung in Innsbruck

Die Gründung des Ordens

Der Orden wurde von Sr. Maria Magdalena von der Menschwerdung gegründet. Ihr weltlicher Name war Katharina Sordini. Sie wurde in Porto San Stefano, einem Hafenstädtchen am Tyrrhenischen Meer, im Jahr 1770 geboren. Mit 16 Jahren sollte sie heiraten. Ein Blick in den Spiegel ihres Zimmers veränderte ihr Leben. Aus dem Spiegel blickt ihr das Antlitz des blutenden und dornengekrönten Gekreuzigten entgegen. Dabei vernahm sie die Worte: „Warum verlässt du mich um eines Menschen willen?" Von da an war sie fest entschlossen, trotz elterlicher Bedenken, in das Kloster der Franziskanerinnen in Ischia einzutreten. Ihr gefiel das Leben in Sittenstrenge, Gebet und Buße. Allerdings machten ihr herrische Novizenmeisterinnen und verständnislose Beichtväter das Leben schwer. Doch sie beklagte sich nie. Bei ihrer Einkleidung bekam sie den Namen Sr. Maria Magdalena von der Menschwerdung.

Noch während ihres Noviziates hatte sie eine Vision, in der sie den Auftrag erhielt, eine Gemeinschaft von Anbetungsschwestern zu gründen.

Es war die Zeit der Aufklärung. Die Kirche reagierte mit Ablehnung und stellte als Gegenreaktion die Verehrung des Altarssakramentes in das Zentrum der Frömmigkeit.

Sr. Maria Magdalena hatte den Eindruck, in der Stunde ihrer Vision ganz und gar von Licht umhüllt zu sein. Deshalb wird dieser Tag im Orden der Anbetungsschwestern immer noch als „giorno del lume", also als Tag des Lichtes, gefeiert. Auch das Ordenskleid erstrahlte im Licht: ein weißer Habit als Symbol für Glaube, innere Lauterkeit und Unschuld, ein rotes Skapulier, Symbol für Liebe und auch stellvertretendes Leiden, schließlich ein schwarzer Schleier, Symbol für die Bereitschaft, das Leben um des Himmelreiches willen loszulassen. Obwohl im Jahr 1802 zur Oberin des Klosters in Ischia erwählt, hielt sie daran fest, eine neue Anbetungsgemeinschaft zu gründen, und begab sich nach Rom, um ihrem Auftrag Gestalt zu verleihen. Sie konnte – von Wohltätern unterstützt – ein baufälliges, aber preiswertes Karmeliterkloster erwerben. Aber die Herausforderungen waren auch in Zukunft vielfältiger Natur.

Die Gründerin war nicht nur weiterhin auf reiche Wohltäter angewiesen, die politischen Umstände erschwerten die Ordensgründung zusätzlich. Ein Dekret von Kaiser Napoleon verfügte, dass alle Schwestern, die nicht aus Rom stammten, in ihre Heimat zurückzukehren haben. Sr. Maria Magdalena ging zusammen mit ihren Kandidatinnen zunächst nach Florenz und dann zurück nach Ischia. Erst im Jahr 1814 konnte sie nach Rom zurückkehren und jetzt erfüllte sich auch ihr Wunsch: Das Allerheiligste durfte Tag und Nacht in ihrer Kirche angebetet werden. Sr. Maria Magdalena führte ein strenges Leben, schlief wenig und unterwarf sich trotz angeschlagener Gesundheit strengen Bußübungen. Noch vor der offiziellen Anerkennung starb sie im Jahr 1824.

Sophie von Angelini und das Kloster der Ewigen Anbetung in Innsbruck

Nicht weniger dramatisch als die Gründungsgeschichte verlief die Gründung des Anbetungsklosters in Innsbruck.

Sophie von Angelini wurde im Jahr 1838 als Tochter einer wohlhabenden Familie in Innsbruck geboren. Das Vermögen dieser Familie wurde zum Grundkapital für die Errichtung des Anbetungsklosters in Innsbruck.

Anstelle einer schon geplanten Hochzeit kam es zum Eintritt in das Karmelitinnenkloster. Doch bereits nach drei Jahren verließ sie dieses Kloster wieder. Anschließend wurde sie die enge Vertraute und Sekretärin der Südtiroler Ordensfrau und Mystikerin Maria von Mörl. Die stigmati-

Elisabeth Weger (Kloster auf Zeit), Oberin Sr. Josefa Monika Rusch, Sr. Maria Regina im Garten des Klosters der Ewigen Anbetung

sierte und ekstatische Tertiarschwester beeinflusste das Denken der jungen Sophie. Sie reiste nach Rom, um Papst Pius IX. ihre Pläne für die Gründung eines Anbetungsklosters in Innsbruck vorzutragen. Nach Innsbruck zurückgekehrt, erwarb sie das Grundstück „Hirschanger" im Saggen und gab den Bau einer Kirche und eines Gebäudes in Auftrag. Laut Beschluss der Stadtführung durfte aber kein neues Kloster in Innsbruck errichtet werden. Sophie trat in das Mutterhaus des Ordens der Ewigen Anbetung in Rom ein und regelte brieflich die Baufortschritte. 1869 erhielt sie den Ordensnamen Maria Pia Magdalena von der göttlichen Liebe. 1870 kehrte sie nach Innsbruck zurück. Das Kloster war dort weiterhin unerwünscht und wurde sogar nachts mit Steinen beworfen. Schweren Herzens willigte Mutter Pia ein, ihre Gemeinschaft den Dominikaner-Tertiarinnen einzugliedern. Von da an führten die Schwestern ein Doppelleben – als Tertiarinnen vom Hirschanger und als Nonnen der Ewigen Anbetung. 1897 verstarb Mutter Pia an einer Lungenentzündung. Heute ruht sie im Klostergarten. Ein Jahr nach ihrem Tod wurde das Kloster offiziell durch den Staat anerkannt.

Während der Zeit des nationalsozialistischen Regimes erlebte die Ordensgemeinschaft noch einmal eine dunkle Zeit. Das Kloster wurde aufgehoben, enteignet und die Schwestern wurden „wie Mehlsäcke" auf die Straße gezerrt. Die Gemeinschaft zählte damals 43 Mitglieder. Im Jahre 2006 wurde das Kloster generalsaniert. Finanziert wurde die Renovierung durch den Verkauf eines Grundstückes. „Seit Gründung hatte das Kloster 125 Schwestern – 10 davon leben noch", erklärt Schwester Josefa. „Weltweit gibt es über 1.000 Schwestern, viele davon in Mexiko. Und es gibt auch die Möglichkeit sich Schwestern aus anderen Ländern auszuleihen", erwägt die Oberin. Sie erklärt: „Wir wollen vor dem ‚Brot des Lebens' anbetend knien, um selbst ‚Brot des Lebens' füreinander und für die Menschen zu werden. Deshalb laden wir zur Feier unserer Gottesdienste wie auch zur Anbetung in unserer Kirche ein und ebenso zu Gesprächen an der Pforte. Wir haben aber auch zwei Gästezimmer für Frauen eingerichtet, welche Stille und Zeit fürs Beten suchen und wir bieten auch in gewissen Abständen für interessierte und suchende Menschen so genannte ‚Brunnentage' an, um der eigentlichen Quelle unseres Lebens neu zu begegnen."

Auf dem Weg zu Gott

Mutter Josefa Monika trat im Jahr 1982 in das Kloster der Ewigen Anbetung ein. Auch nach ihr haben einige Frauen diesen Weg versucht, sind ihn aber nicht zu Ende gegangen. „Wir leben in einer winterlichen Zeit, was die Berufungen zu einem geweihten Leben angeht. Ein Leben in klösterlicher Abgeschiedenheit, ein Leben in einer kleinen Frauengemeinschaft, ein Leben nach einer festen Regel, ein Leben, welches erfüllt ist von Gebet und Arbeit, scheint nicht in unsere Zeit zu passen", meint sie.

Die Schwestern verlassen das Klosterareal nur in Ausnahmefällen, wie für Arztbesuche und Behördengänge. Im Sprechzimmer gibt es ein Gitter, das manche Besucher abschreckt. „Wir erleben dieses Gitter nicht als Gefängnisgitter, sondern als Symbol der inneren Freiheit", betont Sr. Oberin.

Der Weg in das Anbetungskloster war nicht einfach vorgegeben. Erst eine tiefe religiöse Erfahrung während einer Karfreitagsliturgie, die sie mit „Ja, ich bin gemeint" umschreibt, hat zu ihrer Lebensentscheidung geführt. Das Kloster der Ewigen Anbetung ist zum Ort ihrer Sehnsucht geworden. Zunächst war ihr Arbeitsbereich für 19 Jahre die Küche, dann wurde sie im Jahr 2002 zur Oberin gewählt.

Einen ähnlichen und doch wieder ganz eigenen Weg ist Sr. Maria Regina gegangen. Sie wurde 1939 in Dornbirn geboren und ist seit 48 Jahren im Kloster. Ihre Augen blitzen vor Fröhlichkeit und ihre Erzählungen sind gewürzt mit Witz und Humor. „Ich war eine Sportskanone – das Fahrrad, die Seen und die Berge waren meine Welt." Bei einer Romfahrt mit der Katholischen Jugend spürte sie die Aufforderung, für die Menschen zu beten, um die sich sonst niemand sorgt. „Herr, nimm meine Schwester, die ist frömmer als ich", antwortete sie damals. Bei einer Wallfahrt, sie glaubte alleine in der Kapelle zu sein, trat eine fremde Frau an sie heran, klopfte ihr auf die Schulter und sagte: „Geh geradeaus, mach' keinen Bogen!" Von da an wusste sie, dass der Orden der Ewigen Anbetung, den sie bei einem Innsbruckaufenthalt kennen gelernt hatte, ihr Weg sei. „Das hat gepasst und ich habe es nie bereut. Meine Schwester hat dann geheiratet und hatte sechs Kinder", schmunzelt Sr. Regina über die überraschenden Wege Gottes.

Für Sr. Josefa bedeutet „ewige Anbetung" nicht einfach Anbetung rund um die Uhr, die sich die Schwestern stundenweise einteilen: „Anbetung ist eine Lebensform, die ihre Mitte in der stellvertretenden und sühnenden Anbetung vor dem Allerheiligsten hat, die aber das ganze Leben umfasst. Bei der Anbetung geht es um eine Haltung, die in allem, was geschieht, Gott selbst zu begegnen sucht. Für den, der glaubt, fangen alle Dinge an zu leuchten."

Die Schwestern des Klosters der Ewigen Anbetung

◆ Träume aus Stein

Tribus und Triendl und ihr Apollontempel

Steil geht der Weg hinan von der Inzinger Alm Richtung Rosskogel. Er führt vorbei am Jagdhaus des Tiroler Schauspielers Tobias Moretti, vorbei an einem kleinen See, einen wildschäumenden Bergbach entlang. Nach etwa zwei Stunden liegt der Hundstalsee endlich vor uns – klar und kalt, eingebettet in schotterige Kare und steile Bergflanken. Erst auf den zweiten Blick entdeckt man am Südufer einen seltsamen Kuppelbau mit zwei Türmen, so harmonisch fügt er sich in die umgebende Landschaft. Geschlichtet aus rohen Steinen, von denen es hier ja genug gibt, ohne Zusatz von Mörtel.

Der Bau, der sich im blauen Wasser des Sees spiegelt, wirkt magisch schön, beinahe unwirklich. Als wären wir an einem Heiligtum in der wilden Bergwelt des Himalaja-Gebirges angelangt oder als hätten wir die Kulissen zu einem Tiroler Fantasy-Film betreten. Wer hat ihn erbaut? Ist es ein Kultplatz einer alten Kultur?

Der treppenförmige Kuppelbau wird von einem Steinthron gekrönt, von dem man eine unglaubliche Sicht auf den See und weit über die Bergketten Tirols hat. Bevor man das Innere des Gewölbes betritt, fällt der Blick auf eine Inschrift. „Erkenne dich selbst" steht da in eingemeißelten Buchstaben. Diese Aufforderung soll auch am Eingang des Apollontempels in Delphi den eintretenden Pilger zur Selbstanalyse gemahnt haben. Im dämmrigen Inneren des Baus lesen wir auf der Rückseite die Antwort: „Du bist".

Tatsächlich nennt sich der Bau „Apollontempel". Aber er stammt nicht aus der Antike und wurde auch nicht von verrückten Anhängern einer Apollonsekte gebaut. Apollon, Sohn des Zeus, war ein Gott der griechischen Mythologie und galt als Gott der Künste – und als Künstler sehen sich auch die Erbauer des Steinkunstwerkes. Keine Satansanhänger sind hier am Werk, keine Sektierer, die einen Landeplatz für Außerirdische bauen, sondern begeisterte Männer, mit viel Gespür für das Schöne, beseelt von einem seltsamen Auftrag.

1986 begannen Karl Heinz Triendl und Robert Tribus mit dem Bau. Seit zwanzig Jahren schleppen die beiden in jeder freien Minute Steine, um ihre spontan geborene Idee in die Wirklichkeit umzusetzen.

Berge und Kunst

Karl Heinz Triendl wurde 1959 in Oberperfuss geboren. Der gelernte Konditor betreibt zusammen mit seiner Frau Sylvia das Sportcafé in seiner Heimatgemeinde. „Ohne die Unterstützung meiner Frau könnte ich meine Ideen nie verwirklichen. Sie steht voll hinter mir und führt das Café, wenn ich in den Bergen bin", erzählt er. Immerhin haben sich die beiden ja vor 19 Jahren beim Tempelbau kennen gelernt. Das Ehepaar hat zwei Kinder: Rene und Bianca.

Triendl ist begeisterter Bergsteiger. Er klettert und unternimmt Touren mit Skiern und Schneeschuhen. Im Himalaja bestieg er etliche 7.000er und zeigte sich besonders beeindruckt vom Quellgebiet des Ganges. Die kanarische Insel Fuerteventura durchwanderte er im Hochsommer von Norden nach Süden. Natur muss hautnah erlebt werden können, dazu gehören für ihn auch extreme Bergerlebnisse jenseits der Schmerzgrenze.

Seine zweite Leidenschaft gilt der Kunst. Er ist Obmann des Kunstkollektivs Oberperfuss und war Mitveranstalter der „Marsiade", eines Kunstevents, das acht Winter lang am Ranggerköpfl veranstaltet wurde. Dabei wurde jedes Jahr ein anderer Planet unseres Sonnensystems als Thematik zu einem multimedialen Theaterstück, in Anlehnung an Themen aus der griechischen Mythologie, verarbeitet. Die Bühne und die etwa neun Meter hohe Skulptur für dieses Projekt wurden aus Schnee errichtet.

Triendl spielt Geige und malt Bilder. Seine surrealistischen Bilder zeigen Akte oder Berge – eine beseelte Bergwelt, die an indianische Mythen erinnert – voll von kosmischer Energie und belebt von gigantischen Götterwesen.

Sein Partner Robert Tribus wurde ebenfalls 1959 in Brixen/Südtirol geboren und lebte bis zu seinem 16. Lebensjahr in Klausen. 1980 übersiedelte er nach Nordtirol. Seit vielen Jahren arbeitet er hier als Koch. Zusammen mit seinem Freund Triendl spielt er in seiner Freizeit in einer Musikgruppe, und er schrieb die Stücke für die „Marsiade".

Innenansicht: Kuppel des Apollontempels

Der Bau des Tempels

„Wir zwei wurden für den Bau des Tempels ausgesucht", meint Triendl nachdenklich. Vieles geschah intuitiv und erst im Nachhinein erkannten die beiden Männer dessen Sinnhaftigkeit: Die Wahl des Platzes entspricht genau den Vorgaben für ein Apollonheiligtum: „Es darf nie auf einem Bergrücken stehen, darf vom Pilger erst im letzten Augenblick gesehen werden, daneben muss eine Quelle entspringen ..." Besonders verblüffend: Oberhalb des Tempels in den Flanken des Schlosskopfes ist deutlich eine Felsformation in der Gestalt eines thronenden Königs zu erkennen: „Und über allem wacht Vater Zeus", erklärt Tribus schmunzelnd.

Basislager für die Anstiege bildet eine Privathütte in der Nähe der Rosskogelhütte. Von dort aus sind es für die gut trainierten Männer noch einmal etwa zwei Stunden Fußmarsch.

Triendl wurde von seiner Arbeit geprägt. Unzählige Tage und Nächte verbrachte er allein oder mit seinem Freund in der Bergeinsamkeit. Er beobachtete die Gämsen und Murmeltiere und verfolgte das Kreisen des Adlers. Die Steine schleppten sie zuerst händisch. Erst vor kurzem bauten sie sich eine Tragevorrichtung aus einer Stoffplane. „Alle paar Jahre ging eine Lawine ab. Dann konnten wir die Steine auf der Schneerampe bis zur Baustelle wälzen", erzählt er. Die konischen Steine wurden vorkragend geschlichtet. Kein Stein wurde behauen.

Die Arbeit in den Bergen wurde fast zur Sucht: „Im Winter hatten wir arge Entzugserscheinungen. Das Bauen in dieser grandiosen Natur wurde zur Leidenschaft. Wir erlebten unglaubliche Nächte am See. Der Ort ist wie eine kosmische Tankstelle."

Oft zeigte sich die Natur auch von ihrer bedrohlichen Seite. Immer wieder entluden sich gewaltige Gewitter über dem Talkessel. „Wenn der Blitz in den See fährt, kracht es so gewaltig, dass ich das Zelt halten muss." Triendl erzählt begeistert von einem Unwetter, bei dem der Hagel wie Wasserfälle von den Bergen rauschte und in der Abendsonne unwirklich aufleuchtete.

David gegen Goliath

Nicht nur die Natur verschwor sich manchmal gegen die Künstler. Auch gegen die Widerstände der Behörden mussten die beiden ankämpfen. Das Gebiet rund um den Hundstalsee gehört den Bundesforsten. Trotz einer Ausnahmebewilligung des Tiroler Natur- und Umweltschutzes für fünf Jahre zur Errichtung des Tempels wurde Triendl 1988 zur Abtragung des Steinmaterials und später zu einer Strafe von 38.000 ATS verurteilt. Die Geschichte des Kampfes David gegen den Behördengoliath ist endlos. Verurteilungen folgten Protestkundgebungen. Triendl und Tribus starteten einen österreichweiten Aufruf an namhafte Künstlerinnen und Künstler, sich mit dem Apollontempel zu solidarisieren. Künstler und Künsterlinnen wie Prof. Oswald Oberhuber, Elfriede Jelinek, Hans Haid, Günther Nenning, Josef Hader, Gerhard Ruiss, Egon A. Prantl, Barbara Frischmuth, Anton Christian und Joshi Stieber schickten Solidaritätsbezeugungen. Immer wieder stellten sich namhafte Politiker hinter die Idee, andere kämpften dagegen an. Der Jagdpächter befürchtete eine Beunruhigung der Tierwelt und zeigte sich als erbitterter Gegner. Erst seit die Jagd von Tobias Moretti betrieben wird, sind von dieser Seite keine Schikanen mehr zu befürchten. Der Schauspieler zeigt Verständnis für das Steinkunstwerk.

Immer wieder wurden die „verrückten Spinner" verurteilt. Der letzte Stand: Der Verwaltungsgerichtshof lehnte 2002 die weitergeleitete Beschwerde unbegründet ab und somit kann der Apollontempel jederzeit von den Behörden abgerissen werden.

„Wir haben weitergebaut und weitergekämpft!", erklärt Tribus. Im Herbst des Jahres 2006 wurde das Steinobjekt fertig gestellt – zur Freude der Wanderer, obwohl immer noch Schwarzbau. Momentan herrscht Ruhe, heilige Ruhe um den seltsam mystischen Platz. Auch wenn um den Apollontempel die Stürme toben, welcher Art auch immer, schaut der steinerne Zeus gelassen auf das Treiben der Menschen. „Erkenne dich selbst!", mahnt der Apollontempel inmitten der Tiroler Berge. Eine Aufforderung, die manche Menschen offenbar nervös macht.

Der Apollontempel am Hundstalsee; Karl Heinz Triendl auf dem steinernen Thron

Wolfgang Morscher und Berit Mrugalska bei der Feldforschung.

◆ Die Hüter des Sagenschatzes

Die Rückkehr des Kasermandls

Der Hort der Sagen funkelt wieder auf. „Schatzblühen" in Tirol. Die sagenlose Zeit scheint vorüber. Die alten Schätze werden wieder gehoben und kommen entstaubt ans Tageslicht. Ein Bergland wie Tirol ohne seine alten Geschichten wirkt unbeseelt. Tirol ist nicht nur ein Fitnessparcours und überlaufenes Tourismusparadies. Es ist ein Land mit geheimnisvollen Waldlichtungen, einsamen Berggraten und unheimlichen Schluchten. Von den Wesen, die diese Natur beseelen, erzählen die Sagen und manch Naturfrevel würde nicht passieren, wenn man ihre „Kernaus-Sagen" etwas ernster nehmen würde. Sagen sind keine harmlosen Gutenachtgeschichten, sondern spiegeln das Innerste eines Landes und seiner Bewohner wider: seine Ängste und Sehnsüchte.

Wolfgang Morschers Sagenschatz im Internet

Statt „Sagen ade" heißt es bei Wolfgang Morscher und Berit Mrugalska: sagen.at.

Wer das Schatzblühen am Computerbildschirm ernst nimmt und per Mausklick das Geheimwort „sagen.at" aktiviert, dem öffnet sich der Truhendeckel zur umfangreichsten Sagen- und Märchen-Sammlung im deutschen Sprachraum. 15.000 Texte, davon 3.000 aus Nord- und Südtirol, sowie ca. 2.500 Fotos können abgerufen werden. Erleichtert wird das Suchen durch eine Gliederung nach den drei Schwerpunkten: „Traditionelle Sagen", „Sagen der Gegenwart" und „Märchen". Zusätzlich gibt es eine Gliederung nach Regionen, in Tirol nach Talschaften. Der Volkskundler und Netzwerktechniker Wolfgang Morscher und die Kunsthistorikerin Berit Mrugalska setzen mit den Mitteln der Zeit die Tradition der Sagensammler fort und treten damit in die Fußstapfen eines Alpenburgs, eines Dörlers, eines Heyls oder eines Ignaz Zingerles. Da Sagen meist an einen bestimmten Ort gebunden sind, versucht das Forscherpaar, sie durch Illustrationen oder Fotos zu ergänzen. Dazu machen sie sich auch immer wieder selbst auf den Weg und betreiben Feldforschung. Sie durchwandern nach alter Manier die Talschaften, mieten sich in Dorfgasthäuser ein, befragen die Bewohner nach alten Geschichten und seltsamen Plätzen und fotografieren sagenumwobene Schluchten, Quellen oder Friedhöfe.

„Sagen sind mehr als ihre Erzählhandlung, denn das Wesentliche steht zwischen den Zeilen", meint Morscher. Deshalb sei das Umschreiben für Kinder aus der Sicht des Volkskundlers nur sehr behutsam erlaubt. Zum Wesentlichen zählen: Erzählumstände, Hinweise aufs alte Handwerk, auf die Sozialstruktur, auf Außenseiter und Minderheiten in der Dorfgemeinschaft. Berit Mrugalska interessiert vor allem der Variantenreichtum einer Geschichte: „Einmal isst der Senner das Mus ohne Auswirkungen, das andere mal hat es fatale Folgen." Von der alten Theorie, die Sagenwesen seien schemenhafte Relikte einer heidnischen Naturreligion, hält Morscher nicht viel. Für ihn zählen wissenschaftliche Fakten und er bezweifelt eine Erzählkontinuität aus vorchristlicher Zeit. Viele Sagen stammen aus der Zeit der Romantik, als das Interesse daran boomte. Viele so genannte „Sagen" flossen aus der Feder eines phantasiebegabten Schreibtischforschers. Aber natürlich gibt es Kernreste aus einer sehr alten Zeit, die ja auch bei den alten Flurnamen zu Tage treten.

Das Interesse an den Sagen steigt enorm. Sogar aus dem weit entfernten Ausland bekommen die Sagenforscher Dankesschreiben: „Endlich können wir unseren Kindern die alten Geschichten erzählen, mit denen wir aufgewachsen sind", freut sich manche ausgewanderte Familie.

Brigitte Weninger und die „Tiroler Sagen"

Nach jahrzehntelanger Pause erschien endlich wieder ein Tiroler Sagenbuch. Die wohl erfolgreichste Kinderbuchautorin unserer Heimat wählte 100 bekannte und unbekannte Sagen aus, um sie zu entstauben und in zeitgemäßer Sprache neu zu erzählen, ohne sie zu verändern. Die Autorin ging dabei behutsam und respektvoll mit dem unermesslichen Fundus der Sagensammler und -erzähler um. Ihre Quellen waren unter anderem die Sammlungen von Johann Nepomuk Ritter von Alpenburg, Ignaz Zingerle, Leander

Petzold, Karl Paulin und natürlich die Internetsammlung von Wolfgang Morscher. Brigitte Weninger ordnete die Texte nach Bezirken und Talschaften und achtete sorgfältig darauf, keine Region zu vergessen. Besonders wichtig waren ihr die identitätsstiftenden Sagen: „Innsbruck ohne Riesen Haymon, Frau Hitt und Martinswand wäre undenkbar." Brigitte Weninger liebt besonders den Themenbereich rund um die saligen Fräulein.

Für Weninger sind mehrere Komponenten an der Entstehung von Sagen beteiligt. Einerseits ragen die alten Mythen und Götterwelten unserer Vorväter ins Bild. Andererseits werden auch Bilder der eigenen Psyche, Konflikte und Sehnsüchte projiziert. „Und ein realer Kern steckt natürlich in den Geschichten. Ich habe ja selbst als Kind die Zwerge und Feenwesen gesehen, habe gesehen, wie sie sich zwischen den Farnen versteckten, bei Sonnenuntergang über den Wiesen tanzten und über den Waldboden huschten", erinnert sich die Autorin. In der Pubertät verschwanden die Naturwesen und Brigitte Weninger war lange auf ihren kleinen Bruder eifersüchtig, der noch in dieser Zauberwelt leben durfte. Brigitte Weninger zum Sagenbuch: „Ich will den Tiroler Sagen wieder eine Stimme verleihen, damit sie immer weiter und weiter erzählt werden können."

Barbara Weber, die Ergobanda Tirols

Barbara Weber über sich: „Ich bin eine Salige!" Man kann ihr das glauben, denn die Schauspielerin hat den wilden, ungezähmten Charakter der Berg-

Brigitte Weninger haucht alten Sagen neues Leben ein

frauen, die in den Kristallpalästen der Gletscher wohnen. Als „Ergobanda", der ladinische Name für eine weiße Zauberin und Geschichtenerzählerin, reist sie quer durch das Land und erzählt anhand märchenhafter Puppenwesen bekannte, aber auch längst vergessene Sagen.

Die streitbare Ergobanda wurde 1951 in Hall in Tirol geboren. Die Lust zu fabulieren wurde ihr in die Wiege gelegt. Väterlicherseits stammt sie von einem alten Knappengeschlecht ab, das in den Stollen des Halltales Salz abbaute. „Von denen habe ich den Hang zur dunklen, schweren Seite der Sagen", meint sie. Die Vorfahren mütterlicherseits stammen aus Böhmen: „Die Böhmen lieben das Erzählen. Ich hatte einen böhmischen Großvater, der ununterbrochen erzählt hat." Die Mutter war Psychologin und der Vater Psychiater. Ihnen verdankt sie die oft tiefenpsychologische Sichtweise auf die verschlüsselten Kernbotschaften der Sagen. Nach der Matura absolvierte sie das Reinhardt-Seminar in Wien und startete eine glänzende Karriere. Sie spielte am Kellertheater, am Tiroler Landestheater und bei den Volksschauspielen in Telfs. Bekannt wurde sie vor allem durch die Rolle der Bergbäuerin in der „Piefke-Saga" und als Kathl Rabensteiner in der „Verkauften Heimat". Beide Drehbücher stammen von Felix Mitterer. Durch ihre kantige Art machte sie sich viele Feinde und wurde ab 1989 nicht mehr besetzt. Zusätzliches Karrierehindernis waren ihre zwei Kinder. „Kinder sind im Schauspielberuf eine Todsünde", beklagt sich Barbara Weber. Ihre Geschwister rieten ihr, sich doch auf ihre alte Leidenschaft, das Sagenerzählen, zu besinnen. Mit den Dolomitensagen von Auguste Lechner entdeckte sie die zauberhafte Welt der alten rätoromanischen Sagen: „Diese Sagen erzählen auf sehr poetische Weise die alten Mythen, noch nicht verstümmelt durch die Kirche, die aus allem Teufels- und Hexenwerk gemacht hat." Barbara Weber liebt die alten Namen, denen ein Zauber längst versunkener Zeiten anhaftet: die Bregostena, die Anguana, die Donadindia, ... Die meisten Sagen erzählt die Ergobanda unverändert, doch wenn das Ende unangemessene Härte zeigt, dann baut sie erlösende Auswege ein. „Eine Leistung des Herzens kann in meinen Geschichten das Schicksal verändern", erklärt sie, obwohl sie auch die unerbittliche Gerechtigkeit vieler Geschichten schätzt. „Man hat die Folgen für sein Tun zu tragen, denn Gottes Mühlen mahlen zwar langsam, aber stetig", weiß Barbara Weber. Besonders in Liebesgeschichten greift sie gerne ein und verhilft zu einem Happy End. „Wahrscheinlich deshalb, weil ich selbst keinen Mann habe", lacht sie. „Gerade diese Geschichten von den versteinerten Frauen spiegeln auch meine eigene Verlorenheit wider."

Weber ist es auch ein Anliegen, das Majestätische unserer Bergwelt aufzuzeigen: „Würde ein Schamane in Innsbruck aus dem Zug steigen, so würde er sich wahrscheinlich auf den Boden knien, so überwältigend würde er die Kraft unserer Berge empfinden. Mit den Bergen, den Bäumen, den Sternen kann man sprechen – es sind Wesenheiten und sie haben eine Seele." Sie fühlt sich zur schamanischen Denkweise hingezogen, übt aber keinerlei Praktiken aus, zu groß sei ihr Respekt vor dieser Welt.

Seit vielen Jahren zieht die Regenbogenfrau, wie sie sich selbst manchmal nennt, denn Ergobanda bedeutet wörtlich übersetzt „glitzerndes Wasser", mit ihrem Sagenkoffer durch das Land, packt ihre selbstgefertigten Stabpuppen aus und schlägt junge und alte Zuhörer in ihren Bann. Wenn sie ihre Geschichten von den bleichen Bergen der Fanes erzählt, entstehen vor dem geistigen Auge geheimnisvolle Landschaften, in blaues Mondlicht getaucht.

2005 eröffnete sie den „Geschichtenbrunnen Ergobanda", das „Erste Tiroler Sagen- und Märchenzentrum in der Burg Hasegg in Hall. Leider scheiterte dieses schöne Projekt. Barbara Weber übersiedelte in die Steiermark. Heute lebt sie in Kornberg im „Vulkanland" in der Südoststeiermark inmitten einer sanften Hügellandschaft. Oft gräbt sie alte keltische Sagen aus, erzählt aber durchaus noch immer ihre geliebten Dolomitensagen, denn diese alten Überlieferungen aus der „Traumzeit" seien universal: „Immer geht es um die vier Himmelsrichtungen, um Donner und Blitz, um Sonne, Mond und Sterne, um Liebe und Tod."

Seit die Ergobanda in der Steiermark wohnt, häufen sich auch die Anfragen aus Tirol. Gerade in den Sommermonaten nimmt sie gerne Aufträge aus ihrer alten Heimat an. In Kürze erscheint von Barbara Weber ein Sagenbuch über die heiligen Berge rund um Innsbruck.

Barbara Weber umgeben von ihren Sagenwesen

Pfarrer Alois Simon Maaß liegt in der Unterkirche der Fließer Pfarrkirche begraben

◆ Zwischen Gott und Dämonen

Abenteurer der Seele

In diesem Kapitel lernen wir zwei Volksheilige kennen: Alois Simon Maaß (1758–1846) und Severin von Lama (1883–1978). Beide wurden sie von der Kirche bisher weder selig und schon gar nicht heilig gesprochen – dies hat inzwischen die Bevölkerung längst selbst erledigt. Beide waren Menschen, die mit unerschütterlichem Glauben gegen die körperlichen und seelischen Nöte der hilfesuchenden Menschen ankämpften. Beide waren Männer, die, schenkt man Zeitzeugen Glauben, nicht nur Wasser predigten und Wein tranken, sondern in heiligem Ernst um einen ehrlichen und aufrechten Lebenswandel bemüht waren. Beide waren keine feigen Jasager, sondern auch damals oft unbequeme Zeitgenossen. Doch in ihrer unbeugsamen Authentizität wirkten sie wie Felsen in einem wild tosenden Gebirgsbach, an den man sich klammern konnte, wenn man zu ertrinken drohte. Auch wenn ihre Frömmigkeit und Spiritualität oft erschreckend fremd wirken, so sind ihre Lebensbilder auch heute noch überzeugend und beeindruckend. Vergeblich wird man sich in unserer Zeit in unserem Land nach solchen sturmzerzausten, aufrecht stehenden Lichtgestalten umsehen!

Der Bergprophet – „Der alte Fließer Pfarrer“ Alois Simon Maaß

„Alles einander verzeihen – vergeben – vergessen.“
(Pfarrer Alois Simon Maaß)

Lebensstationen

Der kleine Alois Simon wurde 1758 in Strengen geboren. Sein Vater war Lehrer, Mesner und Organist. Er wird als trockener, unnachgiebiger Mann beschrieben, der seine Schüler oft und streng züchtigte. Die Mutter Maria Magdalena soll sanft und fromm gewesen sein. Simon bekam bald Geschwister: neun Schwestern, drei davon starben schon früh. Vier von ihnen würden später dem Bruder den Pfarrhof in Fließ führen. Bald übersiedelte die Familie nach Kauns. Obwohl der Vater aus Alois lieber einen Lehrer gemacht hätte, erlaubte er schließlich, dass der Bub einen geistlichen Beruf wählte. Alois besuchte das Gymnasium in Hall und studierte Philosophie und Geschichte und einige Semester Medizin in Innsbruck. Er war bettelarm und musste einmal sogar 20 Stunden zu Fuß nach Hause marschieren. Einzige Verpflegung: eine Ackerrübe. Er bezahlte großzügig, indem er in die nächste Rübe einen Groschen steckte. Das Priesterseminar besuchte er in Brixen. Dort las er seine erste Messe. Die zweite im schon vertrauten Wallfahrtsort Kaltenbrunn. Er begrüßte das Gnadenbild: „Jetzt, Muttergottes, ist dein Lump wieder da.“

Damals herrschte, man glaubt es kaum, Priesterüberschuss! Oft wechselte Maaß die Pfarre, bis er schließlich 1805 die Stelle in Fließ übernahm und dort 41 Jahre bis zu seinem Tode wirkte. Das Angebot, Beichtvater bei den Ursulinen in Innsbruck zu werden, lehnte er ab: „Ich gehöre zum Ochsenabstechen und nicht zum Flöhetöten.“

Maaß wird als hager und abgehärmt beschrieben. P. Meinrad Bader schreibt in seiner Maaß-Biographie: „Der Blick hatte etwas Unbeschreibliches, wunderbar Geistvolles, Durchdringendes; manche konnten ihn nicht ertragen und fürchteten sich.“ Wie ein Berg-Prophet, wie ein Bauern-Patriarch muss er in seiner groben Kleidung die steilen Wege der weitläufigen Pfarrei mit dem typisch schweren Gang der Bergbewohner hinangeschritten sein – voller Liebe und Mitleid wie ein Hirte und trotzdem voll Strenge und Macht, wie ein reinigendes Sommergewitter. „Der alte Pfarrer war ein friedliebender Mensch; wenn es nicht grob gefehlt hat, war er fein“, beschrieb ihn ein alter Fließer.

Der Prediger und Beichtvater

Ähnlich dem Zeitgenossen Vianney, dem heiligen Pfarrer von Ars, hatte Maaß die Gabe, das Innerste der Menschen, ihre Ängste und Abgründe, ihre Sehnsüchte und Hoffnungen zu kennen. Seine Predigten rührten die Menschen zu Tränen und veränderten so manches Leben. Am liebsten predigte er über die Liebe und das Erbarmen des göttlichen Herzens und die Verehrung der seligsten Jungfrau. Maaß war keiner, der ständig mit der Hölle drohte, trotzdem gebrauchte er manchmal recht eindrucksvolle Worte, wie bei einer Predigt in Kaltenbrunn: „In der Hölle ist eine Uhr ohne Ziffernblatt und ohne Zeiger; es ist nur ein langes Pendel daran, dessen Ticktack lautet: Immer, nimmer; immer, nimmer."

Über den Glauben prophezeite er: „Der Glaube wird abnehmen, man wird immer ein wenig forttun, ihn ein bisschen zustutzen und nach und nach ganz rauben. Doch man braucht ihn gar nicht erst zu nehmen – die Christen löschen ihn schon selbst aus."

Besonders wetterte er gegen den Alkohol. Aus Erfahrung wusste er, welch zerstörerische Kraft dem „Schnapsl" innewohnte. „Von den Säufern hat sich nur ein einziger bekehrt in den 50 Jahren seit ich Priester bin", beklagte er.

Als Beichtvater und Seelsorger war Pfarrer Maaß weit über die Landesgrenzen hinaus bekannt und geschätzt. Im Beichtstuhl verbrachte er einen großen Teil seines Lebens. Vor Sonn- und Feiertagen saß er dort bis Mitternacht und dann wieder ab drei Uhr früh. Maaß hatte die Gabe der Unterscheidung der Geister und seine seherischen Fähigkeiten verrieten ihm oft Sünden, die der Beichtende unterschlagen wollte. Oft hörte man den Satz: „Beim Fließer Pfarrer ist leicht beichten, der weiß die Sünden schon im Voraus."

Der Prophet und Seher

Pfarrer Maaß kam zwar nie über die Berge hinaus, sein innerer Blick aber kannte keine Grenzen – er sah tief in die Seele der Menschen, er sah aber auch Dinge, von denen er keine Ahnung haben konnte oder die sich erst in der Zukunft abspielen würden. Hier einige seiner Prophezeiungen:

„Wenn die Welt mit Draht und Eisen umsponnen sein wird, dann wird es Kinder geben, die von schlechten Sachen schon mehr wissen, als früher Erwachsene."

„Wenn der Luxus so groß geworden ist, dass man Männer und Frauen an der Kleidung nicht mehr unterscheiden kann, kommen die letzten Zeiten."

„Wenn man ohne Pferd die ganze Erde umfahren kann, dann geht es dem Ende der Welt zu."

Besonders eindrucksvoll war seine Fähigkeit, Weihwasser von normalem Wasser unterscheiden zu können. Es gibt etliche Berichte darüber, die nach dem gleichen Muster ablaufen: Der Pfarrer kommt unangemeldet ins Haus. Das Weihwasserkrügerl ist peinlicherweise leer und man füllt es mit Brunnenwasser. Der Kommentar des Pfarrers bei einem Besuch in Niedergallmig: „Da habt ihr gar ein lichtes Weihwasser, das kann man nicht brauchen." Oft erwartete er völlig unbekannte Personen, betete sie herbei, wenn sie im letzten Augenblick umkehren wollten, wie die zwei „liederlichen" Mädchen, die zur Beichte gehen wollten: „Ihr habt mich ordentlich schwitzen gemacht, dass ihr nicht umgekehrt seid. Wäret ihr beim Bachl zurückgegangen, so wäret ihr verloren gewesen."

Bei einer Klausurkonferenz in Zams stellte ein Geistlicher fest: „Nun sind alle da, bis auf den Fließer Sündenschlucker." Pfarrer Maaß erschien bald mit den Worten: „Jetzt ist er auch da, der Fließer Sündenschlucker."

Arzt und Exorzist

Sicherlich verschrieb Pfarrer Maaß auch heilende Naturmittel aus der Hausapotheke. Seine großen Erfolge aber waren Heilungen kraft seiner Gebete. Manchmal schickte er die Kranken zum Dorfarzt, dem „Baderle", und segnete anschließend dessen Arznei. Pfarrer Maaß wusste um den engen Zusammenhang von Körper und Seele. „Als Mann voll des Glaubens und des Gebetes wirkte Maaß mit größerem Erfolg als Ärzte mit ihren Medikamenten ...", schrieb ein Zeitzeuge. Neben dem Charisma der Heilung besaß Pfarrer Maaß auch die Fähigkeit, Dämonen auszutreiben. Seine vorgesetzte kirchliche Behörde brachte dem Pfarrer so viel Vertrauen entgegen, dass er nicht bei jedem Fall von Besessenheit um Erlaubnis ansuchen und auch nicht über jeden Fall berichten musste. Allerdings stellte ihn die weltliche Behörde des „Guberniums", vom Wind der Aufklärung durchweht, zur Rede. Seine schriftliche Antwort sorgte landesweit für Gelächter:

Hohes k. k. Gubernium!
Ich habe nicht gewusst, dass der Teufel unter dem Gubernium steht.
Alois Maaß, Pfarrer

Umsessene und Besessene wurden von ihren verzweifelten Angehörigen oft von weit her zum Pfarrer gebracht. Inwieweit sich auch Geisteskranke darunter befanden, kann heute nicht mehr ganz geklärt werden. Die „Betrübten", wie die Besessenen im Volksmund genannt wurden, machten es dem Pfarrer nicht leicht. Immer wieder wurde von den Bewohnern von Fließ über das „Sich-Sträuben und Wüten, das Schreien, Toben und Rasen, die furchtbaren Lästerungen auf dem Weg zur Kirche, und über gräuliches Erbrechen sonderbarster Gegenstände" berichtet. Auch von den üblichen Symptomen, wie dem Sprechen in ungelernten Sprachen, erzählen die Augenzeugen. Ein Weiblein soll plötzlich französisch, ein anderes griechisch oder lateinisch gesprochen haben. Natürlich werden auch Geisteskranke oder Depressive unter den „Betrübten" gewesen sein. Gerade solche Personen hielten sich oft jahrelang in der Nähe des Widums auf. Die Nähe des Pfarrers verschaffte ihnen Erleichterung.

Mit Vorliebe exorzierte Maaß vor dem Mariahilf-Bild am rechten Seitenaltar der alten Pfarrkirche. Maaß bezog sich auf den Ausspruch von Thomas von Kempen: „Wie Menschen vor Schrecken zu Boden fallen, wenn der Blitz in ihrer Nähe einschlägt, so stürzen die Teufel vor Angst, wenn sie den Namen Maria hören."

Unter den Sakramentalien (Segenszeichen), die der Fließer Pfarrer für den Exorzismus benützte, bevorzugte er am meisten das hl. Kreuzzeichen – den Schrecken der bösen Geister. Sehr viel hielt er auch vom Weihwasser. Ein Kooperator berichtete: Jeden Samstag weihte ich gegen 100 Liter Wasser. Am Wochenanfang war das Gefäß schon oft wieder leer." Auch geweihte Gegenstände, wie Kreuze, Rosenkränze, Kräuter und Öl, gab er den „Betrübten" mit.

Von einem 20-jährigen Burschen, der besessen war, berichtete ein Augenzeuge: „Als ich als Knabe dem Pfarrer einen Besuch abstattete, zerrten fünf Männer einen Burschen herbei. Er setzte sich neben mich auf die Bank; plötzlich sprang er auf wie ein Vogel, fuhr wütend mit den Händen gegen den geheizten Ofen und riss Mauerstücke heraus ..."

Ein Mann aus Hall erzählte folgenden Beitrag: „Eine Besessene aus Hall, von der niemand den Teufel austreiben konnte, wurde unangemeldet ins Fließer Dorf gebracht. Obwohl die Leute noch weit vom Dorf entfernt waren, sagte der Pfarrer: ‚Aha, jetzt kommt die Hallerin!' Nachdem durch seine Beschwörung der Teufel aus ihr gewichen war, erzitterte der ganze Widum, als ob er von einem Erdbeben gerüttelt würde."

Oft wurde der Pfarrer von den Besessenen geschlagen und traktiert, einmal sogar von den Dämonen in eine Mistlache geschleudert. Ein Augenzeuge beobachtete durch das Schüsselloch der Kirchentür, wie Maaß „von teuflischen Mächten unter die Kirchenstühle getrieben wurde".

Maaß konnte die Angst vor den teuflischen Mächten nie ganz ablegen und gestand: „Ich bete immer um einen schnellen Tod, damit mir die bösen Geister nicht so zusetzen können."

Sein Gebet wurde erhört. Er starb am 18. Jänner 1846 am Fest des Namens Jesu. Bis mittags hatte er die Beichte gehört, die Messe gelesen und wieder die Beichte gehört. Dann sagte er halblaut „Hm, heut hab i pultn-gnug" und schritt zum Widum. Beim Mittagessen sackte er in sich zusammen. Seine letzten Worte waren: „Alles einander verzeihen – vergeben – vergessen."

Heute findet man das Grab des Volksheiligen in der Unterkirche der Pfarrkirche zu Fließ. Sein Andenken ist noch heute lebendig und auch die große, „nuie", von Maaß gestiftete Glocke tönt nach wie vor über das Dorf und das Tal. In ihrem Mantel eingegossen heißt es: „Christus ist Sieger, Christus ist Herrscher, Christus beschütze uns und unser Habe vor jedem Übel und Unwetter. Amen!"

Pater Severin von Lama

Ein Orden, in dem es keine Mystiker gibt, stirbt aus.
(Pater Severin von Lama)

Der Herz-Jesu-Missionar Pater Severin von Lama dürfte in den Augen der Welt als Sonderling gegolten haben. Ein altes Schwarz-Weiß-Foto zeigt den Geistlichen mit blutleeren Lippen und verkniffenem Gesichtsausdruck, der wohl als Lächeln zu deuten ist. Der Pater wirkt hager, asketisch und weltfremd. Doch diesem sperrigen Erscheinungsbild stand ein reiches, tiefes und turbulentes Seelenleben gegenüber. Der Pater galt in der Bevölkerung als Heiler – tausende Male fühlte er voraus, mit welcher Krankheit die Besucher kommen würden – er litt an unsichtbaren Stigmata und er konnte den Menschen in das Herz schauen. Aufgrund seiner besonderen Fähigkeiten wurde er von Bischof Paulus Rusch zum Exorzisten der Diözese ernannt.

95 Jahre alt wurde Pater Severin von Lama, doch seinen Lebenstraum, als Missionar in der Südsee zu wirken, konnte er nie verwirklichen. Er wirkte

von 1939 bis zu seinem Tod 1978 im Innsbrucker Ordenshaus der Herz-Jesu-Missionare. Er schrieb über seine Berufung: „Mystische Begabung bedeutet nicht Schwäche, noch Lebensfremdheit, sondern Leben in Fülle."

Das Herz brennt für die Südsee

Pater Severin von Lama entstammte einem alten spanischen Adelsgeschlecht aus Extremadura. Er war stolz auf seine Abstammung und bestand zeitlebens auf sein aristokratisches „von" vor seinem Namen und wollte mit Sie angesprochen werden. Die jungen Novizen zogen ihn deshalb auch immer wieder auf und machten mit dem sonderlichen Mitbruder ihre Späße, erinnert sich freimütig Pater Toni, der gegenwärtige Superior der Herz-Jesu-Missionare in Innsbruck, der Pater von Lama gut gekannt hatte.

Severin wurde 1883 in München geboren. Er hatte vier Geschwister: Karl, Friedrich, Gusti und Maria. Bald übersiedelte die Familie in die alte Donaustadt Regensburg. Der Vater leitete einen Verlag und die Familie zog in eine große Villa mit ausgedehnten Gärten.

Nach Abschluss der Gymnasialzeit wurde Severin Novize bei den Herz-Jesu-Missionaren in Hiltrup bei Münster in Westfalen. In Oventrop, wo Severin während seines Scholastikats lebte, besuchte er zusätzlich zum Studium der Philosophie und der Theologie Vorlesungen über Chemie, Physik, Mineralogie, Geologie, Geografie, Psychologie und Anthropologie. Er lernte Hebräisch und Arabisch und brachte es schließlich auf sechs Sprachen.

Severin war ein musischer Jugendlicher und begann zu malen und Gedichte zu verfassen – nichts Außergewöhnliches für die schwärmerische Sturm- und Drangzeit eines Menschen. Zugleich entdeckte er aber erste Fähigkeiten, die den jungen Severin aus der Masse heraushoben und manchmal zu einem sehr einsamen, unverstandenen Geistlichen machen würden. Er entdeckte, dass er telepathische Fähigkeiten hatte – er konnte die Gedanken seiner Mitschüler erahnen oder auch per Gedankenkraft Befehle erteilen.

Sein großer Lebenstraum war es, als Missionar in der Südsee wirken zu können. Von diesem Ziel konnten ihn auch Hiobsbotschaften von Krankheiten und mordenden Kannibalen nicht abhalten. Voller Hoffnung und Begeisterung schrieb er:

Ich träume hinaus in die Südsee Weiten,
wo wird dereinst mein Grab wohl sein?
Glocken werden kaum darüber läuten,
die Wellen nur rauschen, die Seevögel schrei'n.
Mitbrüder, manchmal Kanaken dort beten.
Und dann? Dann werde ich vergessen sein.

Als einziger Weiser auf einem Atoll der Marschallinseln – so stellte er sich sein Leben vor und suchte nach seiner Priesterweihe 1909 um Versetzung in die Mission an. Es wurde abgelehnt. Begründung: Blutarmut!

Seine Vision: den Südseeinsulanern nicht nur das Evangelium zu bringen, sondern auch deren Leben zu verbessern. Er träumte von Bodenschätzen, die es zu erschließen galt, studierte deshalb in seiner Freizeit Geologie und wurde Berater für Bergbau. Doch die geistliche Obrigkeit lehnte immer wieder seine Ansuchen ab. Dieses Katz- und Mausspiel ging über viele Jahrzehnte. Severin von Lama sollte nie die glitzernden Wellen der Südsee sehen. Nach harten inneren Kämpfen fügte sich der Pater schließlich der Entscheidung, als er in sein Tagebuch schrieb: „Fast glaube ich, die Vorsehung hat mit dieser Lockspeise (*Südsee, Anm. des*

Autors) die Maus in der Falle gefangen, und nachdem der heilige Gehorsam heruntergeklappt war, wurde die Lockspeise wieder entfernt."

Grenzüberschreitungen

Er wurde Mittelschullehrer und Aushilfspriester in Liefering – überlastet, ausgenutzt und wie immer unverstanden. Sein Beichtvater über seine rätselhafte Einsamkeit: „Mein lieber Mitbruder, Sie werden geachtet, oft genug bestaunt von Ihren Mitbrüdern, von uns allen – jedoch mit einem gewissen Abstand. Sie haben bereits eine Grenze überschritten, die selten ein Mensch überschreitet."

Prägend war eine Fahrt nach Konnersreuth, wo er die stigmatisierte Theresa Neumann, kurz Resl genannt, erlebte. Das einfache Bauernmädchen durchlitt an jedem Freitag in einer Leidensekstase die Passion Christi: Sie empfing die Wundmale an Händen, Füßen und an der Brust. Sie weinte blutige Tränen und am Rücken platzte die Haut in Striemen auf.

In Konnersreuth hatte Severin eine unheimliche Begegnung. Wo helles Licht scheint, fallen schwarze Schatten. Aus so einer Schwärze heraus trat ein Mann, der ebenfalls die Resl besucht hatte, auf Severin zu. Er stellte sich als Theologiestudent vor und bat Severin von Lama, ihm die Beichte abzunehmen. In einem Hotelzimmer spielten sich grauenvolle Szenen ab. „Als sich Müller umdrehte, war er völlig verändert. Sein sonst so bleiches Gesicht sah plötzlich vollblütig, kräftig und brutal aus. Die Augen blickten nicht mehr sanft oder gespannt in Angst, sondern wütend und blutunterlaufen", schieb er in sein Tagebuch. Eine Nacht des Entsetzens begann. Pater Severin von Lama kämpfte gegen die Dämonen des Theologiestudenten. Eine fremde gewaltige Stimme brüllte aus ihm: „Er steht hinter dir, der Große, sonst würde ich dich zerreißen. Aber du sollst keine ruhige Nacht mehr haben in deinem Leben." Der Exorzismus währte die ganze Nacht. „Du wirst noch lange leben und uns noch viele Seelen entreißen", prophezeite der Dämon.

Plötzlich verlöschte das elektrische Licht. In einem phosphoreszierenden Schein sah der Priester ein wundervolles Männerantlitz, die Haut bronzefarben, die Augen mandelförmig, hasserfüllt, auf dem Haupt schlängelten sich schwarze Haare. „Ich bin Luzifer!", schrie der Dämon und sprang auf den Priester zu. „Maria, du Unbefleckte, du kannst mich nicht im Stich lassen", betete der Priester. Das Licht ging an. In ohnmächtiger Wut wich der Angreifer zurück: „Das sollst du büßen, dafür wirst du eine furchtbare Sterbestunde haben", drohte er.

Es war sechs Uhr morgens, als endlich Ruhe einkehrte.

Später wurde Pater Severin offiziell zum Exorzisten seiner Diözese ernannt. Immer wieder hielt er auch Vorträge vor Ärzten. „In den Irrenhäusern gibt es viele Besessene, denen geholfen werden könnte", behauptete er. In seinen letzten Lebensjahren unterwies er Ärzte für psychisch Kranke in der Fähigkeit, Geisteskrankheit von Besessenheit zu unterscheiden.

Das Heilungscharisma

Bereits Wochen später entdeckte er sein Heilungscharisma. Pater Toni, der Superior, erzählt, dass von Lama die körperlichen und seelischen Leiden der Hilfesuchenden schon vorher spürte: „Heute kommt noch jemand, der mit seinem Magen große Probleme hat, denn mein Magen schmerzt rasend", sagte er einmal zum jungen Pater Toni, und tatsächlich sei ein Patient mit Magengeschwür gekommen. Pater Severin von Lama nahm das Heilungscharisma an, obwohl er wusste, dass ihm das ein Leben voll von Schmerzen und Belastungen bringen würde. Auch während des Zweiten Weltkrieges kamen viele Leidende zu ihm. Seine engste Familie war vom Nazi-Terror betroffen: Seine Brüder und sein Neffe wurden ins KZ gebracht und sein Bruder Fritz wurde dort zu Tode gefoltert.

Schon früh hatte Severin von Lama seine Mitbrüder vor dem Nationalsozialismus gewarnt und den Führer als dämonischen Verführer bezeichnet.

Nach dem Krieg entfaltete sich von Lamas Gabe zu heilen erst richtig. Wichtig war es ihm, Seele und Körper zu heilen. Zuerst verlangte er von jedem Kranken, seine Sünden zu bereuen und sich ganz in Gottes Hände zu begeben. Außerdem betonte er, dass er nur im Namen Jesu heilen würde, er also nur Werkzeug einer göttlichen Kraft sei. Er heilte mit einem Kreuzpartikel, das in seinem Besitz war.

Besonders rätselhaft war seine Fähigkeit, anhand der Qualität, die ein Patient beim Weihwasser wahrnahm, dessen Leiden zu bestimmen: Das Wasser schmeckte bitter bei Nierenleiden, süß bei Blasenleiden und salzig bei Verletzungen, es war lauwarm bei Lungenleiden, heiß bei Asthma, dickflüssig bei Drüsenerkrankungen, frisch und wohltuend bei Kropferkrankungen.

Sein Rat bei vielen körperlichen und seelischen Leiden: „Opfern Sie alles Schwere in Ihrem Leben auf für die sterbenden Todsünder!"

Dunkelheit und Morgenrot

Nach einem Medienbericht 1948 steigerte sich die Zahl der Hilfesuchenden und täglich kamen bis zu 200 Menschen zu dem Pater mit den Heilkräften.

Manche Kranke hielten ihn für einen Heiligen, da er von ihren verborgenen Schwächen und Fehlern wusste: „Das bin ich gewiss nicht. Ob ein Esel einen Sack Gold trägt, oder einen Sack Heu, er ist und bleibt ein Esel. Ich heiße Lama. Ein Lama ist ein Tier, das Lasten trägt", erklärte der Priester bescheiden.

Im Orden übernahm er die Aufgabe des Seniors unter den Studenten. Seine jungen Mitbrüder hätten zwar Respekt vor ihm gehabt, ihn immer als „Ritter" gesehen, aber doch nie ganz ernst genommen, erinnert sich Pater Toni.

Zu den Phantomschmerzen seiner Patienten kam, dass er ein Brennen in den Handflächen, an den Füßen und an der Brustseite verspürte. Pater Severin von Lama trug die Stigmata jedoch nie sichtbar. Im hohen Alter zwischen dem achtzigsten und neunzigsten Lebensjahr erlebte er eine dunkle Nacht des Geistes – er fühlte sich von Gott verlassen, leer und ausgebrannt. Umso erstaunlicher ist es, dass ihn in den letzten Lebensjahren eine große Freude durchströmte.

In seinen letzten Tagen tauchte der altbekannte Dämon wieder auf und löste sein Versprechen ein. Severin von Lama hatte Lungenentzündung und litt an anfallsartigem Erbrechen. Doch seine letzten Worte waren: „Ich bin glücklich. Gott liebt mich!"

Der Dämon hatte nicht gesiegt.

Pater Severin von Lama wurde auf dem Friedhof Mariahilf in der Sonnenstraße in Innsbruck bestattet. Schon bald hörte man von Gebetserhörungen über den Tod hinaus – immerhin hatte er ja versprochen: „Vom Himmel aus kann ich erst richtig helfen."

Prof. DDr. P. Andreas Resch

◆ Grenzgänger der Wissenschaft

Von Wundern, Geistern und Dämonen: Pater Resch, der Geisterjäger

Ein kleines Tiroler Gebirgsdorf. Obwohl es Juni ist, hängen die Nebel tief ins Tal. Es ist kühl und regnerisch. Im Widum wird das Mittagessen aufgetragen. Der Pfarrer, ein zweiter Geistlicher und eine junge Frau sitzen friedlich beim Essen. Man plaudert über Alltägliches, vielleicht über den Verlauf der letzten Sonntagsmesse. Plötzlich verzerrt sich das Gesicht der Frau zu einer bedrohlichen Fratze. Sie springt auf, der Stuhl fällt polternd um, ein Teil des Geschirrs zerbricht am Boden. Mit einer fremdartigen Stimme beginnt die Frau die Geistlichen auf das Unflätigste zu beschimpfen, zuerst auf Deutsch, dann in einer fremden Sprache. Krampfartige Zuckungen durchlaufen ihren Körper, sie fällt zu Boden und beginnt sich schreiend zu winden. Den Pfarrer, der ihr helfen will, stößt sie mit übermenschlich wirkender Kraft zurück. Es werden Gebete gesprochen. Langsam beginnt sich die Tobende zu beruhigen.

Was war passiert? Hatte die Frau einen epileptischen Anfall, war sie geisteskrank oder haben die Geistlichen tatsächlich einen Ausbruch von dämonischer Besessenheit miterlebt?

Die meisten Menschen machen lieber einen Bogen um diese düsteren Seiten der Religion. Einer aber hat es sich zur Lebensaufgabe gemacht, dort weiterzufragen und weiterzuforschen, wo viele Kollegen nur mehr entsetzt den Kopf schütteln, weil nicht sein kann, was nicht sein darf. Dieser Pionier der Wissenschaft, der sich in jene Grenzgebiete vorwagt, ist niemand anderer als Prof. DDr. P. Andreas Resch, eben jener zweite Geistliche am rätselhaften Mittagstisch im Pfarrwidum in dem kleinen Dorf in den Bergen.

Der Südtiroler Pater Resch ist Gründer und Direktor des Institutes für Grenzgebiete der Wissenschaften in Innsbruck. Wer bei so einem Institut an düstere Hallen mit seltsamen Apparaturen, wie Geisterfallen à la „Ghostbusters" denkt, liegt völlig falsch. Im Klostergarten der Herz-Jesu-Kirche in der Maximilianstraße inmitten von Grünanlagen und Bäumen betritt man einen kleinen, modernen Flachbau mit lichtdurchfluteten Räumen, funktionell und geschmackvoll eingerichtet. Herzstück ist eine umfangreiche Bücherei, mit tausenden Bänden Fachliteratur geordnet nach Themen, wie Geister, Engel, Satanismus, Marienerscheinungen usw.

Und wer sich unter Pater Resch einen versponnenen, weltfremden Träumer à la Agent Mulder aus den „X-Akten" vorstellt, hat sich zum zweiten Mal geirrt. Für Pater Resch liegt die Wahrheit nicht einfach „irgendwo da draußen", sondern in detaillierter, oft mühsamer Kleinarbeit. Er ist ein trockener Wissenschaftler, der fest auf dem Boden der Realität steht, dem allerdings versteckter Humor aus den Augen blitzt.

Pater Resch ist nicht nur in Fachkreisen der ganzen Welt angesehen, sondern auch in der Tiroler Bevölkerung sehr beliebt. Immer wieder folgt er bereitwillig den Einladungen der verschiedenen Medien und gibt bei Talkshows, Vorträgen und Diskussionen geduldig Auskunft, auch auf die seltsamsten und naivsten Fragen. Seine Antworten sind oft mit einer Prise Humor gewürzt, nie aber sind sie überheblich oder gar zynisch.

Redemptorist wurde er, weil er „zu wenig kräftig für die Auslandsmission" war, erklärt er. Pater Resch promovierte in Theologie an der Universität Graz und in Philosophie, in den Bereichen Psychologie und Volkskunde an der Universität Innsbruck. Aber dem Geistlichen genügte die reine Forschungsarbeit nicht. Ihm war immer auch der direkte Kontakt mit den hilfesuchenden Menschen wichtig, und so entschloss er sich, eine psychoanalytische und verhaltenstherapeutische Ausbildung anzuschließen und eine psychotherapeutische Praxis zu führen.

Schon bald holte sich der Vatikan diesen Wissenschaftler nach Rom, wo er dreißig Jahre lang als Professor für klinische Psychologie und Paranormologie an der Accademia Alfonsiana der Päpstlichen Lateranuniversität unterrichtete.

1978 gründete Pater Resch in Innsbruck das Institut für Grenzgebiete der Wissenschaften, das er selbst leitet. Das Privatinstitut befasst sich mit Dokumentation, Interpretation und Information von Phänomenen aus dem Bereich der „Paranormologie". Pater Resch prägte diesen Begriff in Abgrenzung zur „Parapsychologie". Pater Resch erläutert: „Parapsychologie befasst sich mit Grenzgebieten der Psychologie, wie Telepathie, Hellsehen, Telekinese (Bewegung von Gegenständen, ohne sie zu berühren) und der Frage, ob der Mensch eine Vorschau in die Zukunft haben kann. Im religiösen Raum ist das Spektrum der Phänomene unendlich viel größer, denken Sie nur an den Kontakt mit Verstorbenen, die Auferstehung der Toten, die Fragen der Marienerscheinungen und der Blutphänomene, die Frage der Unversehrtheit, das heißt, dass der Körper nach der Beerdigung nicht verwest, sondern intakt bleibt. Da können wir nicht mehr von Psychologie sprechen. Der Körper ist tot."

Angeschlossen an das Institut ist der „Resch Verlag", der unter anderem die Werke des Geistlichen veröffentlicht. Eine Neuerscheinung beschäftigt sich mit dem „Fortleben", eine andere geht unter dem Titel „Das Antlitz Christi" dem Geheimnis um den Schleier der Veronika nach.

Seit einigen Jahren arbeitet Pater Resch am Lexikon der Paranormologie. Es dient der begrifflichen Abklärung des Gesamtbereiches der Grenzgebiete der Wissenschaft, angefangen von den Grenzgebieten der Physik über jene der Biologie, Medizin, Psychologie und Religionswissenschaft bis hin zu Volks- und Völkerkunde, Mythologie und Mystik, verbunden mit Informationen über einschlägige Personen, Institutionen, Gemeinschaften und Praktiken. Unter www.igw-resch-verlag.at/lexikon/index.html kann man das Lexikon aufrufen.

„Man muss ein bisschen spinnen, um normal zu sein"

Derzeit boomt das Interesse für Paranormales. Verabschieden wir uns derzeit vom Rationalismus und Positivismus der Aufklärung? Kehren wir in ein geistiges Mittelalter zurück?

Pater Resch: Die Wissenschaft arbeitet zunehmend so spezialisiert, dass nicht nur dem Normalbürger, sondern auch dem Kollegen an der Universität, der nicht im gleichen Fachgebiet arbeitet, die einzelnen Bereiche völlig unverständlich werden. Der Mensch kann aber, ohne sich eine eigene Vorstellung vom Leben und seiner Welt zu machen, nicht leben. So verabschiedet man sich eben oft von der Wissenschaft oder flüchtet in eine Pseudowissenschaft.

Hinzu kommt noch, dass das Leben zu einer Aktionshektik geworden ist, sodass der Einzelne den Wunsch hat, auszusteigen. Das Problem ist nur, wo immer ich mich von der Wirklichkeit abhebe – und ich muss mich ab und zu abheben – laufe ich bei mangelnder Realitätskontrolle Gefahr, eine totale Bauchlandung zu machen und dadurch größte psychische Probleme zu bekommen. Dabei gibt es von mir den Spruch, und nach dem lebe ich auch: „Man muss schon etwas spinnen, um normal zu sein."

Das heißt, man muss manchmal ein bisschen abheben, um dem Leben etwas Salz und Pfeffer beizumischen.

Tirol ist reich an Sagen. Seit der Aufklärung geht man davon aus, dass die Erzählungen über Naturgeister symbolisch zu verstehen sind. Konnten Sie Erfahrungen machen, bei denen Phänomene wie Almputze, Salige oder Feen einen realen Ursprung hatten?
Diese Sagengestalten sind Projektionen innerer psychischer Bilder, die aus einer gewissen Angstsituation heraus gewachsen sind. Allerdings habe ich eine Erfahrung gemacht in Zusammenhang mit einer Spuksituation in einer Anwaltskanzlei in Rosenheim. Ich habe den Fall eines Mädchens untersucht, in dessen Anwesenheit sich immer irgendetwas bewegt hat. Während ich mit dem Mädchen gesprochen habe,

ist es plötzlich vollkommen erstarrt, in dem Moment hat es einen Riesenkrach gegeben und im Nebenraum sind alle Schubladen aus den Schreibtischen und Kästen herausgeflogen. Ich bin sofort in den Raum gestürmt, weil die Türe offen war, aber habe nicht mehr das Fallen gesehen. Generell muss man jedoch raten, bei diesen Dingen lieber 10% zu wenig als 1% zu viel zu glauben.

Die Sehnsucht nach Religion bewirkt offenbar keine volleren Kirchen, sondern eher Zuwächse bei Sekten und esoterischen Gruppen. Was macht die Kirche falsch?
Der Mensch hat heute den Wunsch, unendlich frei zu sein. Andererseits sucht er Geborgenheit. Jeder Mensch will ewig und glücklich sein. Nun sagt man oft: Christus ja, Kirche nein. Es herrscht heute große Aversion gegen jede Form von Institutionen. Man empfindet sie als kalt und menschenfeindlich. Dabei haben Sekten, vor allem aber esoterische Gruppen, einen Zulauf.

Die Medienwelt führt zurzeit eine ungeheure Kampagne gegen die Großkirchen, insbesondere gegen die Katholische Kirche. Die Kirche hat allerdings auch zu stark auf die Rationalität gesetzt und die Dimension des Emotionalen, des Bildhaften vernachlässigt. Manche Kirchen sind entleert worden, keine Statuen mehr, keine Heiligen mehr, keine Engel mehr. Dafür sind die Privatwohnungen vollgestopft mit Figuren. Der Mensch braucht eben Bilder und Symbole.

Können Sie uns persönliche Erlebnisse im Bereich der Grenzwissenschaften erzählen, die Sie sehr beeindruckt haben?
Ich habe einen Kongress in Japan besucht, bei dem das Medium Pierre Gerard geladen war und vor laufender Kamera in Anwesenheit von 15 Fachleuten einen Glaszylinder etwa 50 cm bewegte, ohne dass er auch nur den Tisch berührt hat.

Beeindruckt hat mich auch eine Heilerin in Italien, die in Anwesenheit eines Ärzteteams einem Mädchen, dessen Gesicht durch eine Lähmung völlig entstellt war, die Hände auflegte, wodurch das Gesicht in die volle Symmetrie kam. Allerdings kam die Entstellung später wieder.

Das Buch von Paul Badde über den Schleier der Veronika „Das Muschelseidentuch" wurde zum Bestseller. Sie beschäftigen sich schon lange mit dem Schleier von Manoppello.
Dieser Schleier, früher als das Schweißtuch der Heiligen Veronika bekannt, wird in einem Kapuzinerkloster in der Nähe von Pescara aufbewahrt. Es gibt im Johannesevangelium die Stelle, wo Johannes und Petrus zum Grab kommen und die beiden Tücher sehen. Das eine Tuch war auf das Gesicht gelegt worden und das andere hatte den ganzen Körper eingehüllt.

Nun hat die Trappistin Blandina Paschalis Schlömer herausgefunden, dass dieses Antlitz auf dem Schleier sich hundertprozentig mit dem Antlitz auf dem Turiner Grabtuch deckt.

Ich konnte weiter nachweisen, dass sich die Proportionen des Gesichtes auf dem Schleier sowohl mit den Darstellungen in den Katakomben als auch mit dem Portrait des ersten Christusmedaillons aus dem Jahre 500 n.Chr. decken.

Wie ist das Abbild entstanden?
Ähnlich wie beim Turiner Grabtuch kann man die Entstehung nicht erklären. Während beim Grabtuch die Körperzeichnung durch Einbrennen in die obere Faserschicht entstanden ist, haben wir es in Manoppello mit einem hauchdünnen Schleier aus Byssus, also Muschelseide, zu tun. Das Abbild ist

von beiden Seiten sichtbar, es entsteht durch Lichtreflexion und verschwindet bei zu grellem Licht. Dieses Phänomen ist einmalig.

In ihrem umfassenden Werk „Fortleben“ beschäftigen Sie sich mit Jenseitsvorstellungen quer durch die Religionen und die Geschichte. Glauben Sie, dass es ein Leben nach dem Tod gibt?
Für mich ist heute völlig klar, dass der Mensch eine nicht vergängliche Seele hat. Und der schönste Spruch, den wir diesbezüglich in der Bibel haben, ist der, wo Christus zum rechten Schächer sagt: „Heute noch wirst du mit mir im Paradiese sein.“

Das heißt, der Mensch mit seinem Wesenskern geht im vollen Bewusstsein durch den Tod hindurch in eine neue Dimension ein.

Johann Grander, der Wassermystiker

Der Jochberger Johann Grander ist ein Querdenker und ein Freigeist, einer, der nach sieben Jahren Volksschule noch nicht in den Netzen einer vorgegebenen wissenschaftlich geprägten Weltsicht gefangen war, sondern sich auf seine eigenen Überlegungen und Naturbeobachtungen verlassen wollte. „Jeder Mensch sollte sich sein unvoreingenommenes Denken bewahren. Der Geist ist wie eine Wohnung, in der fremde Gedanken und Ideen auf Besuch kommen dürfen“, erklärt er. „Doch einziehen lassen darf man seine Besucher nicht, sonst wird man als Hausherr schnell in den Keller verbannt.“

Umstritten: Johann Grander und sein geheimnisvolles Wasser

Johann Grander, der wettergegerbte Urtiroler mit seinem Sennerbart, seiner braunen Latzhose und dem karierten Hemd, wurde weit über die Grenzen unseres Landes hinaus durch seine Methode für Wasserbelebung bekannt. Er wurde und wird belächelt, verteufelt, bewundert, verehrt und geehrt.

Johann Grander polarisiert. Steht doch seine Wasserbelebung für eine neue, alte Sicht der Natur und des Kosmos – eine Sicht, die in der Natur eine bewusste Schöpfung Gottes sieht, eine Natur, deren Harmonie auf eine sensible Verflechtung von Ursache und Wirkung beruht. Alles sei einem genialen Plan unterworfen, meint er. Grander versuchte zeitlebens, diesen göttlichen Plan zu verstehen, und er hört, wie ein Rufer in der Wüste, nicht auf, davor zu warnen, kurzsichtig in dieses Gefüge einzugreifen und das Gleichgewicht zu zerstören. Für Johann Grander enthält alles in der Natur den göttlichen Geistesfunken: Minerale, Pflanzen, Tiere und Menschen. Nichts sei aus Zufall entstanden. So lehnt er auch kopfschüttelnd die Urknalltheorie ab. „Wer das glaubt, hat selbst einen Knall", sagt er.

Sein Leben

Johann Grander ist ein Familienmensch. Er zog mit seiner Frau Inge acht Kinder groß. „Eine Familie, die zusammenhält, kann etwas Starkes sein", weiß er aus eigener Erfahrung. Grander wurde am 24. April 1930 geboren – eine Zeit der Wirtschaftskrisen und politischen Umbrüche. Johann hatte vier Geschwister. Nach sieben Jahren Volksschulzeit arbeitete er 13 Jahre als LKW-Fahrer bei einer Obst- und Gemüsefirma. Seine Schwester Kathi fädelte ein Treffen mit ihrer Freundin, der Kärntnerin Inge ein. Ein Treffen mit lebenslangen Folgen: 1954 heirateten die beiden. Schon bald waren vier Kinder zu ernähren: Roswitha, Heinz, Inge und Johanna. Die kleine Mietwohnung wurde zu eng und man beschloss, ein Haus zu errichten – Marke Eigenbau. Johann suchte nach einer Möglichkeit, sich mehr seiner Familie widmen zu können, denn er saß in diesen Jahren etwa 105 Stunden in der Woche in seinem LKW. 1963 ergab sich die Gelegenheit, eine Tankstelle in Jochberg zu betreiben. Neun Jahre umwehte ihn nun Benzingeruch. Anfang der 1970er Jahre sorgte der eigenwillige Tiroler wieder einmal für Gesprächsstoff im Ort. Er kandidierte in seiner tiefschwarzen Gemeinde für die SPÖ. Grander bewies schon damals sein Charisma, Menschen überzeugen zu können. Als er seine politische Arbeit begann, hatte die sozialistische Partei 24 Mitglieder. Innerhalb kürzester Zeit verfünffachte sich die Zahl. Sogar der Ortspfarrer trat bei. Aber nicht nur die Mitgliederzahl der SPÖ erhöhte sich. Auch seine Kinderzahl verdoppelte sich: Hansi, Heidi, Heribert und Stephanie kamen zur Welt.

Es folgte eine Zeit der Weichenstellungen und der Neuorientierung. Johann Grander verlängerte seinen Pachtvertrag für die Tankstelle nicht mehr, legte sein politisches Amt zurück und trat aus der katholischen Kirche aus. Doch seine Großfamilie musste irgendwie ernährt werden. Grander verdiente den Lebensunterhalt als Mischmeister in einem Betonwerk und danach wieder als LKW-Fahrer. Dazwischen, in einer Zeit der Arbeitslosigkeit, erlebte Johann Grander Monate, die er rückblickend als die harmonischste Phase seines Lebens empfindet: Er half einem Bekannten beim Bau einer Almhütte. Die Arbeit in der Natur öffnete ihm die Augen für die Schöpfung. „Es war eine Zeit des Atemholens nach langer Atemnot", erinnert er sich. Grander zog sich immer öfter in seine Werkstatt zurück, um an der Erfindung seines Vaters, einem Induktions-Reizstromgerät, weiterzubasteln. Er gab schließlich seine Arbeit auf, las Bücher, die er aus dem Nachlass eines Jochberger Naturheilers erstanden hatte, und vertiefte sich in deren Geheimnisse. Nun bewährte sich der starke Familienzusammenhalt. Inge sparte, wo sie konnte, erntete im eigenen Garten und auch die Kinder steuerten ihren Anteil bei, dass die Familie überleben konnte. Man vertraute dem Vater und wusste, dass er ein Ziel vor Augen hatte – auch wenn es noch nicht greifbar war.

Vom Tüftler zum Erfinder

Johann Grander beschäftigte sich mit der Erforschung der Natur. Er beobachtete die Zyklen der Jahreszeiten und der Mondphasen. Er erforschte Quellen und Bäche. In seiner Experimentierwerkstätte drehte sich im wahrsten Sinne alles um die Entwicklung eines Magnetmotors. Johann Grander hatte die Vision von einem Motor, der keinen herkömmlichen Treibstoff benötigen würde und durch den es keine Stromunfälle mehr geben könnte. Erste Anwendung fand seine Forschungsarbeit in der Entwicklung eines Magnetrollers, eines Therapiegeräts für die Selbsthilfe zu Hause, das nebenwirkungsfrei Muskel- und Gelenksschmerzen linderte. Nach Erfolgen seines Gerätes auf Erfindermessen beschloss er, die Firma IFAM zu gründen, eine Vorgängerfirma der heutigen INNUTEC.

Das Thema „Magnetismus" sollte Johann Grander nicht mehr loslassen. Nicht zufällig gesetzt, sondern von oben geführt sieht er heute seine Schritte in Richtung Wasserbelebung. Tatsächlich sei es dem unermüdlichen Sucher schließlich gelungen, einen funktionierenden Magnetmotor zu entwickeln. „Meine Motoren laufen ohne Stromzufuhr und erzeugen große Energien. Sie arbeiten auch unter Wasser, ohne gefährlich zu sein. Zwei Siemenstechniker aus Deutschland schätzten die Frequenz auf 80.000 Hertz und mehr", erzählt Grander.

Die Entdeckung des Grander-Wassers

Um die Unschädlichkeit seines Motors zu beweisen, testete er ihn unter Wasser. Und nun kam die Grander'sche Hauskatze ins Spiel. Sie begann mit Genuss, das gebrauchte Wasser zu schlürfen. Für den genauen Beobachter Grander Grund genug, dieses Wasser genauer zu untersuchen. Die Geburtsstunde für die Wasserbelebung hatte geschlagen.

Johann Grander versetzte Wasser mit seinem Magnetmotor in hohe Schwingung. Schon bald habe sich herausgestellt, dass dieses „belebte" Wasser bei Pflanzen beschleunigtes Wachstum und größere Widerstandskraft bewirke. Auch Ärzte begannen zaghaft mit Grander-Wasser zu arbeiten. Besonders Homöopathen und Heilpraktiker zeigten sich interessiert.

Gerade im medizinischen Bereich aber ist Vorsicht bei zu hohen Erwartungen angebracht: So entschied das Oberlandesgericht Wien 2006, dass der Vorwurf begründet sei, dass „*Menschen, die an gefährlichen Krankheiten wie etwa Borreliose oder Krebs leiden, möglicherweise leichtgläubig auf dringend notwendige medizinische Behandlung verzichten und auf die Wirkung des Wunderwassers vertrauen*".

Für seine Versuche benutzte Grander zuerst Wasser einer am Pass Thurn gelegenen Quelle. Eines Tages brachte ihm ein Freund eine Wasserprobe von der Quelle aus dem stillgelegten Kupferbergwerk in Jochberg. Grander erkannte sofort die herausragende Qualität des Wassers. Er kaufte das Bergwerk „Kupferplatte", begann mit dessen Revitalisierung und wandelte es in ein Schaubergwerk um. Hauptgrund für den Erwerb war aber der Zugang zur „Stephaniequelle". Dieses Wasser eignete sich ideal zur Herstellung seines hochenergetischen „Wasserkonzentrats". Johann Grander baute eine Abfüllanlage und gründete die Firma INNUTEC (Innovative Umwelt-Technologie). Vier Kinder arbeiten im Betrieb: Hans, Stephanie, Heidi und Heribert. Enkeltochter Julia vertritt die dritte Generation.

Eine Erfindung geht um die Welt

Dem Grander-Wasser wird nichts zugesetzt und nichts entnommen, es nimmt Informationen auf wie eine flüssige Festplatte und gibt sie an anderes Wasser weiter. Dass dies möglich sei, zeigen am anderen Ende der Welt die umstrittenen Wasserkristallbilder Masaru Emotos. Der japanische Alternativmediziner setzt Wasser verschiedenen Einflüssen aus, beschallt es mit Musik, lässt es segnen oder beschriftet die Wasserflaschen mit Etiketten verschiedener Botschaft. Bei Mozartmusik bilden sich wunderschöne, bei Heavy-Metal-Tönen „hässliche" Strukturen. Die Aufschriften „Teufel" oder „Hass" erzeugen unansehnliche Kristalle, „Gott" bildet harmonische Hexagonalkunstwerke. Hat Wasser ein Gedächtnis? Hat es eine Seele?

Grander-Wasser ist nicht „rechtsdrehend", wie dies oft fälschlicherweise behauptet wird. „Rechts- oder linksdrehend besagt ja nur die Richtung, in der ein Pendel über dem Wasser kreist, aber nichts über die Qualität des Wassers. Jedes Wasser wechselt seine Drehrichtung je nach Einfluss der Jahreszeiten oder des Mondes", erklärt Grander.

Johann Granders Ziel war es, die Eigenschaften des belebten Wassers – mit allen seinen positiven Auswirkungen für Menschen, Tiere und Pflanzen – auf jedes Wasser übertragbar zu machen. Das Verblüffende am Grander-Effekt ist, dass die Informationsübertragung angeblich auch dann funktioniert, wenn sie nicht direkt stattfindet. Man muss also nicht unbedingt „belebtes" Wasser in einen Teich oder Fluss schütten. Es genüge auch, einen Metallbehälter, der mit Grander-Wasser gefüllt ist, darin zu versenken.

Bei einem „Beleber" für Leitungswasser wird ein Metallteil in das Leitungssystem eingebaut, in dem sich Hohlräume befinden, die mit „Informationswasser" gefüllt sind. Diese Kammern werden vom herkömmlichen Wasser umflossen und nehmen dabei die „kosmische Energie", denn davon spricht Johann Grander, auf.

Chemisch verändert sich das Wasser nicht, deshalb können die neuen Qualitäten und Eigenschaften auch nur empirisch erfasst werden. Mit Grander-Technologie behandeltes Wasser hat laut Angaben von Anwendern erhöhte Haltbarkeit, einen feineren Geschmack und kann das Wohlbefinden steigern. Es sorge für besseres Pflanzenwachstum und üppige Blumenpracht. Im Haushalt spare es durch die verbesserte Lösungskraft Wasch- und Reinigungsmittel. Auch Tiere würden belebtes Wasser bevorzugen. Belebtes Wasser könne zur Klärung und Reaktivierung von fließenden und stehenden Gewässern beitragen. Auch in Schwimmbädern wird Grander-Technologie eingesetzt. Unzählige Firmen und Haushalte im

In- und Ausland arbeiten bereits mit der Grander-Technologie nach dem Motto: Auch wenn wir die Wirkungsweise nicht verstehen – Hauptsache, es funktioniert.

Dass es funktioniert, wird allerdings immer wieder bestritten. So überprüften Marko Heckel und Peter Heinig in einem privaten Forschungsprojekt, durchgeführt am Max-Planck-Institut für Kolloid- und Grenzflächenforschung in Golm bei Potsdam, die Eigenschaften von Wasser vor und hinter einem Grander-Zylinder und konnten keinen Unterschied feststellen.

Der Philosoph und Mystiker

Johann Grander meint: „Wir sind alle Lehrlinge auf dieser Erde – auch die Professoren." Er glaubt an eine Wiedergeburt nach dem Tod. Im nächsten Leben müsse man wiedergutmachen, was man in diesem Dasein verpfuscht hat. Erst wenn die Rechnungen beglichen seien, dürfe man „heimgehen". Der spirituelle Mensch Grander ist von tiefer Religiosität erfüllt. In der Zeit der Neuorientierung nach dem Ausstieg aus dem herkömmlichen Berufsleben eignete er sich Meditationsformen an. Grander erzählt von Körperaustrittserfahrungen: „Ich schwebte über mir und konnte mich selbst sehen. Nur ungern kehrte ich in meinen Körper zurück." Über seine Grenzerfahrungen unterhielt er sich öfter mit der weltberühmten Sterbeforscherin Dr. Elisabeth Kübler-Ross, einig darüber, dass es neben einem physischen auch einen spirituellen Körper gebe. Auch der Erzbischof von Salzburg, Alois Kothgasser, nahm seine Christusvisionen ernst und trotz Kirchenaustritts blieben sie Freunde.

Johann Grander und seiner Denkweise ist mit dem herkömmlichen wissenschaftlichen Weltbild nicht beizukommen. Er kämpft die Schlacht des einfachen Naturbeobachters gegen die übermächtige Wissenschaft. Die Zeichen für ein ganzheitliches Denken stehen günstig. Vor einigen Jahren gab es Anerkennungen von offizieller Seite: Nach der Verleihung des „Silbernen Ehrenzeichens der Russischen Akademie der Naturwissenschaften" im Jahr 2000 erhielt Johann Grander im Jahre 2001 von der Republik Österreich das „Ehrenkreuz für Wissenschaft und Kunst".

Neben den Ehrungen blieben auch Anfeindungen nicht aus. In dem Verfahren 4 R 1/06f urteilte das Oberlandesgericht Wien 2006, dass die Bezeichnung „aus dem Esoterik-Milieu stammender, parawissenschaftlicher Unfug" für Grander-Wasser verwendet werden kann. Der Ausdruck „Esoterischer Unfug" wurde vom Gericht als harmlos und deshalb nicht als untersagenswürdig angesehen. Gleichzeitig befand das Gericht aber, dass Grander nicht als Betrüger bezeichnet werden darf.

Heute fährt die Firma der Familie Grander, Innutec GmbH, auf Erfolgskurs. Innutec erwirtschaftet inzwischen rund 10 Millionen Euro im Jahr. Weltweit gibt es bereits 300.000 Anwender der Grander-Technologie.

◆ Wundersames Heilen

In früheren Zeiten hatte fast jedes Tal, ja beinahe jedes Dorf seinen Blutstiller, seinen Gesundbeter, sein Kräuterweiblein oder seinen Wunderheiler. Es wurde mit Hilfe der Naturheilkunde oder auf spirituelle Weise geheilt. Diese Naturbegabungen, meist ohne eigenen Willen zu ihrer Aufgabe getrieben, waren berufen, anderen Menschen zu helfen, ob sie wollten oder nicht. Bevor die Lebensbestimmung akzeptiert werden konnte, musste der Betroffene meist eine Krise, eine Krankheit durchleben. Erst wenn das Schicksal angenommen wurde, löste sich der dunkle Ring, der das Leben eingeschnürt hatte. Besonders im Zillertal ist die alte Tradition der Uheber und Blutstiller noch heute lebendig.

Viele Heiler in Tirol sind heute von anderen Kulturen beeinflusst. Indianische, östliche oder lateinamerikanische Traditionen fließen in das Weltbild des Heilenden ein. Die Zahl selbsternannter Heiler, die sich nach einigen Heilungs-Seminaren selbst berufen fühlen, ist groß. In diesem Kapitel werden zwei seriöse Heiler vorgestellt, die sich vor allem durch eins qualifizieren – durch Erfolge: Halfried Siess und Norbert Muigg. Nur wer wirklich heilt, ist ein Heiler.

Die wahre Heilerin

Ruth Drexel spielte die geheimnisvolle Frau mit den seltsamen Kräften, die in den zwei Filmen „Die Heilerin" und „Die Heilerin 2" von Felix Mitterer Halfrid Selig heißt. Durch die Mittererfilme wurde auch das Erste Deutsche Fernsehen und dadurch Clemens Kuby auf Frau Siess aufmerksam. Der Autor und Dokumentarfilmer Kuby schuf unter anderem Buch und Film „Unterwegs in die nächste Dimension", für die er Schamanen und Heiler in aller Welt besuchte. In seiner neuen ARD-Dokumentation „Heiler in den Alpen" widmete er Frau Siess einen Beitrag.

Ererbte Fähigkeiten

Halfrid Siess wird von manchen Freunden auch „Heilfried" genannt: Ihr Vorname wurde zum Lebensprogramm. Halfrid Siess, die echte Heilerin, lebt in Innsbruck in einem einfachen Einfamilienhaus. Sie wird 67 Jahre alt und sie sprüht noch immer vor Energie.

Halfrid ist Mutter von zwei Töchtern. Jolanda ist 42 Jahre alt und Psychotherapeutin, Maria, 24 Jahre, ist Psychologin. Ihr Gatte Rudi verstarb vor 6 Jahren.

Paranormale Fähigkeiten traten in der Familie schon früher auf. Halfrids Großmutter hatte die Gabe des medialen Schreibens. „Sie schrieb in vielen Sprachen und konnte doch nur Deutsch", erinnert sich Halfrid.

Begegnungen der seltsamen Art

Sie selbst sah schon im Alter von 4 Jahren Menschen, die für andere unsichtbar waren. „Wenn ich fragte, wer diese fremden Personen seien, schüttelten die Erwachsenen den Kopf, denn sie sahen niemanden. Ich wurde als Lügnerin, als Phantastin abgestempelt", bedauert sie. Diese Gestalten waren teils Verstorbene, teils auch völlig unbekannte Gestalten. „Meine Rettung war der Hund. Viele Jahre wagte ich es nicht, bei Dunkelheit zu schlafen, aber ich hatte immer einen großen Hund. Er gab mir Sicherheit", erzählt sie. Diese paranormale Fähigkeit verdrängte sie im Laufe der Zeit. „Ich habe gemerkt, dass mir diese Begegnungen nicht weiterhalfen", meint Halfrid heute. Diese Wesen würden auch nicht direkt mit ihrer Gabe zu heilen in Verbindung stehen, denn niemals kam von ihnen eine Anweisung, was der Hilfesuchende nun wirklich brauchen würde oder welche Krankheit er habe. Die Gestalten wirkten manchmal schemenhaft, andere Male aber durchaus real – so real, dass sie auch ihre Berührungen spürte. „Viele Menschen sehen imaginäre Gestalten. Herman Buhl erzählte von solchen Erscheinungen. Nur manche brauchen einen Höhenkoller, um diese unsichtbaren Begleiter zu sehen", erklärt sie schmunzelnd. Dabei wirkten diese überirdischen Begegnungen nicht immer bedrohlich. Wenn die kleine Halfrid traurig war, trösteten sie die Wesen: „Ich spürte einen warmen Wind, der mich von allen Seiten kreisförmig umwehte und mir Geborgenheit vermittelte."

Spirituelles Heilen

Im Behandlungsstudio der Heilerin steht eine höhenverstellbare Liege. An den Wänden hängen tausende Fotos von Menschen, die sich vertrauensvoll an sie gewandt haben. Zuerst setzt sich der Hilfesuchende aufrecht auf die Liege. Halfrid berührt seine Knie und streicht über seine Arme, schaut ihm in die Augen, und dann bittet sie die kosmischen Kräfte zu helfen. „Ich bete um das Glück und die Gesundheit dieses Menschen", erzählt sie. Zugleich sieht Halfrid die Aura des Menschen in leuchtenden Farben. „Manchmal wird der ganze Raum ganz hell", erklärt sie. Später liegt man ausgestreckt auf der Liege und die Heilerin streicht über den Körper, meist in Entfernung von ein paar Zentimetern. Dabei verspürt der Patient einen kalten, manchmal einen warmen Wind. Obwohl die Hände Halfrids meist kalt sind, empfindet der Patient, wenn sie dann die Hände auflegt, eine eigentümliche Wärme. Währenddessen plaudert sie zwanglos über verschiedene Themen. Die Atmosphäre ist entspannt und Kinder schlafen meist ein. Am Ende der Behandlung zieht die Heilerin mit Bewegungen, als würde sie ein Gummiband aus dem Körper ziehen (so empfindet es jedenfalls der Behandelte), die schlechten Energien heraus. Halfrid beruft sich auf die Methoden des Magnetiseurs Franz Anton Mesmer, der von 1734 bis 1815 lebte. Ein wesentlicher Schwerpunkt von Mesmers Lehre ist der animalische Magnetismus. Die Lehre besagt: Ein universales Fluidum durchflutet das All sowie alle Organismen. Eine Krankheit ist eine Disharmonie der Verteilung jenes Fluidums – eine Funktionsstörung des Nervenfluids (was in der Akupunktur die Meridiane sind, sind bei Mesmer die Nerven). Zuerst durch Magnete und später einzig durch seine persönliche Ausstrahlung versuchte der Arzt, dieses Fluidum in Harmonie zu bringen. Und genau das tut auch Halfrid Siess mit den Chakren der Menschen, also den Verbindungsstellen zwischen Körper und Astralleib – wie sie beteuert mit Erfolg. Tausende Menschen habe sie im Laufe ihrer Tätigkeit die Hände aufgelegt oder durch Fernheilung behandelt. Dazu braucht sie ein Foto des Betreffenden. Es wird ein Zeitpunkt ausgemacht, an dem sich der Kranke und die Heilerin verbinden. Hilfreich ist es, wenn man seine Hand auf die zu behandelnde Stelle legt und Halfrid quasi durch dessen Hand einwirken kann. „Letztlich ist alles Selbstheilung", sagt sie und findet

Die Heilerin Halfried Siess mit Tochter und Hund

sich damit in der Reihe vieler praktizierender Geistheiler, die helfen, diese Selbstheilungskräfte zu aktivieren. Die Geschichten rund um die Heilungsfälle sind zahlreich und können mit Namen und Berichten der Betroffenen jederzeit belegt werden. Selbst schwere Krankheiten konnte sie erfolgreich behandeln. Auch dazu liegen Behandlungsberichte vor, da sie eine Zusammenarbeit mit Ärzten nicht ablehnt. „Ich bin froh, wenn Wissenschaftler die Ergebnisse verifizieren können", fügt sie hinzu. Bei Aids und Depressionen, so bedauert sie, könne sie allerdings nicht helfen.

Im Grenzbereich der Dimensionen

Von einer kosmischen Erfahrung berichtet Halfrid, als sie der jungen Patientin Petra die Hände aufs Herz legte: „Plötzlich sah ich das Pulsieren der Erde, fühlte den Herzschlag und plötzlich war das alles eins, schlug in einem einheitlichen kosmischen Rhythmus. Ein unbeschreibliches Gefühl der Demut und Dankbarkeit erfasste mich. Und plötzlich war ich mir sicher. Nicht ich heile, sondern eine kosmische Kraft fließt durch mich hindurch und bewirkt die Selbstheilung des Patienten."

Diese Kräfte wirken unabhängig davon, ob der Mensch in der Nähe ist oder nicht. Kontinente spielen keine Rolle. Halfrid behandelt Menschen auf aller Welt. Der einzige Mensch, der ihr dazu eine konkrete Erklärung lieferte, war ein buddhistischer Tulku: „Der Geist hat Raum, Zeit und Entfernung hinter sich gelassen." Obwohl sie viel vom Buddhismus hält, ist Halfrid Christin geblieben. Unter dem Jesuitenpater Hugo Emilio Lassalle SJ erlernte sie die östliche Meditation in seinem Zen-Zentrum in Ditfurt. Pater Lassalle schlug die Brücke zwischen christlicher Mystik und dem Zen-Buddhismus. Er riet ihr: „Die Geisterwelt gibt es. Aber sie ist nicht unsere. Geht vorbei!" Dies bestärkte Halfrid auch dahingehend, ihre Fähigkeit, Verstorbene zu sehen, nicht weiter zu pflegen. Pater Lassalle lehrte sie, ihre Heilungen im Namen Jesu zu sprechen und der Muttergottes zu danken, ohne aber den Patienten religiös zu beeinflussen. Die Gebete helfen ihr auch, mit den „dunklen Mächten" umzugehen. Denn Halfrid hat auch am eigenen Leib erfahren, was Fremdbesetzungen durch Geister bedeuten. „Für dunkle Mächte muss man offen sein, damit sie dich kriegen können. Beim Gebet fliehen diese Kräfte sofort", weiß sie aus Erfahrung.

Halfrid Siess ist nicht nur eine spirituell Reisende, sondern sie besuchte auch viele interessante Länder und kann von aufregenden Begegnungen erzählen. Sie bereiste Tibet, die Mongolei, Kolumbien, Guatemala und Indonesien. In Südostasien besuchte sie den christlichen Missionar, den Kapuzinerpater B. (der Name ist den Autoren bekannt), den sie per Fernheilung von Melanomen geheilt hatte. Ihm rettet sie ein zweites Mal das Leben: „Eines Tages wache ich in meinem Bett auf. Es war vier Uhr morgens und ich trug B. auf meinen Armen. Er war so schwer und ich konnte ihn kaum mehr halten. Zwei Tage später erhielt ich einen Anruf aus Indonesien, dass B. zu eben diesem Zeitpunkt mit seinem Jeep über die Straße hinausgefahren wäre, vierzig Meter eine Böschung hinuntergestürzt sei und außer einer gebrochenen Rippe und einigen kleinen Abschürfungen keine Verletzungen davongetragen habe. Er hatte das Gefühl, ich würde ihn halten", erinnert sich Halfrid.

Für den Film „Die Heilerin" erzählte Halfrid dem Autor Felix Mitterer ausführlich ihr Leben. Sie kannte die Familie Mitterer noch aus der Zeit, als diese in Hötting wohnte.

Halfrids Geschichten lassen sich überprüfen. „Und wenn jemand glaubt, dass ich nur Märchen erzähle, dann wünsche ich ihm, dass er auch solche Märchen erleben darf“, meint sie lachend und streichelt ihrem Hund Jimmy durch das Fell.

Schamane der Berge

Schamanismus ist en vogue und die wenigstens wissen, was man darunter versteht. Der Anthropologe Prof. Michael Harner hat viel dazu beigetragen das Chaos zu ordnen. Schamanismus ist an keine Religion gebunden. Sie basiert auf der Vorstellung, dass sich ein Berufener, also ein Schamane, durch verschiedene Methoden in Trance und Ekstase versetzen und in diesem Zustand die Welt der Geister oder Ahnen bereisen kann. Schamanische Vorstellungen gehen von der Annahme eines Seelenpluralismus aus. Es können also Teile der Seele verloren gehen oder sich in Disharmonie befinden, was sich durch körperliche oder psychische Krankheiten äußert. Die Aufgabe des Schamanen ist, diese Seelenteile zurückzuholen bzw. in Harmonie zu bringen. Oft gibt es auch die Vorstellungen eines Schutzgeistes, eines Schutztieres oder eines Schutzengels, der den Dimensionsreisenden bei seiner Aufgabe zur Seite steht. Dass es im früheren Tirol Schamanismus gegeben hat, ist sehr wahrscheinlich. Oft wird auch der Ursprung für Hexerei in diesem Bereich gesucht. Erst durch falsch verstandenes Christentum wurde dieser Zugang in das Reich der Seele dämonisiert und somit verschüttet. Heute kehrt dieses alte Wissen auf den Umwegen fremder Kulturen wieder in den Westen zurück. Ob es allerdings möglich ist, durch einige Trommelseminare uralte Fähigkeiten neu zu beleben, darf mehr als angezweifelt werden. Es gibt allerdings auch in Tirol einige Personen, die nach jahrelanger Ausbildung und vielen Aufenthalten in schamanisch geprägten Kulturen das Wissen um diese Art des Seelenreisens erlernt haben und in unsere Tiroler Bergwelt zurückbringen. Einer davon ist Norbert Muigg aus dem Stubaital.

Der Mayapriester

Norbert Muigg ist ein Heiler, der sein Wissen dem Volk der Maya verdankt. Er sieht den Menschen eingebettet in das große Gefüge der Natur und deren Kräfte. Deshalb ist es oft wichtig, zuerst die Natur in Harmonie zu bringen, bevor der Einzelne gesund werden kann. In beeindruckenden Zeremonien verbindet sich der Stubaitaler mit den Wesenheiten der Natur, bittet sie um Vergebung für unerlaubte Eingriffe und versucht, Disharmonien im Spannungsgefüge der Kräfte zu beseitigen. Die Sagenwesen sind für ihn nicht Gestalten aus alten Geschichten, sind nicht Objekte für wissenschaftliche Forschungen. Sie sind die Manifestationen einer pulsierenden Natur. Berge, Flüsse, Seen und Wälder sind lebendig und haben ihre spezifischen Qualitäten. Wie kein anderer versteht es Norbert Muigg, sich in die irrationale Geisteswelt unserer Vorfahren hineinzufühlen, hilft ihm doch das Naturverständnis der Maya dabei. Dieses alte Wissen, das nicht vom Diktat der Vernunft, der Wissenschaft und des Materialismus geprägt ist, ermöglicht einen Zugang, der den meisten Menschen unserer zivilisierten Welt nicht mehr möglich ist.

Aufbruch in die Neue Welt

Viele Tiroler haben das Ehepaar Christine und Norbert Muigg noch als rege Organisatoren von kulturellen Veranstaltungen im Rahmen der Familienfestwochen in Igls in Erinnerung.

1989 übersiedelte die Familie vom herbschönen Stubaital in das tropische Guatemala, das Land des ewigen Frühlings. Norbert Muigg hatte dort eine Anstellung als Lehrer an der österreichischen Schule, dem Instituto Austriaco Guatemalteco, erhalten.

Das rege Interesse des Tiroler Ehepaares für indianische Spiritualität stieß auf das Aufblühen der Mayakultur nach den vielen Jahren der Verfolgung und Unterdrückung – eine günstige Voraussetzung, die Früchte brachte.

Die Weisen, Heiler, Schamanen und Mayapriester der verschiedenen Stämme erkannten das ehrliche Suchen der zwei und belohnten sie mit erstaunlichen Vertrauensbeweisen. Christine und Norbert erlangten die Freundschaft einflussreicher Indianerführer von der Nobelpreisträgerin Rigoberta Menchu bis hin zum Präsidenten des Weisenrates aller Indianer Nord- und Südamerikas, dem „lobo errante", dem streunenden Wolf, Don Cirilo. Norbert erzählt von einem Besuch bei seinem Freund:

Don Cirilo lebt in einem kleinen Dorf im Hochland von Guatemala. Von seiner kleinen Lehmhütte aus macht er Weltfriedenspolitik. Seine Nachbarn haben sich schon an die Hubschrauber gewöhnt, die in seinem Garten landen und internationale Politiker in seine bescheidene Welt bringen, wo zwischen Hühnern und Schweinen die friedlichen Schritte zu einer kontinentalen Veränderung besprochen werden.

Neben seiner beruflichen Tätigkeit als Lehrer wurde Norbert Muigg selbst wieder zum Schüler, und zwar von Heilern, Schamanen und Weisen. Er lernte verschiedene Heilmethoden kennen, sei es die Heilung der Natur oder die Heilung von Menschen betreffend.

Aufbruch in eine andere Dimension

Schließlich wurde Norbert Muigg, als einer der ganz wenigen Nichtindianer, zum großen Treffen der Stammesführer, Schamanen, Priester und Weisen der Indianervölker Nord-, Mittel- und Südamerikas eingeladen. Die einmalige Zusammenkunft fand inmitten des Amazonasurwaldes statt. Norbert Muigg wurde mit der Funktion des „Brückenbauers", des „Ser puente", betraut. Sein Auftrag lautet seitdem, Vermittler zwischen den Völkern und den Kulturen zu sein.

Wie sehr die Mayas die Arbeit des Ehepaars Muigg schätzten, sieht man daran, dass man beide offiziell zu Mayapriestern initiiert hat.

Norbert Muiggs Schwerpunkte sind, seinem Auftrag folgend, die Vermittlung zwischen den Kulturen und die schamanische Heilung der verletzten Erde.

Brücke zwischen den Kulturen – das Heilungszentrum der Muiggs

In langjähriger Arbeit errichtete Familie Muigg inmitten des Hochlands nahe dem Dörfchen Solola auf einem uralten Zeremonialplatz der Maya das Zentrum „Espacio Sagrado TO-OM-RA". Auf einem mit alten Kiefern und Steineichen bewachsenen Hügel, direkt über dem Atitlánsee, mit Ausblick auf eine Kette von Vulkanen, entstand ein kleines Dörfchen bestehend aus einem Haupthaus, Gästehäusern, Meditationspyramiden und einem großzügigen Hospital für die einheimische Bevölkerung. „Wir haben von diesem Land so viel bekommen. Es war Zeit etwas zurückzugeben", erklärt Norbert Muigg. Ein guatemaltekischer Arzt leitet die Klinik und arbeitet mit Fachärzten zusammen. „Es wurde eine schulmedizinische Basisstruktur aufgebaut. Parallel dazu wird mit Naturheilkunde und Schamanismus gearbeitet", erklärt er.

Norbert und Christine Muigg bieten Seminarwochen an, die hauptsächlich von Schweizern, Deutschen und Österreichern gebucht werden. Mit Hilfe indianischer Methoden suchen Menschen Heilung seelischer und körperlicher Leiden oder versuchen ganz einfach mit Hilfe der herrlichen Natur und der Stille, die diesen Platz prägen, zu sich selbst zu finden.

Obwohl sich Norbert und Christine scheiden ließen, arbeiten beide weiterhin im Zentrum, manchmal sogar gemeinsam. „Wir haben gemerkt, dass unsere individuellen Wege nicht mehr parallel gelaufen sind und wir haben uns mit großem Respekt die Freiheit gegeben, unsere Ziele getrennt zu verfolgen", erklärt Norbert Muigg.

Mächtige Bergwesen

Auch in seiner Heimat Tirol bietet Norbert Muigg Seminare an. Immer wieder führt er auch Zeremonien durch, um Spannungen in der Natur abzubauen.

Wir führten ein Gespräch mit Norbert Muigg über die Tiroler Sagenwelt:

Sie versuchen immer eine Schicht tiefer vorzudringen, als wir es gewohnt sind. Worin sehen Sie den Grund für die Entstehung der Sagenwelt?
In der Natur spielen sich Geschehnisse ab, die der Mensch zwar nicht sieht, aber spüren kann. Diese Geschehnisse hat der Mensch mit Namen und Qualitäten verbunden und somit die Sagengestalten geschaffen, wie etwa Hexen, Salige, Riesen und Almputze.

Es gab früher ein tiefes Wissen in der Bevölkerung um die lebendigen Kräfte in der Natur und man wusste durchaus damit umzugehen. Natürlich suchte man in erster Linie Schutz vor den Bedrohungen der übermächtigen Bergwelt – vor Unwettern, Lawinen und Muren. Die Bauern haben genau gespürt, wenn in der Natur feinstofflich eine Spannung da war. Für die Menschen war es überlebenswichtig, diese Spannung abzubauen, bevor sie sich über Katastrophen entladen würde.

Wie erfolgte diese Spannungsreduktion?
Dies geschah in vorchristlicher Zeit über Rituale und Opferungen an den verschiedensten Kultplätzen. Es wurde von den Priestern und Schamanen in das Naturgeschehen eingegriffen und über diese Ebene konnte man auch in tiefere Schichten vordringen – in die hellen und dunklen Bereiche der Menschen etwa. Wenn jemand in einem Haus lebt, das energetisch unter Spannung steht, dann wirkt sich das auf den Bewohner aus. Wenn über viele Jahre Gewalt, Entwürdigung und Hass gelebt wurden, dann kann man das spüren. Verstorbene haben Einfluss auf die Lebenden und man betritt dieses Haus nicht gerne.

Und im Christentum?
Auch im Christentum versuchte man in Form von Gebeten, Bittgängen, Prozessionen die Natur in Harmonie zu bringen. Einmal im Jahr ging bei uns der Pfarrer von Haus zu Haus und segnete die Wohnungen. Viele vorchristliche und christliche Traditionen mischten sich, wie etwa das Räuchern oder die Bergfeuer, aber letztlich dienten alle demselben Zweck: Unheil abzuwenden, Reibungsflächen zu glätten.

Brückenbauer und Mayapriester: Norbert Muigg

Leider wurde durch die Tradition der Kalvarienberge die Komponente des Leides überbetont. Jede Kreuzwegstation ist ein Pfeiler, durch den das Leiden Jesu über den Menschen ständig aktiviert wird. Das tut der Natur nicht gut und unsere rätischen und keltischen Vorfahren wären damit sicher nicht einverstanden.

Kann man die Natur spirituell beeinflussen?
Natur ist lebendig. Es gibt keinen toten Berg. Wenn Menschen immer wieder dieselbe Wanderung, dieselbe Tour machen, dann deshalb, weil sie die Begegnung mit bestimmten Wesenheiten brauchen – es ist wie bei einer zwischenmenschlichen Beziehung. Seit der Mensch existiert, hatte er den Einblick in diese Welten. Bei den Maya gibt es zum Beispiel die uralte Tradition des Wettermachens, in der der Mayapriester direkt Einfluss auf das Naturgeschehen nimmt. Und in jüngster Zeit beweist der japanische Forscher Masaru Emoto, dass Wasser auf positive und negative Energien reagiert. Das Wort „Engel" ergibt schöne Kristalle, das Wort „Dämon" hässliche. Das Wasser ist ein energetischer Speicher.

Sind die Sagenwesen personifizierte Naturkräfte?
Die Sagenwesen sind keine Gestalten aus alten Büchern, sondern Qualitäten in der Natur, die mit den Menschen ihrer Umgebung eine Verbindung eingehen. Es gibt bei uns im Stubaital zum Beispiel die Sage von den Saile-Hexen. Tatsächlich weiß ich, dass es in einem bestimmten Gebiet der Saileflanken eine hohe Zahl von Krebskrankheiten und Selbstmorden gibt. Warum spielt sich in einem kleinen Weiler so ein hochdramatisches Geschehen ab? Menschen haben die Qualität dieser Sagenwesen – diese Reibung und Spannung im Naturgeschehen – wie durch ein Download auf sich übertragen. Ein anderes Beispiel dafür gibt es im Gschnitztal: Dort gibt es ein Straßenstück, auf dem in den letzten Jahren viele junge Männer verunglückt sind. Ich wanderte zum St. Magdalenakirchlein hinauf und spürte diese feinstoffliche Energie, die sich offenbar gegen Männer richtet und zu der man früher „Hexenkraft" gesagt hätte. Hexen feinden ja das Männliche an.

In früheren Zeiten hätten die Bauern durch Rituale versucht, diese Disharmonien abzubauen.

Würden heute noch Sagen entstehen, würde es sicher bald die von den Gschnitztal-Hexen geben.

Manifestiert sich diese feinstoffliche Welt manchmal?
Ich kenne eine 80-jährige Frau, die mit den Pflanzen und Welten kommuniziert. Diese Frau sah in der Bergwelt des Kitzsteinhorns eine mächtige Alpenkönigin. Eines Tages träumte sie, dass diese Königin von diesem Gebiet weg möchte. Der Schutz für die Region wäre verloren. Denn genau dort lösen sich oft die Unwetter auf. Für mich sind diese Welten lebendig und sie beeinflussen unser Leben, auch wenn wir sie nicht sehen.

Dass am Fuße des „Altar Tirols" bei Maria Waldrast ein Heilwasser entspringt und dass an solchen Stellen die Natur in einer großen Heiligkeit steht, ist ganz klar. An solchen Orten kommt es auch vermehrt zu Lichterscheinungen. Ob in dieser Erscheinung Maria oder ein Naturwesen gesehen wird, ist nicht so wichtig.

Sind die Naturkatastrophen der letzten Jahre Folgeerscheinungen einer Disharmonie mit der Natur?

Die Disharmonie entsteht durch die Ablehnung der Natur an vielen Fronten:

Es erfolgt Ablehnung durch das Christentum, obwohl durchaus ein Miteinander möglich wäre, wie dies uns Heilige, wie Franz von Assisi, vorgelebt haben.

Es erfolgt Ablehnung durch unsere materialistische Geisteshaltung: Was ich nicht sehe, gibt es nicht.

Und es erfolgt Ablehnung durch die Bewohner, die Natur nur mehr als Geldquelle sehen oder als geistigen Müllabladeplatz. Auch die meisten Bergsportler, wie etwa die Mountainbiker, sind Parasiten. Das sind nicht Menschen, die mit Liebe durch die Natur gehen, sondern die strampeln sich ab, um fit zu bleiben. Man lädt Verunreinigung ab und gibt nichts zurück. Diese Haltung ist gefährlich.

Die Natur denkt nicht in wenigen Jahrzehnten, sondern in Generationen. Unsere Kindeskinder müssen das ausbaden, was wir jetzt anrichten – und ich meine dabei nicht nur die Bauwerke und Strommasten. Es geht um die feinstoffliche Welt.

Worin sehen Sie Ihre Aufgabe in Tirol?
Ich versuche solche großen Verunreinigungen, Spannungen und Disharmonien in der Natur zu erspüren. Bei einem Aufenthalt im hintersten Pitztal fühlte ich eine massive Reibung in der feinstofflichen Welt. Dieses Gebiet, geprägt von Gletscherbahnen und geplanten Kraftwerken, steht unter einer hohen Spannung. Ich hatte plötzlich die Vision von einem furchtbaren Unwetter, das diese Region irgendwann verwüsten würde. Ich versuchte mich in dieses kosmische Programm einzuloggen. Schließlich fand ich eine kleine Kapelle, wo ich den Zugriff bekam. Meine Aufgabe wird es vermehrt sein, Spannungen abzubauen, Verwundungen zu heilen – das verstehe ich unter Alpenschamanismus.

Wenn uns nicht gelingt, diese Welten wieder wahrzunehmen und sie mit Respekt ernst zu nehmen, wird es mit Tirol schlecht ausgehen. Momentan herrscht Kriegszustand zwischen der Natur und den Menschen. Wer diesen Krieg gewinnen wird, steht heute schon fest. Das uralte Wissen um die lebendige Natur muss wieder von vielen Menschen wahrgenommen werden. Und es braucht in jedem Dorf wieder Menschen, die ihrer Berufung folgen und ihre Aufgabe wahrnehmen, die Natur mit den Menschen zu versöhnen.

Die Uheber vom Zillertal

Schlangengift! Das also war es, was mir der Heiler in öliger Form hinter die Ohren rieb. Es werde in den nächsten Wochen höllisch schmerzen, werde zu eitern beginnen, der Eiter werde nur so hinter den Ohren herausfließen, aber dann sei meine Migräne verschwunden, sagte er. Ich hätte einen Entzündungsherd im Kopf – das Schlangengift würde ihn beseitigen.

Nein, ich saß nicht in der Hütte eines Zuluschamanen, sondern in der Zirbenstube eines Zillertaler Bergbauernhofes. Der Mann vor mir, der mit Bündeln von Rosenkränzen in den prankigen Fäusten über meinen Körper fuhr, war ein Bauer – ein erdiger, bodenständiger und tief verwurzelter sogar, keiner, der seine Stirn in esoterische Gefilde reckte, sondern einer, dem man die Arbeit im Stall und auf dem Feld ansah. Wenigstens war er das an sechs Tagen in der Woche – am Donnerstag war er Uheber, also Heiler. Woher das Wort kommt, konnte mir niemand so genau sagen – nicht einmal im allwissenden Internet war es zu finden. „Uheben“ oder „Unheben“ sind Dialektwörter und bedeuten unter anderem „beginnen“, „anhalten“, „festhalten“. Warum es für die Heiler verwendet wird, was da angehalten, festgehalten oder begonnen wird, bleibt offen.

Jedenfalls gehört die Tradition der „Uheber“ und auch die der „Bluatstiller“ zum Zillertal – zum Zillertal der Einheimischen, zum eigentlichen Zillertal also. Das will aber nicht heißen, dass nicht auch Fremde die Hilfe der Wunderheiler in Anspruch nehmen.

Auf der Bank vor dem Bergbauernhof in einem Weiler oberhalb von Zell sitzen geduldig wartend die Hilfesuchenden. Termine gibt es keine. Die Szene hat etwas von einer Bergdoktoridylle. Die Wartenden kommen aus allen Teilen Tirols und aus den Nachbarländern. Auch Fernheilungen gibt es. Bis nach Amerika wird geheilt und Blut gestillt.

Mein Bergdoktor wollte nicht, dass sein Name genannt wird. Fotografieren erlaubte er schon gar nicht. Er habe keine guten Erfahrungen mit den Journalisten und Filmemachern, meinte er.

Weniger zurückhaltend gibt sich Alois Eberharter aus Kaltenbach. Auch er ist Bauer und Uheber und von Montag bis Freitag für die Hilfesuchenden da. „Das Uheben ist eine Verbindung mit dem Herrgott“, meint Alois. Er sieht sich als Vermittler zwischen Gott, Maria und dem Kranken. Deshalb strenge ihn das Heilen auch nicht an, wie manche andere Uheber behaupten. Er sei es ja nicht, der heile, sondern Gott. Alois legt dem Kranken die Hände auf und betet. „Dabei spüre ich genau, wo die Krankheit sitzt“, erzählt er.

Manchmal erspürt er Krankheiten, die die Ärzte übersehen hatten. So habe er einmal bei einem Kind eine Innenohrentzündung diagnostiziert, die der Hausarzt nicht bemerkt habe. Bei Kleinkindern oder Tieren, die sich nicht mitteilen können, sei diese Fähigkeit besonders wichtig.

Alois wird oft angerufen, wenn sich Geburten in die Länge ziehen. Dann betet er um eine schnelle Geburt. Seine Kräfte wirken auch über das Telefon. Auch beim Heilen aus der Ferne hört das Blut sofort auf zu fließen. Einmal habe sich der Metzger die Schlagader durchschnitten. Man habe ihn verzweifelt angerufen. Seine Blutstillgebete hätten den Blutfluss sofort gestoppt, erzählt Alois.

Es sei zwar günstig, wenn der Hilfesuchende Vertrauen hätte, noch wichtiger aber ist es, dass der Uheber selbst den unerschütterlichen Glauben an die Kraft des Gebetes habe.

Auch die so genannten Sympathieheilmittel helfen besser, wenn der Mensch Vertrauen in seine Anweisungen habe, erklärt er.

Zu den Sympathieheilmitteln zählen Gegenstände, die eng mit dem Hilfesuchenden in Verbindung stehen. Finger- oder Zehennägel, Haare etwa oder Fäden, die um Warzen gewickelt wurden.

Der verstorbene Uheber Brunner Schmied Hansl aus Stumm stand im Ruf, Spezialist für Warzen zu sein. Man musste einen Faden um die Warze schlingen und einen Knoten legen. Diese Faden wurden dann vom Uheber an einem Freitag beim Mittagläuten in das Erdreich unter einer Traufe eingegraben. Am besten wäre Karfreitag geeignet, weil er ein „totes Zeichen“ sei, wusste der Schmied Hansl. Sobald sich der Faden im nassen Erdreich aufgelöst habe, sei die Warze verschwunden.

Weniger magisch geht es bei Alois Eberharter zu. Er entdeckte seine Fähigkeiten bei einem Seminar über das Rutengehen. Eine Frau erkannte dort, dass er heilende Hände habe.

Alois ist katholisch. Oft schickt er die Kranken zur Beichte. „Beim Beichten hat es schon oft Heilungen gegeben“, erinnert er sich. Er arbeitet mit dem Gebet. Doch seine Gebete müssen öfter gesprochen werden: „Am besten drei Mal – dann wirken sie besser.“

Die Gebete, die er beim Heilen verwendet, sind geheim. Sie werden nur an eine ausgesuchte Person weitergegeben. Jeder Uheber hofft, so jemanden zu finden, an den er seine Fähigkeiten und sein Wissen weitergeben kann.

Bei Alois liegt die Fähigkeit in der Familie. Sein Vater konnte Blutstillen. Auch sein Bruder Johann Eberharter aus Laimach ist Heiler. Und vielleicht kann er ja das Wissen einmal an seinen Sohn weitergeben, hofft er.

Viele Uheber erzählen, dass sie im Leben schon einiges mitgemacht hätten. Es sind solche, die das Schicksal gebeutelt hat. Man wird nicht Uheber, weil man es will, kann es auch nicht bei einem Wochenendseminar erlernen. Uheber zu sein ist Schicksal. Wie wir von den Schamanen her wissen, bedeutet es Krankheit und Lebenskrise, wenn man seiner Berufung nicht Folge leistet.

Und zugleich entspringt dieser Krise oft erst die Gabe zum Heilen.

Uheber ist kein Beruf, sondern Berufung. Die meisten Uheber verlangen kein Geld für die Behandlungen. Das schadet den Heilkräften. „Ich gebe die Spenden an Hilfsbedürftige weiter“, meint Alois.

Was aus meiner Migräne geworden ist, will der Leser vielleicht wissen. Tatsächlich begannen die eingeölten Stellen zu eitern und höllisch zu schmerzen. Und tatsächlich hatte ich keine Migräne mehr – drei Monate lang. Dann war alles wieder wie vorher. Vielleicht versuche ich es ja noch einmal – diesmal beim Alois, ganz ohne Schlangengift.

Handtuchhalter Vanitasdarstellung, 17. Jhdt. (Volkskunstmuseum, Innsbruck)

Quellenangaben

Bächtold-Stäubli, Hanns: Handwörterbuch des deutschen Aberglaubens. Walter de Gruyter 1987.

Bader, Meinrad: Alois Simon Maaß, Pfarrer von Fließ in Tirol. Herausgeber und Verleger: Stift Stams 1989.

Bakay, Gunter/Streng Petra (unter Mitarbeit von Erhard Berger): Tiroler Wettergeschichten. Edition Löwenzahn 2000.

Diözese Innsbruck (Hrsg.): Pfarrer Neururer. Dokumentation. 1996.

Dobesch, Susanne: Johann Grander. Uranus Verlag 2001.

Fink, Hans: Salige und Unholde, Frauengestalten der Alpensage. Athesia Verlag 1996.

Fink, Hans: Verzaubertes Land. Tyrolia 1983.

Gapp, Hans (Hrsg.): Die großen Fasnachten Tirols. Edition Löwenzahn 1996.

Gasser, Hannes: Erlebnis Tirol. Leopold Stocker Verlag 1982.

Gebetsroither, Martina/Sr. Immaculata Siegele: Dass der Himmel offen bleibe. Studia-Universitätsverlag 2005.

Gelmi, Josef: Geschichte der Diözesen Bozen-Brixen und Innsbruck. Band 1 bis 5. Echo Verlag 1996.

Gugitz, Gustav: Österreichs Gnadenstätten in Kult und Brauch. Verlag Brüder Hollinek 1956.

Gutwenger, Lisl: Severin von Lama, Zwischen Charisma und Dämonen. Christiana-Verlag 1982.

Haid, Hans/Bodoni, Gianni: Mythos Berg – Steine erzählen. Pro Vita Alpina, Nr. 46 (1997).

Haider, Paul: Herz-Jesu- und Marienbüchlein. Steiger Verlag/Bruce Mines 2000.

Harb, Rudolf/Hölzl, Sebastian/Stöger, Peter: Tirol. Texte und Bilder zur Landesgeschichte. Steiger Verlag 1982.

Heyl, Johann Adolf: Volkssagen aus Tirol. Athesia Verlag 1989 (Originalausgabe 1897).

Hirsch, Siegfried/Ruzicka, Wolf: Heilige Quellen – Salzburg, Vorarlberg, Tirol und Südtirol. Freya-Verlag 2005.

Kapfhammer, Günther (Hrsg.): Brauchtum in den Alpenländern. Callwey Verlag 1977.

Kautzky, Hannes: Tirol-Handbuch. Reise-Know-How-Verlag 1999.

Kraus, Michael (Hrsg.): Die Freimaurer. Ecowin Verlag 2007.

Lechner, Eva: Tiroler Almen. Edition Löwenzahn 1995.

Lindenthal, Peter: Auf dem Jakobsweg durch Österreich. Tyrolia Verlag 2003.

Lingg, Christoph/Schaber, Susanne: Den Sternen entlang. Picus Verlag 2004.

Markovits, Martina und Klaus: Auf Wallfahrtswegen in Tirol. Band 1 bis 4. Tyrolia Verlag 2000.

Moos, Ute: Spirituelles Heilen. Ueberreuter 1999.

Paulin, Karl: Die schönsten Sagen aus Nordtirol. Wagnersche Universitäts-Buchhandlung 1948.

Reinalter, Helmut: Geheimbünde in Tirol. Athesia Verlag 1982.

Ritter von Alpenburg, J.N./Sändig, Martin: Mythen und Sagen Tirols.

Schneider, Heinrich: Ritterorden vom Hl. Grabe zu Jerusalem. Innsbruck 1995.

Schneider, Wolf/Mangold, Guido: Die Alpen. Geo 1984.

Seelsorgeamt der Diözese Innsbruck (Hrsg.): Ich bin bei euch. 25 Jahre Diözese Innsbruck. 1989.

Titz, Barbara C.: „Nordtirol. Reise-Know-How-Verlag 1999.

van Cronenburg, Petra: Schwarze Madonnen. Hugendubel Verlag 1999.

von Schlachta, Astrid: Die Hutterer zwischen Tirol und Amerika. Universitätsverlag Wagner 2006.

Zingerle, Ignaz V. (Hrsg.): Sagen aus Tirol. Verlag für Sammler 1969.

Zingerle, Ignaz V.: Sitten, Bräuche und Meinungen des Tiroler Volkes. Verlag der Wagnerschen Universitätsbuchhandlung 1871.

Die Sagen wurden größtenteils der Internetplattform www.sagen.at entnommen, ein Projekt von Wolfgang Morscher und Berit Mrugalska.

Tirol

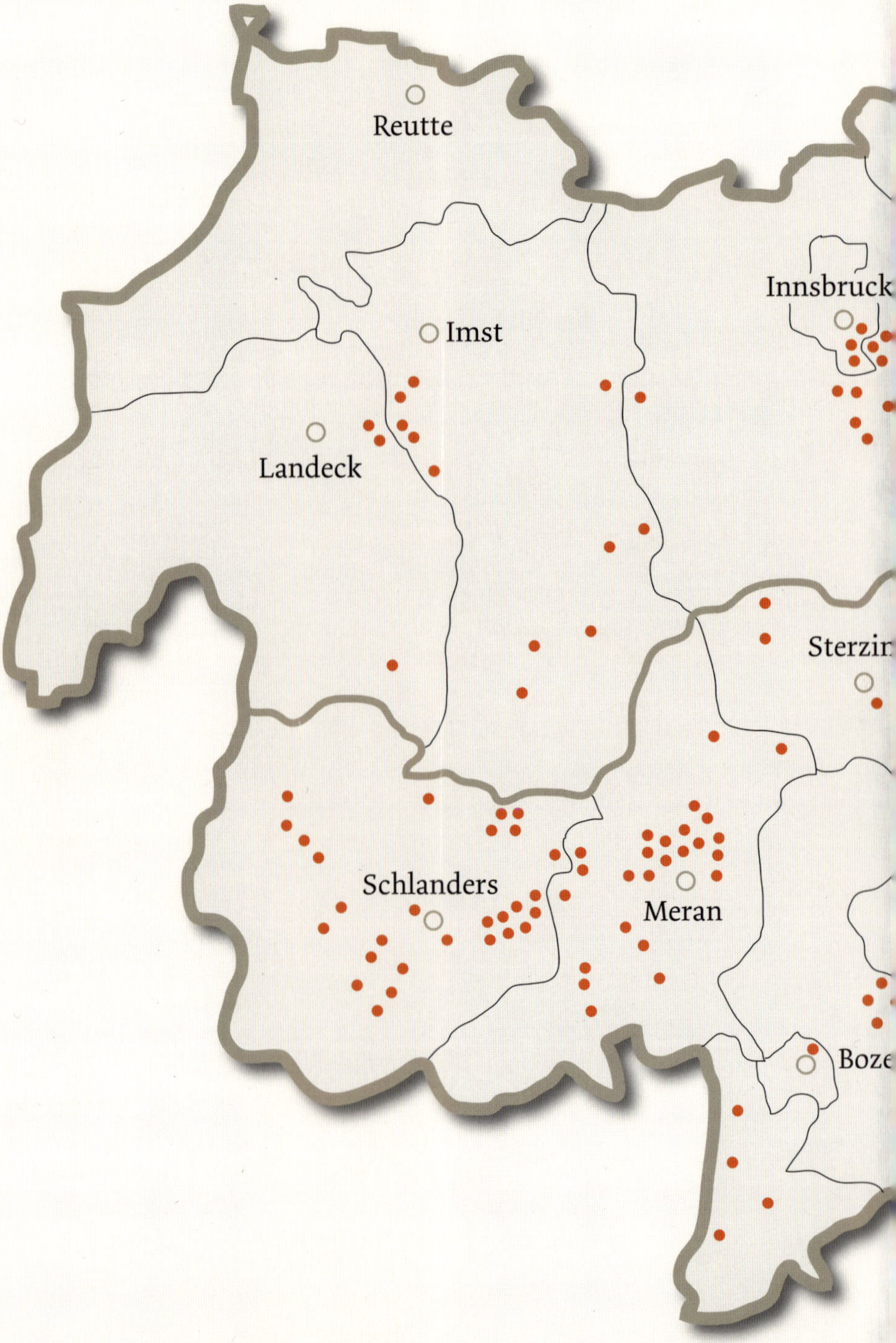
Reutte
Innsbruck
Imst
Landeck
Sterzin
Schlanders
Meran
Boze